轨道交通铁路选线设计

主　　编：潘炳玉
副主编：张　明　皇　民　潘梦阳
参　　编：王一鸣　赵玉如　赵雯桐

河南大学出版社
HENAN UNIVERSITY PRESS
·郑州·

图书在版编目(CIP)数据

轨道交通铁路选线设计/潘炳玉主编.——郑州：河南大学出版社，2019.11(2023.1重印)
ISBN 978-7-5649-4055-3

Ⅰ.①轨… Ⅱ.①潘… Ⅲ.①轨道交通－铁路选线－设计 Ⅳ.①U212.32

中国版本图书馆 CIP 数据核字(2019)第 269451 号

责任编辑　柳　涛
责任校对　陈　巧
封面设计　郭　灿

出版发行　河南大学出版社
　　　　　地址：郑州市郑东新区商务外环中华大厦 2401 号
　　　　　邮编：450046
　　　　　电话：0371-86059750(高等教育与职业教育分社)
　　　　　　　　0371-86059701(营销部)
　　　　　网址：hupress.henu.edu.cn
排　　版　河南大学出版社设计排版部
印　　刷　广东虎彩云印刷有限公司
版　　次　2022 年 2 月第 1 版
印　　次　2023 年 1 月第 2 次印刷
开　　本　787mm×1092mm　1/16
印　　张　15.5
字　　数　368 千字
定　　价　38.00 元

(本书如有印装质量问题,请与河南大学出版社营销部联系调换)

前　言

目前，我国铁路已形成 160－200km/h、200－250km/h、300－350km/h 三大速度体系，路网规划正在从"四纵四横"向"八纵八横"突飞猛进地发展，《轨道交通铁路选线设计》有必要将轨道交通铁路领域科学技术发展的成果，特别是新材料、新技术、新工艺、新设备以及国家颁布的新规范、新标准与本书知识体保持一致，有必要将读者的认识与本书知识结构保持一致。

《轨道交通铁路选线设计》是土木工程专业轨道交通方向学生或相关专业读者的必修内容。本书结合轨道交通铁路领域的科学技术发展成果和实践，结合多年教学和工作经验，结合相关设计规范、设计手册和同类书籍，尊重读者的认知规律，在力求系统、完整、实用和规范的基础上，尽量由易至难，由浅至深，突出重点，合理全面，基本做到：新。结合现代铁路发展，完善新技术、新工艺、新材料、新知识体系；适应。适应土木工程（轨道交通方向）专业特点，与铁道工程专业相协调；重实践。与课程设计紧密结合，加强实践教学和动手操作，达到独立选线设计能力；结构合理。符合土木工程（轨道交通方向）专业学生或读者的认知，知识体系明确、重点突出、难易适度、结构合理。

《轨道交通铁路选线设计》是由潘炳玉担任主编，张明、皇民、潘梦阳担任副主编，王一鸣、赵玉如、赵雯桐参编完成的。具体分工为：河南工程学院潘炳玉编写第六章和第八章，河南工程学院张明编写第四章的第一、二、三、四、六节，河南工程学院皇民编写第三章的第一、二、四、五、六节，河南工程学院王一鸣编写第七章，河南工程学院赵玉如编写第一章和第三章的第三节，郑州航空管理工业管理学院赵雯桐编写第四章的第五节、第七章的第二节和第五章，中建二局土木工程集团有限公司潘梦阳编写第二章。

本书在编写过程中，参考了许多专家、学者的相关书籍、研究成果和相关资料数据，谨此表示诚挚的谢意！由于水平有限，难免有不妥乃至错误之处，敬请读者、同行赐教。

编者
2021 年 9 月

目 录

第一章　绪论　/1
　　第一节　铁路产生与发展　/1
　　第二节　高速交通和重载运输　/8
　　第三节　铁路整体设计　/14

第二章　铁路建设标准与牵引力计算　/19
　　第一节　铁路运量与运输能力　/19
　　第二节　铁路等级与主要技术标准　/27
　　第三节　作用于列车上的力　/38
　　第四节　牵引质量计算与检算　/47

第三章　线路平面和纵断面设计　/52
　　第一节　概述　/52
　　第二节　区间线路平面设计　/54
　　第三节　区间线路纵断面设计　/75
　　第四节　桥、隧、涵、路基对线路面和纵断面要求　/79
　　第五节　桥涵、隧道、路基路段的平纵断面设计　/89
　　第六节　车站对线路平面和纵断面要求　/92
　　第七节　线路平面图和纵断面图　/97

第四章　铁路定线　/103
　　第一节　铁路选线基本原则　/104
　　第二节　走向选择　/107
　　第三节　定线的基本方法　/118
　　第四节　主要自然条件下定线　/126
　　第五节　复杂地质条件下定线　/132
　　第六节　桥、隧、涵与道路交叉　/137

第五章　车站设计　/142
　　第一节　会让站、越行站　/142
　　第二节　中间站　/145

第三节　车站分布与接轨　/151
第六章　方案技术经济评价　/155
　　第一节　概　　述　/155
　　第二节　经济比较基础数据　/158
　　第三节　经济评价方法　/165
　　第四节　综合评价　/170
第七章　既有线改建与城市轨道交通　/173
　　第一节　既有线改建　/173
　　第二节　城市轨道交通　/193
第八章　轨道交通铁路选线课程设计　/222
　　第一节　轨道交通选线课程设计任务　/222
　　第二节　轨道交通选线课程设计指导　/224
　　第三节　轨道交通选线课程设计说明书格式要求　/227
　　第四节　参考文献格式　/234
　　第五节　说明书中数字序号使用　/237

参考文献　/240

第一章 绪 论

教学目标

知识目标
1. 了解世界铁路产生与发展。
2. 熟悉中国铁路产生与发展。
3. 熟悉高速、重载铁路的发展。
4. 熟悉铁路建设基本任务和程序。
5. 了解铁路建设企业概况。

能力目标
1. 提高对世界铁路发展的认识。
2. 加强对中国铁路发展的了解。
3. 全面掌握高速铁路与重载铁路发展现状。
4. 加强对铁路建设基本任务和程序的了解。
5. 收集中国铁路建设企业的分布。

第一节 铁路产生与发展

一、世界铁路产生与发展

铁路是现代工业革命的一项巨大工业成就,它随着科学技术的发展而发展。19世纪20年代,随着铁轨和蒸汽机车这两种主要设备的发明及配合运用,世界铁路史的第一页便被揭开。

铁路科技界通常把1825年9月27日确定为世界铁路诞生日。到目前为止,世界铁路诞生已有190多年的历史,在这近两个世纪的发展过程中,大致经历了初建时期、高潮时期、稳定时期和现代化等四个发展时期。

（一）初建时期

铁路建设的初建时期大约发生在1804~1860年间。

1804年,由英国的矿山技师德里维斯克利用瓦特的蒸汽机原理,制造出了世界上第一台蒸汽机车,时速仅有5至6公里。乔治·史蒂芬森在此基础上,经过多年的艰苦研究,制造出了世界第一台用于轨道之上的蒸汽机车,并命名为"旅行号"。1825年9月27日清晨,乔治·史蒂芬森亲自驾驶着自己研制的"旅行号"行驶在英国建成并通车的达林顿至斯托克顿全长 32 公里的铁路上。当时,机车牵引着 12 节装着煤、面粉的车厢和 20 节满载 450 人乘客的车厢,共计载重 90 多吨,最高时速 24 公里。从而,开辟了陆地上铁路运输的新纪元。为纪念乔智.斯蒂芬森,世界铁路总工会将英国的达林顿至斯托克顿铁路确定为世界第一条铁路,将这一日确定为世界铁路诞生日,乔智.斯蒂芬森被誉为"世界铁路之父"。如图 1-1 所示为英国发明家乔智.斯蒂芬森设计的世界第一台用于轨道之上的蒸汽机车模型。

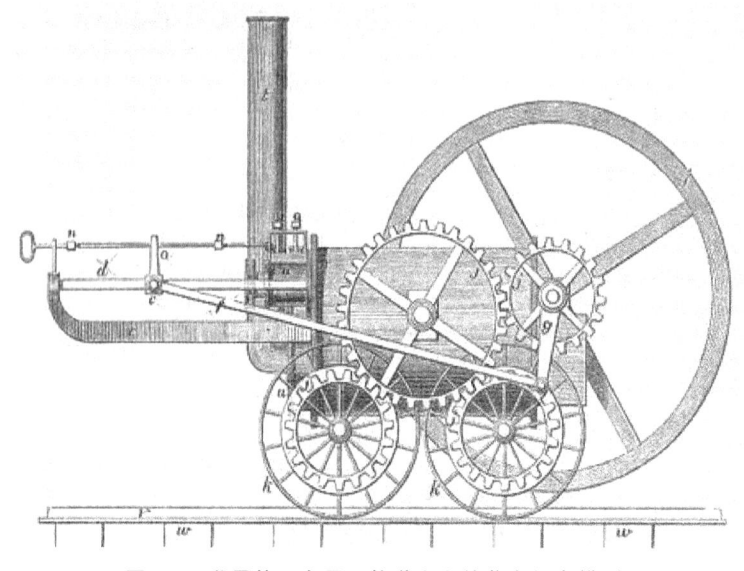

图 1-1 世界第一台用于轨道之上的蒸汽机车模型

此后,欧、美比较发达的资本主义国家竞相仿效,法国 1825 年、美国 1830 年、德国 1835 年、比例时 1835 年、俄国 1837 年、意大利 1839 年等国相继修建了铁路。到 19 世纪 50 年代初,亚、非、拉等地区也开始出现了铁路,到 1860 年,世界铁路已修建大约 10.5 万公里。

(二)高潮时期

铁路建设的高潮时期大约发生在 1870 年至 1920 年。

在资本主义国家,铁路是赚钱牟利的主要工具。资本家为了牟取最大利益,纷纷自建铁路,形成盲目修建、激烈竞争的建设局面。特别是在 1913 年(第一次世界大战是 1914 至 1918 年)前,铁路发展最快,平均每年以 2 万公里以上增长。如:美国从 1881~1890 年 10 年间,平均每年以 1 万公里以上增长,而 1887 年一年间就新增铁路里程 2 万多公里。到 1870 年世界铁路里程达 21.0 万公里,1880 年达 37.2 万公里,1890 年达 61.7 万公里,1900 年达 79.0 万公里,1913 年达 110.4 万公里。到 19 世纪末,英、美、德、法、俄等国利用手中已掌握的铁路技术,开始在殖民地、半殖民地国家修建铁路,开始对殖民地、半殖民地国家疯狂进行资源掠夺。

(三) 稳定时期

铁路建设的稳定时期大约在1930年至1960年。

20世纪初,特别是第一次世界大战后到第二次世界大战前的20多年间,铁路建设基本是停止的状况,到1940年,全世界修建的铁路里程达135.6万公里。第二次世界大战(1939～1945年)期间,由于受到战争破坏、资金短缺等原因,世界铁路不仅没有增加,返而有所缩短,基本保持在130万公里左右。一直到1955年以后,铁路建设才逐渐恢复。

(四) 现代化时期

铁路现代化建设时期大约是在1970年以后。

20世纪70年代中期,由于世界石油危机,而铁路具有相对于飞机、汽车能耗低、噪声小、运量大、安全可靠等优势,铁路的重要地位被重新确认,许多国家投入大量资金进行建设,开始研发内燃机车、电力机车牵引,集装箱、驮背运输,自动、半自动通信信号,加强轨道结构开发重载运输,运行管理自动化,发展高速铁路等,铁路建设的先进技术日新月异、方兴未艾。

目前,世界铁路运营国家和地区140个,总营运里程120多万公里,其中电气化铁路24万公里,约占世界铁路总营运里程的20%。如图1-2所示为我国"和谐号"高速铁路实景。

图1-2 "和谐号"高速铁路实景

二、中国铁路产生与发展

(一) 中国铁路产生

19世纪中叶,经过二次鸦片战争,西方列强敲开了中国国门。中国土地广袤,交通闭塞,为追求更多的利益,以英美为主的西方商人和官员采取建议、请求、利诱等各种手段试图在中国兴建铁路。由于西方殖民者给中国带来的许多事物都具有侵略或殖民主义象征意义,因此,尽管洋务运动时期,官僚们也看到了铁路的优越性,出于维护主权方面的考虑,坚决反对修建铁路。

1865年,英国商人杜兰德在北京宣武门外修建了一条约0.5km的窄轨样板铁路,目的是宣传本国的铁路建设技术,希望我国政府同意在我国境内修建铁路,没想到清朝政府以"见者骇怪"为由命令拆除。

1866年,在上海经商的洋人们,以装卸货物不便,向清政府提出在上海租界到吴淞口之间修筑一条铁路遭到拒绝。一心想在中国赚钱的洋商们"想从中国政府得到正式的许可是徒劳的",只有"先正式买地,然后突然把铁路造起来,也许能受到(中国当局的)容忍"。1872年,美国的吴淞道路公司向时任道台的沈秉成申请购地修筑一条"寻常马路"。沈秉成被蒙在鼓里,批准了他们的购地申请。1876年2月14日,一公里的试验轨道铺成,"先导号"机车试运行并获得了成功。汽笛呜呜一响,美英合伙设计的骗局也就露了底。1876年4月,清政府总理衙门就吴淞铁路多次照会英使,并令其停建,英方处处挟制中国,以"多不合理"为由拒绝停建。1876年7月3日建成,全长14.5km,轨距762mm。后经多次协商,于1876年9月10日英方同意清朝政府以28.5万两平银买断,1877年10月,以异乎寻常的速度下令拆毁。

1877年,为解决北洋舰队用煤的问题,早期实业家唐廷枢,奉直隶总督李鸿章之命,以煤炭运输不便提请清政府修建一条唐山至北塘的铁路,以便用铁路将煤炭运至北塘后,再经水路外运。但修建铁路的设想,立即遭到清政府顽固派的强烈反对。不得已的情况下,于1880年开凿了一条从芦台到胥各庄长达35km的"煤河"来解决煤炭的外运。当"煤河"开凿到胥各庄时,凸起的地势使继续开凿无望,李鸿章只好再次上奏,把铁路缩短,仅修唐山到胥各庄一段,与"煤河"相连接。为避开清朝顽固派的反对,在筑路奏请中特别声明只修以骡马为牵引动力的"快车马路"。几经周折,清政府才勉强同意,允许修建唐山至胥各庄"快车马路"铁路。

1881年6月9日,由清政府洋务派主持,开平矿务局负责集资,英国的工程师金达督修,开始修建唐山至胥各庄(今丰南县)的唐胥铁路。唐胥铁路采用1435mm的标准轨距和每米15kg的轻型钢轨,全长9.7km。1881年9月试运行,1881年11月8日正式通车。目前,属京山(北京至山海关)铁路线中的一段。

1881年11月8日唐胥铁路的正式通车,标志着我国第一条铁路的诞生。目前,已历经

130多年,比世界第一条铁路的诞生晚56年。

1909年8月通车的从丰台经沙城、宣化至张家口201.2km的京张铁路,是中国首条不使用外国资金及人员,由我国工程师詹天佑自行规划、设计、组织施工并投入运营的铁路(1905年,修建的从新城至高碑的新易铁路,仅供慈禧祭祖用),目前,属京包铁路线中的一段。

詹天佑(1861年4月26日～1919年4月24日),汉族,广东南海人。如图1-3所示为青龙桥车站詹天佑铜像。1905年担任京张(北京——张家口)铁路总工程师。穿山越岭200多公里,工程之艰巨前所未有,他亲自勘察、定线,在青龙桥东沟,采用"人"字形线路,用两台大马力机车调头互相推挽解决大坡度机车牵引力不足的问题。采取各种措施,解决隧道工程中渗水、塌方等困难。京张铁路于1909年8月竣工,比原计划提前两年,总费用只有外国承包商索价的五分之一。

图1-3 青龙桥车站詹天佑铜像

詹天佑晚年曾编写出版《京张铁路工程纪要》《京张铁路标准图》等工程技术书籍,《华英工程词汇》最早收入土木工程辞典,詹天佑于1919年4月逝世,有"中国铁路之父""中国近代工程之父"之称。中华工程师学会为永远纪念这位杰出的铁路工程师,为该会第一任会长詹天佑在青龙桥车站建了一座铜像。

(二)旧中国铁路特点

1840年后,帝国主义国家接连发动侵华战争,迫使清政府割地赔款,订立不平等条约,在我国划分势力范围,夺取筑路权,特别是在1900年前后,形成了帝国主义掠夺中国的"筑路高潮"。如俄国在中国修建"中东铁路",德国修建"胶济铁路",比利时修建"京汉铁路",日本修建"安泰铁路",英国修建"沪宁铁路",法国修建"滇越铁路"等。这些由中国人民血汗修建起来的铁路,却成了帝国主义侵略我国疆域掠夺我国资源的主要工具。

旧中国铁路的特点:

(1)发展速度缓慢。从1881年封建、殖民、侵略与战争,到1949年新中国成立之前69年间,将所有能通车的铁路全部计算在内(不包括台湾地区),共有铁路总里程2.18万公里,平均每年修建320km,发展速度非常缓慢。

(2)分布不合理。旧中国铁路多为帝国主义修建,为它们侵略和掠夺服务。因此,铁路分布极不合理,多集中于资源丰富、出国便利的东北和沿海地区,西北、西南地区几乎没有铁路。

(3)数量少、设备简陋、品种多、标准不一。全国铁路不仅数量少,而且破损不堪,机车有120多种型号,钢轨有130多种类型,最小曲线半径194m,最小坡段152m,轨距宽窄不一,部分路段没有信号设施,有的未铺设道砟,大部分隧道没有衬砌,坍方、断道等事故频发。给新中国铁路建设和改造造成很大困难。

(三)新中国铁路发展成就

新中国铁路事业是以旧中国落后的铁路技术、破旧设备为基础,在政府不断接管、修复、改造的条件下发展起来。1949年新中国成立,成立了铁道部,特别是1978年"十一届三中全会"提出"改革开放"以后,中国铁路历经多次大提速,使我国铁路建设有了一个突飞猛进、翻天覆地的巨大变化。

1. 路网建设

目前,我国基本建成贯通东西南北的铁路路网。南北方向主要干线有:京哈线、京广线、京九线、津沪线、太－焦－枝－柳线、宝－成－昆线、渝－黔－桂－湘线等;东西方向主要干线有:京－包－兰线、太－石－济－胶线、焦－新－菏－兖－石(石臼)线、陇海－兰新线、沪杭－浙赣－湘黔－贵昆线、广梅汕－三茂线等。

2. 高速铁路网

1997年4月1日至2007年4月18日,我国铁路经过六次大提速,从而进入了快速铁路时代,并探索了中国高速铁路的技术。

1997年4月1日,中国铁路第一次大提速,拉开了铁路提速的序幕。这次提速最高运行时速140km,首次开行了快速列车和夕发朝至列车。

1998年10月1日,第二次大提速。这次提速最高运行时速160km,首次开行了行包专列和旅游热线直达列车。

2000年10月21日,第三次大提速,主要在陇海、兰新、京九、浙赣线顺利实施,初步形成覆盖全国主要地区的"四纵两横"提速网络,将传统的快速列车、特快列车、直快列车、普通客车、混合列车、市郊列车、军运人员列车七个等级调整为三个等级,即特快旅客列车、快速旅客列车、普通旅客列车。

2001年10月21日,第四次大提速,提速网络覆盖全国大部分省区市,进一步增开了特快列车,树立了夕发朝至列车等客货运输品牌的形象。

2004年4月18日,第五次大提速。几大干线的部分地段线路基本达到时速200km的要求,在此次大提速中,全国共开行了19对直达特快列车,最高时速160km/h,进一步缩短了列车运行时间,提高运输效率。

2007年4月18日,第六次大提速。这次将新增"D"字头的动车组。北京、上海、广州等城市将开行"D"字头的动车组城际快车,乘坐"D"字头列车,将比原有班次更为快速地到达目的地。

2008年8月1日,我国第一条设计时速350km/h的高速铁路,将北京和天津两大直辖市紧紧相连,这也是我国第一条设计时速≥300km/h的高速铁路。相继,2009年12月武广高铁开通,2010年10月26日沪昆高铁开通,2010年11月15日京沪高速开通,2010年郑西客运专线开通等。至2015年底我国高速铁路营运里程达1.8万多公里,以东北、环渤海、长江三角洲、东南沿海、中部五省、西南华南、西北等七个经济区,形成了武广高铁、京沪客运专线、京港客运专线、京哈客运专线、徐兰客运专线、贵广客运专线、西成客运专线,京津城际铁路、沪宁城际等"四纵四横干线网"的高速客运网架构。

截至2018年底,我国高铁运营里程达3.0万公里,占世界高铁总里程的60%,未来将形成"八纵八横干线网"。

3. 技术及装备

速度体系。目前,我国铁路已形成<160km/h、160km/h、200km/h客货共线铁路和200~250km/h、300~350km/h客运专线等三个速度体系。我国将不断改善线路技术装备,为实现"复兴号"400km/h或更高速度,增加输送能力奠定坚实基础。

(1) 桥梁技术。一桥飞架南北,天堑变通途。新中国成立后,长江没有一座桥梁,黄河上只有郑州和济南两座黄河大桥。而现在在长江上就建有南京、武汉、重庆、九江、攀枝花、安边、宜宾、枝城等长江大桥。黄河上仅刘家峡至济南段就建起有20多座黄河大桥。其中,500m以上特大桥812座,100~500m大桥5294座,中桥、小桥不计其数。我国桥梁建造技术已经处于全球领先水平,发明了许多高难度架桥技术,不仅国内遍地开花,而且在海外也拓展市场并取得很大成绩。

(2) 隧道技术。新中国成立前隧道238座,长度89km。新中国成立后,隧道开凿技术不断发展,目前,万米以上的特长隧道有:京广线大瑶山隧道14.294km,西康线秦岭一线和二线隧道18.456km,宁西线东秦岭隧道12.268km,兰新线乌鞘岭左线和右线隧道20.050km,渝怀线圆梁山隧道11.070km,石太线太行山隧道27.839km等。

(3) 轨道结构。12.5m、25m标准普通钢轨线路逐步被无缝钢轨线路替代,60kg/m以下轻型轨被60kg/m以上的重型轨替代,传统木枕被钢筋混凝土轨枕、轨枕板或整体道床替代。

(4) 机车车辆。蒸汽机车退出历史舞台,逐步被内燃机车、电力机车替代。目前全国主要干线实现电力机车牵引,大功率电力机车700多台,"和谐号"动车组空调列车2.71万辆。

(5) 闭塞方式。实现半自动闭塞方式 4.12 万公里,全自动闭塞方式 1.84 万公里,调度集中里程 1640km。

(6) 运输效率。随道我国复线、电气化水平的提高,铁路运输效率大大提高,有的技术指标已进入世界先进行列。

第二节　高速交通和重载运输

一、世界高速铁路发展

高速行车是铁路现代化的重要标志。自 1964 年日本建成世界第一条东京至大阪高速铁路 40 年来,高速铁路从无到有,迅速发展。高速铁路也可分为三个高潮发展期。

(一) 高速铁路建设第一次高潮期(20 世纪 60 年代至 80 年代末)

1964 至 1990 年是世界高速铁路发展的最初阶段。在这期间建设并投入运营的高速铁路有日本的东海道、山阳、东北和上越新干线,法国的东南线、大西洋线,意大利的罗马至佛罗伦萨线以及德国的汉诺威至维尔茨堡高速新线,世界高速铁路里程达 3198km。这期间是由世界上经济和技术最发达的日本、法国、意大利和德国推动了高速铁路的第一建设高潮。

(二) 高速铁路建设第二次高潮期(20 世纪 80 年代至 90 年代末)

高速铁路建设在日本和法国取得显著成果,从而影响着很多国家。20 世纪 80 年代末,世界各国对高速铁路的关注和研究酝酿了第二次建设高潮。在这期间涉及的国家有法国、德国、意大利、西班牙、比利时、荷兰、瑞典和英国等。1994 年英吉利海峡隧道把法国与英国连接在一起,开创了第一条高速铁路国际连线,1997 年又从巴黎开出了"欧洲之星"将法国、比利时、荷兰和德国连接在一起。这期间出现跨国境的高速铁路网。

(三) 高速铁路建设第三次高潮期(20 世纪 90 年代至今)

高速铁路建设与研究自 20 世纪 90 年代中期形成了第三次高潮。这次高潮波及亚洲、北美、大洋洲以及整个欧洲,形成了交通领域中铁路的一场复兴运动。俄罗斯、韩国、中国、澳大利亚、英国、荷兰等国家和地区均先后开始了高速铁路新线建设。特别是中国,从 1997 年 4 月首次大提速后,2007 年 4 月 18 日,首趟 200km/h 动车组列车从上海站开往虹桥,迈入了我国的动车时代,2008 年 8 月 1 日,时速 350km/h 的高速铁路将北京与天津连接在一起,2009 年 12 月武广高铁开通,2010 年 10 月 26 日沪昆高铁开通,2010 年 11 月 15 日京沪高速开通,2010年继郑西客运专线开通。中国高铁已迈入了一个全新的现代化时代,围绕着"一带一路"发展战略,已成为"走出去"的"国家名片"。

二、高速交通系统发展

20世纪60年代,一些国家开始研制气垫车。气垫车一般用燃气轮作动力产生高喷气,在导轨与车辆间形成气垫使车辆浮起,并用喷气机驱动车辆前行。20世纪70年代中期能源危机爆发,因喷气机污染环境、噪音大、能耗大而终止了气垫车的进一步探索,进而研究磁悬浮车。

磁悬浮车(Maglev)是当今世界最新的地面交通运输技术。磁悬浮技术彻底摆脱了轮轨之间的束缚,使速度、运量、功率、轴重、舒适度和安全等完美结合。目前,世界上达到工程化程度的有三种磁悬浮车,分别是德国和日本的常导吸力型磁悬浮车,日本的超导斥力型磁悬浮车以及美国的管道真空磁悬浮车。

(一)常导吸力型磁悬浮车

常导吸力磁悬浮车的车辆跨坐在导轨上,车上安装集电设备向供电轨供电,导轨相应部位安装感应轨,利用两轨间磁场的吸引力将车辆吸起10mm左右,然后利用线性电动机驱动车辆前行。如图1-4所示为常导吸力磁悬浮车示意图。

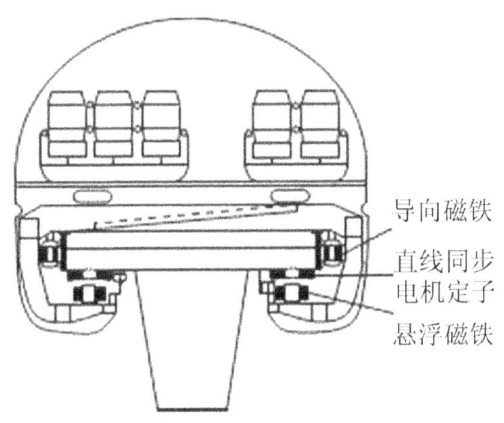

图1-4 常导吸力磁悬浮车示意图

德国研究磁悬浮起源于1922年,是磁悬浮技术的发源地。但是,至今却仍没有一条磁悬浮线路,这项技术被德国媒体界称为"昂贵的高科技玩具"。1987年德国蒂森公司耗资8亿马克在柏林修建了可长期运行的两个环,总长度31.5km,试验速度505km/h的无人驾驶磁悬浮列车TR,并载客试运营,1991年7月正式服务,柏林墙倒掉之后被废弃。此后2000年柏林至汉堡、2003年鲁尔区特快两条磁悬浮线先后被放弃,特别是2006年9月22日,德国拉腾—德尔彭的磁悬浮试验线发生脱轨事件,造成22人死亡,严重打击了德国磁悬浮技术的发展。

日本的磁悬浮技术常导吸力磁悬浮车 HSST 开始于 1962 年,1979 年 12 月试验速度达到了 517km/h,1997 年全长 18.4 公里的日本山梨磁悬浮试验线建设成功并开始运行试验。2003 年日本 3 辆编组的 MLX01 磁悬浮列车创造了 581km/h 的世界纪录。2013 年 8 月,日本再次启动连接东京到名古屋的中央新干线项目,力争 2027 年开通,并宣称将在 2045 年建成东京到大阪的磁悬浮线路。尽管目标宏大,但是截至目前,日本仍然没有一条商业运营的高速磁悬浮项目。

2003 年,上海磁悬浮铁路示范运营线,是世界上第一条商业化运营的高速磁悬浮铁路,该线路是引进德国先进技术,全长 30km,于 2003 年 1 月正式运营。至此,德国磁悬浮技术终于在中国上海开花结果。

(二)超导斥力型磁悬浮车

1972 年,世界上第一台超导磁感应排斥式(电动型)磁悬浮列车 ML100 在日本研制成功,所用的超导材料是铌锡合金,这种列车的每一节车厢下面的车轮旁都装有小型的超导磁体。在轨道的两旁,有一系列闭合的铝环,整个列车由埋在地下的直线型同步电动机驱动,当列车向前行驶时,超导磁体则在轨道面产生强大的磁场,并和轨道旁的铝环相对运动,在铝环中产生强大的电流。由于超导磁体和铝环的互相排斥作用,就产生一种向上的推力把列车凌空托起,消除了钢轨与车轮间的摩擦力。另外,速度越大,排斥力越大,当列车速度超过一定值(80km/h)时,列车就脱离轨道表面,最大距离可达几厘米以上,其悬浮是自动的,无须加任何主动控制。由于采用大气隙悬浮,即使车体稍不平衡或轨道上有少许冰雪等杂物,均不影响列车安全行驶。在低速行驶时,要靠辅车轮支撑,一列载百人的磁悬浮列车,只要 7kW 的功率,行驶速度就能达到 500km/h 以上。2007 年 8 月,磁悬浮列车在山梨试验线上累计行驶了 30 万公里,试乘者超过 5 万,载人行使最高时速达到 581km/h,磁悬浮高铁技术基本成熟,可以进入实际建设利用阶段。2014 年 12 月 17 日,日本在东京品川和名古屋同时举行开工典礼,并正式动工兴建设计运行时速 505km/h(最高时速可达 603km/h)的世界第一条超导磁悬浮高速铁路。超导磁悬浮技术原理如图 1-5 所示。

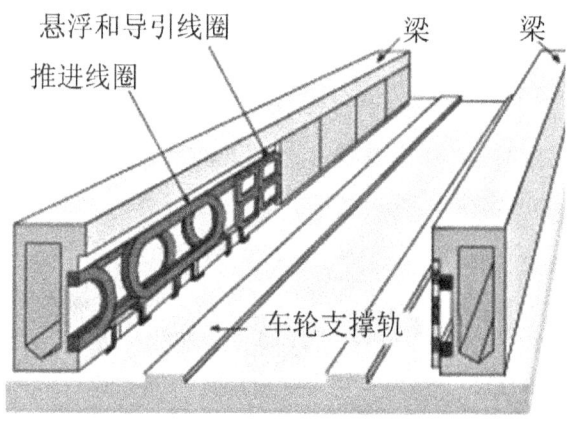

图 1-5 超导磁悬浮技术原理

(三) 管道真空磁悬浮列车

通常情况下,民用飞机在空中巡航速度850km/h左右,对于超过800km/h以上速度,飞机消耗的经济成本是惊人的,并且排出的废气将严重污染环境。有没有更高速、更经济、更环保的交通工具,管道真空磁悬浮式列车被提出。所谓管道真空磁悬浮,就是在一个真空的管道里面铺设磁悬浮线路,然后让列车在真空管道中运营,由于没有了空气阻力,真空磁悬浮时速可达3000~4000km/h,能源消耗不到民航客机的十分之一,且噪音、废气排放接近于零。

美国兰德公司设想一种管道高速运输系统,预计在21世纪可能成为现实。该设想的轮廓是:由纽约到洛杉矶修建一条长3950km的横贯美国东西的地下隧道,隧道内抽成相当于1‰个大气压的真空,将磁浮系统安装在隧道内,悬浮力和驱动力都由超导电磁形成。速度受3950km加速与减速限制,一半用于加速,一半用于减速,中间速度最高可达22 500km/h,若采用13 000km/h中速行驶,平均速度为6750km/h。从纽约到洛杉矶只需36分30秒,但是隧道的造价需要1850亿美元(20世纪80年代估算)。

(四) 中国高铁

中国高铁关于轮轨与磁悬浮之争曾经持续了很久。1990年原铁道部完成"京沪高速铁路线路方案构想报告"到2008年京沪高铁开工建设,整整花费了18年时间。期间经过了可行性研究、相关技术与研究等内容,其中也包括磁悬浮与轮轨技术路线的争议。最后,还是轮轨派以两点理由轻松取胜。

(1) 磁悬浮的相对优势不明显了。磁悬浮相对轮轨,最大的优势是速度。但是当轮轨试验速度已经突破574.8km/h,运营速度能够突破350km/h的时候,磁悬浮的速度已经不那么明显了。其实,这是一个中学物理题,高速运行物体的空气阻力是速度的二次方,其能耗是速度的三次方,当速度达到300km/h以上时,运动物体所受的阻力90%是空气阻力,磁悬浮虽然没有机械阻力,因为还需要磁力将列车浮起来,也要消耗大量能量。所以当轮轨技术轻松突破时速300公里时,磁悬浮技术的相对优势已经不那么明显了。

(2) 磁悬浮技术有比较明显的劣势很难克服。如经济因素,磁悬浮线的修建成本要大幅度高于轮轨线路的建设。再如技术原因,高铁要发挥最大的效用,主要要素是联网,相对一条又一条孤零零的线路,联网的高铁效能会成几何倍数增长。但是,技术上磁悬浮天生就是为点对点的运输而生,因为变轨的技术难度非常大,所以磁悬浮很难联网。常导磁悬浮技术列车是抱轨的,所以很难变轨,超导磁悬浮是在U型槽内运行,更难变轨。难以变轨还带来另外一个困难,那就是救援。中国上海浦东机场线磁悬浮列车,曾经发生过一次火灾事故,一周之后才将事故列车拖走。这也是磁悬浮列车的一个命门。

(五) 中低速磁悬浮的崛起

高速磁悬浮技术在全球的推广之路异常坎坷,唯一一条商业运行线路上海浦东磁悬浮线,还一直处于大幅亏损状态。但是,中低速磁悬浮线路却另辟蹊径,大有燎原之势。

第一个国家是日本。该国发展磁悬浮的路线比较务实,一方面加强高速磁悬浮的技术储备,并伺机推动实施。另一方面,率先建成中低速磁悬浮运营线路。日本第一条正式运营的磁悬浮铁路是名古屋市区通向爱知世博会会场的磁悬浮线路,这条铁路于2005年3月6日正式开通,全长约9公里,中途设有9个站。该磁悬浮列车由3节车厢构成,全程无人驾驶,最高时速为100km/h,行驶全程需要17分钟。

第二个国家是韩国。近几年,韩国轨道交通技术发展很快,在全球市场上与中国企业展开激烈竞争。中低速磁悬浮技术也是韩国轨道交通发展的一个重点。韩国磁悬浮的发展过程经历了独立研发(1985年~1993年)、对外合作(1994年~1998年)和商业化尝试(1999年至今)3个阶段。2006年12月,韩国宣布投入研发无人驾驶中低速磁悬浮列车用于下一代城市交通。2014年7月,韩国仁川国际机场至仁川龙游站磁悬浮线路投入运营,全长6.1km,最高时速可达110km/h。继日本之后,韩国是第二个拥有中低速磁悬浮线路的国家。

中国是世界上第三个拥有中低速磁悬浮技术的国家。2000年之后,中国的中低速磁悬浮推广就有多种传言,包括北京八达岭线、成都青城山项目、北京东直门到首都机场线、沪杭磁悬浮线等,但都无疾而终。2009年之后,中国的中低速磁悬浮建设进入加速状态。2009年唐山客车厂研制的低速磁悬浮列车下线;2011年中国南车与张家界政府在长沙签订《张家界中低速磁悬浮项目合作意向书》,计划在张家界建成我国首条中低速磁浮商业运营线;2012年1月,中国南车株机公司研制的中低速磁悬浮列车下线,最高时速100km/h,最大载客600人;2014年5月16日,长沙高铁站至黄花国际机场磁悬浮工程正式开工建设,2015年年底建成。这是我国第一条完全自主研发的商业运营磁悬浮线,如图1-6所示。

图1-6 磁悬浮列车

三、重载运输发展

世界上开展重载运输的国家还不是很多,只有澳大利亚、加拿大、中国、南非、美国、俄罗斯、巴西等国土幅员辽阔、资源丰富、铁路较为发达、大宗货物运输较多的国家。当然,主要的原因还在于重载运输对铁路线路、机车车辆、行车组织等方面的要求较高。因此,重载运输是未来铁路发展的方向之一。1978 年第一届国际重载大会在澳大利亚佩思召开,1985 年国际重载运输协会正式成立,2005 年国际重载协会理事会提出重载铁路标准,要求至少应满足下列 3 个条件中的 2 条。

(1) 列车牵引质量不少于 8000t。
(2) 车列中车辆轴重达到或超过 27t。
(3) 线路长度不少于 150km 的区段,年计费货运量不低于 4000 万吨。

(一) 重载运输对铁路线的要求

(1) 重载运输的列车质量在 8000t 以上,按目前每节车载重 60t 计算,大约需要 130 多节车厢,连接起来有 1.5km 长,停靠重载列车的车站到发线有效长度需要达到 1500~1700m。

(2) 重载运输的车辆体积,在一定的轮廓范围之内(即机车车辆限界),尽可能扩大车辆的容积。

(3) 一般的普通轨道承载力小,必须铺设或更换 60kg/m 以上的高强钢轨,并配套相应的轨道构件,有条件情况下,尽可能铺设全断面淬火钢轨无缝线路,采用弹性扣件、硬质碎石道床、钢筋混凝土轨枕以及强化路基等。

(4) 机车功率要足够大,要拉得动,一台不够就用两台甚至三台。不过,使用的机车越多,协调难度就越大,行车技术要求就越高。所以,车辆要采用新材料、新结构和新工艺,尽可能减轻车辆本身的自重,增加货物的载重量。

(5) 重载列车拉得多,爬坡难度大,下坡难度也大。因此,线路的最大坡度不等超过 8‰~9‰。下坡区段,仅靠机车的制动力很难将列车停住,因为数量众多的车辆下滑力大大超过机车的制动力,如果按常规制动,列车会发生颠覆。所以,重载列车必须安装双管制动系统,使一部分车辆参与机车制动,平衡车辆下滑力,确保下坡地段的列车安全。

(6) 开行重载列车的目的之一就是要降低运输成本,提高车辆的运用率。因此,重载列车一般均是固定编组循环往复运行,这种固定编组循环运行列车的车辆结构必须牢固可靠,无须经常修理。即要拉得动、装得多,还要经得住折腾。

(二) 重载运输发展新水平

重载运输发展 40 多年来,世界各国重载铁路借助高新技术的发展,促使重载列车牵引重量不断提高。2001 年 6 月 21 日澳大利亚西部 BHP 铁矿集团公司在纽曼山至海德兰重载铁路上创造了重载列车牵引总重量99734吨(约10万吨)的世界纪录。

巴西2004年CVRD铁矿集团经营的卡拉齐重载铁路上,开行重载列车平均牵引重量3.9万吨。南非Orex铁矿重载窄轨铁路,开行重载列车平均牵引重量2.59万吨。美国最大的一级铁路公司联合太平洋铁路(UP)经营开行重载列车平均牵引重量1.49万吨,其他一般重载列车的牵引重量普遍在2万~3万吨。

(三)我国铁路重载运输发展

我国铁路重载运输起步较晚。1984年经国务院批准,在北京铁路局管辖内丰沙大和京秦电气化铁路线上开始重载列车试验,大约经历了三个阶段。

第一阶段(1984~1990年),旧线改造、开行组合式重载列车。1984年11月在大同—沙城—丰台—秦皇岛间首次开行由两列普通货物列车合并的重载列车,随后又在沈山线、石德线和平顶山至江岸西间开行了7000~7600吨的组合列车。

第二阶段(1990~1992年),新建大秦线开行单元式重载列车。1992年我国建成了第一条全长653.2km大同至秦皇岛的双线电气化重载单元列车运煤专线。单元列车的牵引重量达1万吨,它是我国重载铁路发展的重要标志。

第三阶段(1992年以后),逐步改造既有繁忙干线,开行整列式重载列车。为了在全国既有线路网推选重载列车技术,铁道部计划分步骤在一些主要干线,包括京广、京沪、京哈等繁忙区段线路开行了5000吨级的整列式重载列车,这种扩能效果显著的重载运输方式,成为我国发展重载铁路运输的主要方式。

2002年大秦铁路线年运量达1亿吨。为了最大限度发挥大秦铁路线的作用,有效缓解煤炭运输的紧张状况。2004年铁道部对大秦线实施持续扩能改造。2004年12月12日,大秦线进行了2万吨列车牵引试验,并取得圆满成功。2007年6月2日,我国第一台自主研制的和谐型大功率电力机车在大秦线投放使用,成功开创由两台和谐型机车牵引2万吨重载组合列车的新篇章。

第三节　铁路整体设计

一、铁路选线设计的基本任务

综合性的铁路选线设计即铁路总体设计,是关系到全局的总体性工作,其工作目标是提出质量可靠的设计文件,以保证铁路投资的经济效益。铁路设计是一项涉及面广、技术复杂的工作,必须按照规定的程序进行勘测,提供设计所需要的资料。

铁路设计所需要的资料包括经济资料和技术资料。经济资料和技术资料必须通过调查或技术勘测、勘察获得。经济资料包括：客货运量、地方运量与直通运量的比重，车站装卸量等。技术资料包括：铁路沿线地形、地质、气象等。

铁路选线设计的基本任务：

（1）根据国家政治、经济、国防的需要，结合自然地形、水文、地质条件，以及资源分布、工农业发展情况等，规划线路的基本走向，确定铁路线路的主要技术标准。

（2）确定铁路线路的空间位置，确保行车安全、线路质量、保证规划运量的基础上，力争降低工程造价，节约运营成本。着眼于经济效益的同时要兼顾社会效益。

（3）合理布局车站、桥梁、隧道、涵洞、路基、挡土墙等沿线各种建设物。

（4）从国家全局出发，统筹兼顾，正确处理好铁路与工农业的关系，做好铁路建设与水利、公路、航运以及城乡建设配合，节约用地，少占良田。

（5）铁路选线设计要坚持勤俭节约原则，防止超标准建设，又要考虑到将来发展。要加速铁路现代化，积极而慎重采用新材料、新结构、新设备、新技术。

（6）要从大面积着手，由面到带、由带至线、逐步接近，多方案比选，选定最合理的线路位置。

二、铁路建设基本程序

铁道部建设司《铁路基本建设工程设计程序改革实施方案》铁建函［1998］82号和《铁路建设项目预可行性研究、可行性研究和设计文件编制办法》（TB 10504－2007）规定，铁路大中型建设项目需经过决策阶段、建设实施阶段、投产运营或项目后评价三个阶段，或预可行性研究、可行性研究、初步设计、施工图设计、工程施工和设备安装、验收投产、后评价七个步骤进行。小型项目或工程简易的项目可不编制预可行性研究，设计可按施工图一个步骤设计，但文件的深度和内容要满足项目决策和工程实施的要求。

（一）预可行性研究（初步可行性研究）

预可行性研究文件是项目立项的主要依据，应按铁路建设长远规划，充分利用国家和行业资料经调查踏勘后编制该文件。预可行性研究中要从宏观上论证项目建设的必要性和可行性。其内容和深度主要包括项目建设主要方案、主要技术标准、技术设备、工程条件分析、工程数量、投资估算、筹资设想、建设工期、环境影响、经济效益、社会效益评价以及建设项目在路网中的意义和作用等，为项目建议提供必要的基础资料。

（二）可行性研究（详细可行性研究）

可行性研究是根据批准的项目建议书，从技术可行性、经济合理性进行全面深入地论证，采用初测资料编制，是项目决策的重要依据。其内容和深度主要包括解决线路方案、接轨点方案、建设规模、铁路主要技术标准、主要技术设备、落实设计年度客货运量、深化工程数量、投资估算、筹资方案、建设工期、深化财务和国民经济评价、阐明对环境与水土影响和防治方案,以及经营管理体制、能源节约措施等,为项目决策提供重要依据。

(三)初步设计

初步设计文件应根据批准后的可行性研究报告,采用定测资料编制,是项目建设的主要依据。其内容和深度主要包括解决各项工程设计原则、设计方案和技术问题、主要设备数量、材料数量、用地及拆迁数量、施工组织设计及总概算,确定环境保护和水土保持措施等。初步设计文件经批准后,作为控制建设总规模概算的主要依据,应满足工程招标、设备采购、征地拆迁和实施准备需要。

(四)施工图设计

施工图文件应根据已批准的初步设计和补充定测资料编制,为施工提供必要的图表和必要的设计说明,详细说明施工时应注意的具体事项和要求,编制投资检算。铁路建设项目完成上述各设计阶段的工作后,申请列入年度投资计划,其中大中型投资计划由国家计委批准,小型项目按扩权规定,分别由铁道部和铁路局批准。施工图文件是工程施工的主要依据。

(五)施工和设备安装

施工和设备安装这一步骤,主要是按要求采购设备进行安装,按工程图纸进行施工。这一步骤的主要任务是交底、协调、监督、控制,将设计变为现实。

(六)验收运行

当铁路建设项目按设计文件的规定内容全部施工完成并满足质量要求后,便可组织验收。组织验收由建设单位会同设计、施工和相关单位组织验收,验收合格方可投入运营,项目实施阶段结束。

(七)运营后评价

在铁路运营若干年后,由建设单位会同有关部门对立项决策、设计决策、设计质量、施工质量、技术经济指标、投资和经济效益等进行后评价,以总结经验,提高决策和设计水平。

三、铁路设计规程与规范

(1)《铁路线路设计规范》(GB5009-2006)简称《线规》。《线规》是线路设计的依据,与本课程有密切关系,内容包括总则、术语、符号、线路平面和纵断面、车站分布、铁路与道路交叉、正线轨道等。《线规》随着铁路技术装备的更新和行车组织方式的改进而不断修订和完善,从事铁路选线设计的工作人员应掌握制定标准的理论基础,创造地用《线规》。

(2)《新建时速200公里客货共线铁路设计暂行规定》《新建时速200~250公里客运专

线铁路设计暂行规定》《新建时速 300~350 公里客运专线铁路设计暂行规定》简称《高速暂规》。是为了指导时速大于等于 200km/h 的新建铁路设计而制定的暂行规定。由于我国高速铁路处于发展初期,高速铁路相关设计规定和标准还需要经历实践的验证和修正。工程技术人员应按照"以人为本、服务运输、强本简末、系统优化、着眼发展"的铁路建设理念,结合工程具体情况,因地制宜,充分发挥主观能动性,积极采用安全、可靠、先进、成熟、经济、适用的新技术,不能照搬照套标准。

(3)《铁路技术管理规程》简称《技规》。是为铁路各部门和各工种安全、迅速、准确、协调地进行生产活动而制定的基本法规,所有铁路工作人员都必须严格遵守执行,铁路线路养护及维修要符合《技规》的规定

(4)《铁路线路修理规则》简称《修规》。是为指导铁路线维修、整修、养护,从而保证线路质量,科学管理,确保铁路运输安全生产而制定的基本法规。

此外,还有铁道部颁布的信号、桥涵、隧道、路基等工程设计规范,以及《列车牵引计算规程》简称《牵规》、《铁路车站及枢纽设计规范》简称《站规》等,在铁路设计中应当遵守。

四、铁路施工企业概况

1984 年前,铁道部铁路建设部门共有 10 个工程局,即第一局至铁五局(综合局),再加上大桥局、隧道局、电气化局、建厂局等。1984 年,原来的铁道兵下放归铁道部,铁道部铁路建设部门共有 20 个工程局,其中,前 10 个为原铁道部下属的工程局,后 10 个为铁道兵转过来的工程局。2003 年,国务院国资委成立,铁路施工企业与铁道部脱钩,交由国资委管理,分别成立中国铁路工程总公司(中国中铁)和中国铁道建筑总公司(中国铁建)。

(一)中国铁路工程总公司

中国铁路工程总公司是集勘察设计、施工安装、房地产开发、工业制造、科研咨询、工程监理、资本经营、金融信托和外经外贸于一体的多功能、特大型企业集团,属国务院国资委监管的中央企业,总部位于北京。另外还有大桥局、隧道局、电气化局等一批专业局,但如今也大多走上了综合化的道路。截至 2005 年 10 月,共有 40 家成员企业和直属单位。其中,中国海外工程总公司 1 家;中铁一局、二局、三局、四局、五局、六局、七局、八局、九局、十局、大桥局、隧道、电气化局、建工集团有限公司综合施工企业 14 家;铁道第二、第三勘察设计院,中铁工程设计咨询集团有限公司,中铁大桥、电气化、通信信号勘测设计院等勘察设计企业 6 家;中铁西北、西南、工程机械科学研究院等科研开发企业 3 家;中铁山桥集团有限公司、宝桥股份有限公司、宝工集团有限公司、武汉工程机械厂工业制造企业 4 家;工程建设公司、上海分公司、华铁咨询有限公司、总公司海外经营开发中心、广西项目管理中心、北京中铁工地铁项目建设有限公司、华丰房地产有限公司、知铁公司、程诚源财务服务中心、燕丰饭店、中铁咸阳管理干部学院、石家庄党校等直属子分公司和单位 12 家。另有内昆、秦沈、西康西南、青藏、渝怀、贵阳、苍郁、岑梧、德商、平正、安景、大丽、北京地铁奥运支线、岑兴、全兴等

15个指挥部和项目公司。其是具有特级工程承包资质和对外经营权的大型企业集团。在中国建筑业500强中排名第二位。

(二) 中国铁道建筑总公司

中国铁道建筑总公司前身是中国人民解放军铁道兵,组建于1948年7月,是由国务院国资委管理,以工程承包为主业,集勘察、设计、投融资、施工、设备安装、工程监理、技术咨询、外经外贸于一体,经营业务遍及全国31个省市(自治区)、世界20多个国家和地区,企业总资产820亿元的国有特大型建筑企业集团。2005年,新签合同额2009亿元,完成营业额1158亿元。2013年,世界企业500强排名第100位,全球225家最大承包商排名第7位,全球最大150家设计企业排名第60位,中国企业500强排名第20位。中国铁建下辖27个集团公司(公司),其中,中国土木工程集团公司、中铁十一至二十五局集团有限公司、中铁建电气化局集团有限公司、中铁建设集团有限公司、中铁城建集团有限公司、铁道第一勘察设计院、铁道第四勘察设计院、铁道第五勘察设计院、上海铁路城市轨道交通设计研究院等为骨干企业。员工22万多人,其中各类专业技术人员73 084人,中国工程院院士1名,高级技术职称8412人,4个博士后工作站。中国铁建秉承"诚信、创新永恒,精品、人品同在"的企业价值观,发扬"不畏艰险、勇攀高峰、领先行业、创誉中外"的企业精神,贯彻"以人为本、诚信守法,和谐自然、建造精品"的管理方针,正向建筑业排头兵,国际化大集团的目标迈进。

思考题

1. 世界第一条铁路是哪一条,诞生于哪一年?
2. 我国第一条铁路是哪一条,诞生于哪一年,轨距是多少?
3. 世界铁路经历了哪几个建设时期,分别是哪些年?
4. 中国铁路之父是谁,他修建最有名的是哪一条铁路?
5. 我国铁路从哪一年到哪一年间进行了几次大提速,并形成了哪几个速度体系?
6. 我国和澳大利亚重载运输牵引总重量分别是多少?
7. 铁路选线设计的基本任务是什么?
8. 了解中国中铁、中国铁建公司的组成及分布情况。

第二章　铁路建设标准与牵引力计算

教学目标

知识目标
1. 了解铁路运量预测及参数计算。
2. 熟悉铁路区间通过能力的计算。
3. 熟悉铁路等级划分及主要技术标准。
4. 掌握作用于列车上的力。
5. 牵引质量计算与检算。

能力目标
1. 根据运量预测方法计算年铁路运量。
2. 能计算区间通过能力。
3. 掌握铁路等级划分意义与建设标准。
4. 通计算作用于列车上的力。
5. 实际牵引质量检算等。

第一节　铁路运量与运输能力

新建或改建铁路,设计前必须进行客货运量调查和预测,以明确设计线路的政治、国防和经济意义,确定设计在铁路网中的地位和作用,并提供铁路总体设计和各种设施所需要的资料。

客货运量对铁路线路设计的意义:

(1) 客货运量是设计铁路能力的主要依据。客货运量是选定铁路主要技术标准的依据,而主要技术标准又决定着运输的能力,设计铁路线路的客货运量不应小于调查或预测客货运量,从而满足国家要求的运输任务。

(2) 客货运量是评价铁路经济效益的主要基础。客货运量决定铁路的运输成本、投资偿还期等经济效益指标。一般情况下客货运量大,则收入多、相对成本低、投资偿还期短。

(3) 客货运量是影响线路方案取舍的重要因素。铁路选线设计中,出现大量的线路方案经济比较,若运量大,则投资大的方案容易被采纳,运量小而投资较大的方案容易舍掉。所以,客货运量大小是影响线路方案取舍的重要因素。

总之,客货运量在铁路设计中具有重要作用。若调查或预测的客货运量偏大,则设计铁路标准就偏高,技术装备偏高,投资偏大。铁路运营后,若实际运量偏小,则铁路运输能力闲置,投资浪费,收入偏小,效益降低;若实际运量偏大,收入高,效益好,但很快铁路运输能力饱和,不能满足社会需求,可能会引起铁路过早进行改建,追加投资等。因此,铁路设计必须十分重视客货运量的调查和预测工作。

一、客货运量的调查和预测

铁路客货运量的确定,首先要划定线路的吸引范围,然后在吸引范围内进行经济调查,以确定近期客货运量,预测远期客货运量。

(一) 吸引范围

吸引范围是设计线路吸引客货运量的区域界限,设计线路客货运量的调查和预测都是在吸引范围内进行的。吸引范围按运量性质不同划分为直通吸引范围和地方吸引范围。

1. 直通吸引范围

直通吸引范围是路网中客货运输通过本设计线路运送有利的区范围。因为铁路运输是按重量和里程计价的,所以直通吸引范围可以按通过本线路距离最短的原则分上、下行确定,如图 2-1 所示。

2. 地方吸引范围

地方吸引范围是在设计线路经行地区,客货运量要由设计线路运送的区域范围。运量包括运入、运出和本线装卸的货物。地方吸引范围也可按通过本线路距离最短的原则确定,如图 2-2 所示。

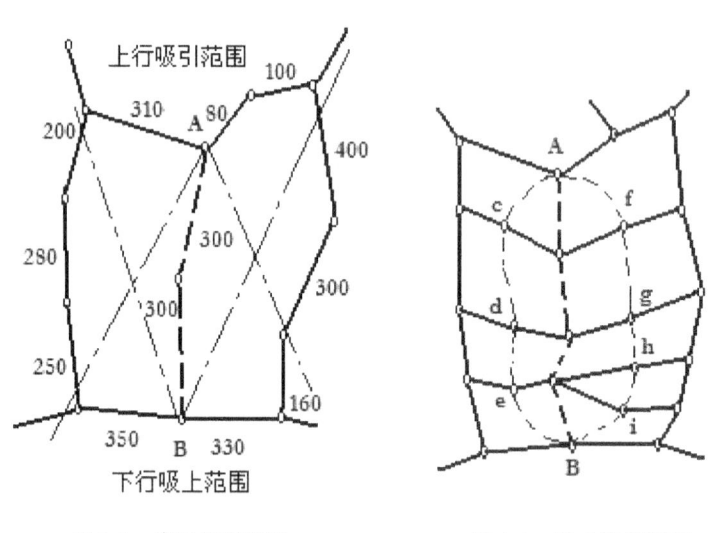

图 2-1 直通吸引范围　　图 2-2 地方吸引范围

(二) 货运量的调查和预测

直通货运量可根据国家计划部门制定的地区间物资交流规划,分析直通吸引范围内的物资供求情况,分上、下行汇总得到。地方货运量可按产销运平衡法,估算各运品的铁路运量。如粮食的运量,可根据播种面积和产量,扣除自用粮以及水运、公路运输等其他运输方式承担的运量,即可得铁路的粮食运量。将各运品的运量汇总,即可得铁路上、下行的货运量。

远期运量的预测,一般多比照条件接近的既有铁路线,用曲线拟合法或多元回归等方法,并结合设计线近期的调查运量来预测远期运量。通过调查和预测,将直通货运量和地方货运量汇总,可绘出货流图,如图 2-3 所示。从货流图中可以看出各路段的货运品种、数量和流向,以及各大站的货物装卸量。

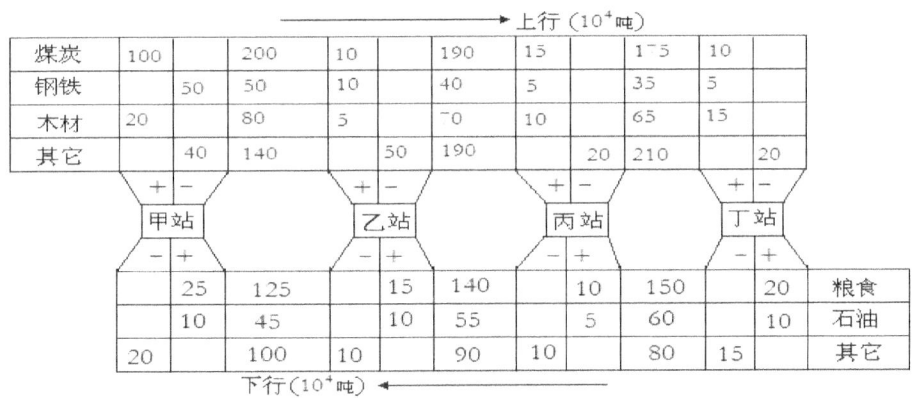

图 2-3 货流示意图

（三）客运量的调查和预测

直通客运量占客运总量的比重一般并不很大,可进行客流的典型调查,找出直通客流量和地方客流量的比值,根据地方客运量估算直通客运量。地方客运量与吸引范围内的人口总数、工矿企业职工人数比重、人均收入、内迁工厂多少、早期移民数量、旅游地多少等因素有关。可用乘车率（每人每年平均乘车次数）或多元回归法进行预测。将客流量汇总后,可按每列车定员估算旅客列车数,亦可比照和设计线路条件相近的既有线,拟定设计线路的旅客列车数。

二、运量参数

铁路选线设计常用的运量参数有铁路运量、运输周转量、货运密度、货流比、货运波动系数、客运波动系数等。

（一）铁路运量

铁路运量包括货运量和客运量。

货运量是设计线路（区段）一年内单向需要运输的货物吨数。计算时应按设计线路（区段）分上、下行进行计算。

$$C = \sum C_i \quad (10^4 \text{t/a}) \tag{2-1}$$

式中 C ——设计线路(区段)单向货运量(10^4 t/a);

C_i ——设计线路(区段)某种货物的年货运量(10^4 t/a)。

客运量(A_k)是设计线路(区段)一年内单方向需要运输的旅客人数。计算时同样按设计线路(区段)分上、下行采用客流量预测方法预测定。对于城际客运专线,应分别按高峰季节客流量和平日客流量统计客运量资料。

(二) 运输周转量

铁路运输周转量包括货物周转量和客运周转量,是衡量铁路运输生产能力的重要指标。

货物周转量是设计线路(区段)一年内所完成的货运工作量,包括上行货运工作量和下行货运工作量。货运工作量是指货物运量与相应运输距离的积。

$$C_{HZ} = \sum_{下行}(C_i \times L_i) + \sum_{上行}(C_i \times L_i) \quad (10^4 \text{t.km/a}) \tag{2-2}$$

式中 C_{HZ} ——设计线路(区段)货物周转量(10^4 t.km/a);

C_i ——设计线路(区段)单向货运量(10^4 t/a);

L_i ——设计线路(区段)货物运输距离(km)。

客运周转量是设计线路(区段)计算时间内(一年或一天)所完成的客运工作量,包括上行客运工作量和下行客运工作量。客运工作量是指旅客人数与相应运输距离的积。

$$A_{KZ} = \sum (A_{KS} + A_{KX}) \times L_i \quad (10^4 \text{人.km/a}) \tag{2-3}$$

式中 A_{KZ} ——设计线路(区段)客运周转量(10^4 人.km/a);

A_{KS}、A_{KX} ——设计线路(区段)上行、下行年客运量(10^4 人/a)。

若按每天旅客列车对数进行计算,则有:

$$A_{KZ} = 2 \times 365 \sum (N_K \times M_K \times \alpha_K \times L_i)/10^4 \quad (10^4 \text{人.km/a}) \tag{2-4}$$

式中 A_{KZ} ——设计线路(区段)客运周转量(10^4 人.km/a);

N_K ——各类旅客列车每天的对数;

M_K ——各类旅客列车定员数(人);

α_{Ki} ——客座利用率,可取 0.85~0.90;

L_i ——各类旅客列车在规划线路上的运行距离(km)。

(三) 货运密度

货运密度是设计线路(区段)每公里的平均货物周转量。

$$C_M = \frac{C_{HZ}}{L} \quad [10^4 \text{t.km/(km.a)}] \tag{2-5}$$

式中 C_M ——设计线路(区段)货运密度[10^4 t.km/(km.a)];

C_{HZ} ——设计线路(区段)货物周转量(10^4 t.km/a);

L——设计线路(区段)长度(km)。

(四) 货流比

货流比 λ_{QZ} 是设计线路上行、下行的货运量不均衡时,轻车方向货运量 C_Q 和重车方向货运量 C_Z 的比值。

$$\lambda_{QZ} = \frac{C_Q}{C_Z} \tag{2-6}$$

(五) 货运波动系数

由于生产和消费季节性原因,设计线路的货运量在一年内各月份并不相等。一年内最大的月货运量和全年月平均货运量的比值称为货运波动系数。

$$\beta = \frac{\text{一年内最大的月货运量}}{\text{全年月平均货运量}} \tag{2-7}$$

(六) 客运波动系数

由于节假日等原因,设计线路的客流量在一年内各月份或一月内的各天并不相等,旅游旺季和淡季的客流有时会有较大差别。通常以月间客流波动系数来衡量设计线路客流的波动情况。高峰日最大客流量与平日平均客流量的比值称为月客流波动系数 β_K。

$$\beta_K = \frac{\text{高峰日最大客流量}}{\text{平日平均客流量}} \tag{2-8}$$

(七) 零担、摘挂、快运货物和旅客列车

零担列车是运送地方零散货物的列车,在中间站办理零担货物的装卸,一般运行于一个区段内。

摘挂列车是运送地方整车货物的列车,在中间站办理货车甩挂和到货场取送作业,一般运行一个段内。

快运货物列车是运送鲜活或易腐货物列车,为缩短旅途时间,这种列车很少停站,其他普通货物列车要停站待避,使其不停车通过。

旅客列车是运送旅客快车。旅客列车按运行要求、运输组织模式、旅行速度和编组情况的不同,可分为特别旅客快车、直通旅客快车、直达旅客快车、普通旅客列车和市郊列车等。这些列车对数,应根据经济调查资料分析确定。

三、设计年度

设计线路交付运营后,客货运量随着国民经济的发展逐年增长,设计线路的能力必须与之相适应。上述运量参数与需要分设计年度提供。铁路设计年度一般分为近期和远期,分

别为铁路交付运营后第十年和第二十年。必要时,也可增加初期,初期一般为交付运营后第五年。各期运营时均采用预测运量,应通过经济调查确定。

铁路设施的设计标准应使铁路设施的能力与运量增长相适应,既能满足日益增长的运输要求,又可节约铁路建设初期投资。铁路线下基础设施和不易改、扩建的建筑物和设备,应按远期运量和运输性质设计,并适应长远发展的要求。对于易改、扩建的建筑物和设备,可按近期运量和运输性质设计,并预留远期发展的条件。

随运输需求变化增减的机车、车辆等运营设备,可按交付运营后第三年或第五年的运量进行设计。

动车组的配置数量及变压器的安装容量等随运输需求变化而增减的运营设备,可按交付运营后第五年运量进行设计。

四、铁路区间通过能力

铁路通过能力是指该铁路线在一定机车车辆类型和一定的行车组织方法的条件下,根据现有固定设备,在单位时间内(通常指一昼夜)最多能够通过的列车对数。通过能力也可用车辆或货物吨数来表示,客运专线还可以用旅客人数来表示。

铁路通过能力的大小,主要受区间内的正线数目、长度、线路平纵断面、牵引机车类型、信号、连锁、闭塞设备、供电设施、日常维修的机械设备、行车组织方式等因素影响。铁路能实现的通过能力,取决于上述设备中最薄弱环节限制的通过能力。设计铁路线时,一般根据区间通过能力来设计其他各种设备的能力,使之相互协调,且不小于区间通过能力。

(一)列车运行图及运行速度

列车运行图是用以表示列车在铁路区间运行及在车站到发或通过时刻的技术文件,它是组织铁路各部门共同完成国家运输任务的基础。列车运行图是运用坐标原理对列车运行时间、空间关系的图解表示,因而实际上是对列车运行时空过程的图解。

在列车运行图上,横轴表示时间(每两条竖线间表示 10 分钟),纵轴表示相邻两车站间的距离。两车站间的斜线表示列车运行线,斜线越陡,说明列车的速度越高,走行时分越短,斜线与车站横线交点处表示列车到站时刻和发车时间,斜线与两相邻车站横线交点的水平距离表示列车行走在这两站间的走行时间。

运行图中列车的编号:离开北京方向的列车为单数,称为下行列车;接近北京方向的列车为偶数,称为上行列车。

在铁路线上开行的旅客列车、直通货物列车、摘挂列车和零担列车等多种列车,由于各种列车的速度互不相同,所以在运行图上各种列车在同一区间的运行线互不平行,称单线非平行运行图,如图 2-4 所示。在铁路线上开行的某一种,如直通旅客列车,成对往返且同一区间、同一方向、速度相同,故其运行线相互平行,称单线平行成对运行图,如图 2-5 所示。

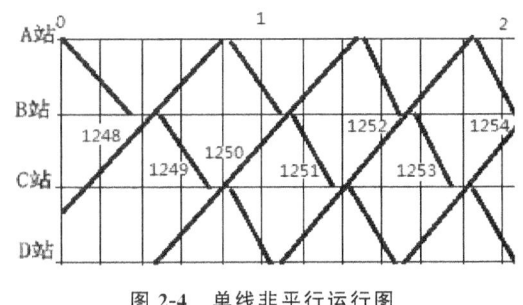
图 2-4 单线非平行运行图

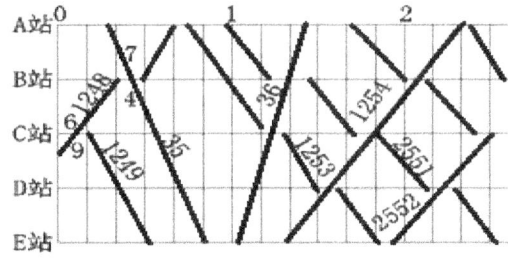
图 2-5 单线平行成对运行图

(二) 平行运行区间通过能力计算

1. 平行运行图周期

在平行运行图上,同一区间内同方向列车的运行速度相同,并且上行、下行方向列车在同一车站上都采取相同的交会方式,因而同方向列车的运行线相互平行。从这种平行图上可以看出,任何一个区间内的列车运行线,总是以同样的铺画方式周期性的一组一组的反复排列着。这组列车占用区间的总时间称为该种运行图的周期,以 T_Z 表示,如图 2-6 所示。

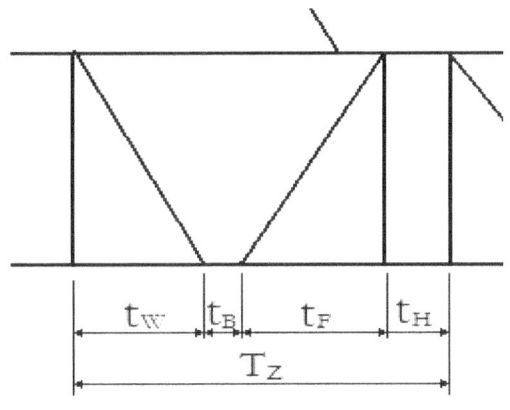
图 2-6 平行成对运行图

全线(区段)各个站间,其站间距离、行车速度各不相同,车站间隔时分也不相同,故一对直通货物列车的各站间的运行图周期也互有差异,各站间的通过能力也有大有小。运行图周期值最大的站间,通过能力最小,全线(区段)的通过能力要受到它的控制,称为控制站间。全线(区段)的能力,应按控制站间的运行图周期计算。

2. 单线平行成对运行图通过能力

单线铁路通过能力按平行成对运行图考虑时,用一对普通货物列车占用区间的总时分(运行图周期 T_Z)来计算。它包括一对列车在区间的往、返走行时分 t_W、t_F 以及两端车站接发列车的车站作业间隔时分 t_B、t_H,如图 2-6 所示。单线平行成对运行图的通过能力 N 可用下式计算。

$$N = \frac{1440 - T_T}{T_Z} = \frac{1440 - T_T}{t_W + t_F + t_B + t_H} \quad (对/d) \quad (2-9)$$

式中 N——单线平行成对运行图的通过能力(对/d);

T_T——日均综合维修"天窗"时间(min)。电力机车取 90min,内燃机车取 60min;

T_Z——一对普通货物列车占用区间的总时分(运行图周期 T_Z)(min)

t_B——对向列车不同时到达的间隔时分(min),即一列车到达车站中心起到对向列车到达或通过车站中心的最小间隔时分;

t_H——车站会车间隔时分(min),即一列车到达或通过车站中心起到该车站向原区间发出另一列车时的最小间隔时分;

t_W、t_F——站(区)间往、返走行时分(min),与站间距离、平纵断面情况、牵引质量以及机车类型和制动条件等因素有关,可通过牵引计算获得;

1440——为每一昼夜的分钟数。

t_B 和 t_H 与车站信联闭类型、股道数目、作业性质等因素有关,选线设计时可采用表 2-1 中的数据。

表 2-1 车站作业间隔时分(min)

闭塞方式	t_B	t_H
电气路签(牌)	5~6	3~4
半自动闭塞	4~5	2~3
自动闭塞	3~5	1~2
自动闭塞与调度集中	3~5	0.5~1

3. 双线平行运行通过能力

双线铁路通过能力按平行运行图考虑,因上行、下行列车分线单向运行,所以通过能力是分方向计算的。

(1) 半自动闭塞。采用半自动闭塞时,同向列车可连发运行,如图 2-7(a)所示。通过能力为:

$$N = \frac{1440 - T_T}{T_Z} = \frac{1440 - T_T}{t - t_L} \quad (列/d) \qquad (2-10)$$

式中 N——同向列车连发运行图的通过能力(列/d);

T_T——日均综合维修"天窗"时间(min)。电力机车取 120min,内燃机车取 70min;

T_Z——同向列车连发运行时列车单向占用区间的总时分(运行图周期 T_Z)(min);

t——同向列车连发运行时列车单向走行时分(min);

t_L——同向列车连发间隔时分(min)。若前后列车均在该站停车时,取 4~6min,若前一列车通过后一列车停车时,取 2~3min。

(2) 自动闭塞。采用自动闭塞时,同向列车可追踪运行,如图 2-7(b)所示。通过能力为:

$$N = \frac{1440 - T_T}{T_Z} = \frac{1440 - T_T}{I} \quad (列/d) \qquad (2-11)$$

式中 I——同向列车追踪间隔时分,其数值根据运营条件决定,一般采用 8~10min。

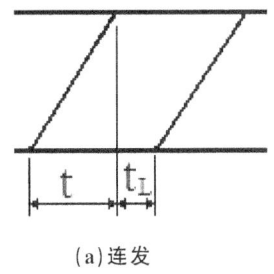 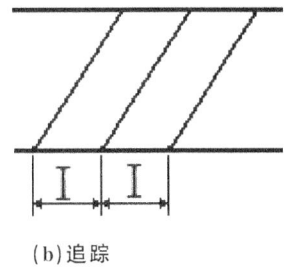

(a)连发　　　　　　　　　　　　(b)追踪

图 2-7　双线平行运行图

第二节　铁路等级与主要技术标准

一、铁路等级

铁路等级是铁路的基本标准,也是确定铁路技术标准和设备类型的重要依据。设计铁路时首先应确定铁路等级,然后选定其他主要技术标准和各种运输装备的类型。

(一)铁路等级划分的意义

我国疆域辽阔、地形复杂,人口、资源分布很不平衡,工农业生产布局也不均衡,各地区经济、文化发展水平差异甚大。因此,经行不同地区的铁路经济、文化和国防意义及其在路网中的地位和作用不同,运量也各异,所担负的运输任务、安全与旅客适度要求也不同。划分铁路等级的重要性在于体现国家对各级铁路的运营质量和运行安全等的不同要求,有区别地规划不同铁路的运输能力,经济合理地制定相应的技术标准和设备类型,使国家资金得到合理的利用。铁路等级高,要求设计标准高、输送能力大、运营质量好、安全舒适性强,同时铁路的造价也高。因此,铁路等级划分具有重大经济意义。

(二)划分铁路等级的依据

划分铁路等级的依据世界各国略有不同,但基本上是依据机车车辆的轴重、列车运行的最高速度、远期年客货运量,以及铁路意义和在铁路网中的作用等条件来划分铁路等级。

1. 机车车辆轴重

轴重是确定设计荷载标准的主要依据,车辆轴重影响机车的功率,影响列车每延米重量,影响着桥梁荷载和轨道类型等。

目前,我国普通铁路机车车辆轴重一般为 21～22 吨,25 吨轴重大型低动力货车仅在大秦线等煤运专线上投入使用。我国铁路除个别重载运煤专线是固定车底外,在绝大多数客货列车共线运行铁路上,机车在一定的交路内运转,而货车则全路通用。轴重大小对各级铁路的影响是相同的,故按轴重划分铁路等级意义不大。我国目前运行于提速线路和客运专线铁路上的动车组,轴重一般为14～16吨,变化不大,一般客运专线不以轴重作为铁路等级的依据。

2. 列车运行的最高速度

铁路线上列车运行最高速度影响着旅客及货物在途时间,是铁路运输质量的重要标志之一,关系到铁路的运输能力和机车车辆运用等一系列运营指标,也关系到工程投资、机车车辆购置费、客货在途损失、列车能时消耗、运输成本、投资效益等一系列经济指标。

行车速度受机车功率、机车车辆构造、线路平、纵断面与轨道标准,通信信号设备水平、运输调度、行车组织等一系列因素制约,也对这些设备标准产生一定影响。最高行车速度是确定线路平面最小曲线半径、缓和曲线长度、夹直线和圆曲线最小长度以及竖曲线半径等标准主要技术参数,也是确定轨道类型的主要依据之一。1996年以来,全国主要干线经过了六次大提速,相继开行快速列车,运营最高速度已达350km/h,完善了线路上的桥、隧、涵、路基、轨道等配套技术标准。

提高铁路运输质量是铁路发展的主要宗旨。以货运为主的铁路,提高铁路运输质量的含义主要是提高其货运通过能力。以客运为主的铁路,提高铁路运输质量的含义主要是提高其旅客列车行车速度。对于客货列车线的铁路,提高铁路质量就是要提高货运通过能力,同时又要兼顾提高旅客列车行车速度。因此,无论是何种运输模式的铁路,旅客列车设计行车速度均是铁路等级划分的主要影响因素之一。

3. 年客货运量

客货运量是世界各国划分铁路等级的主要依据之一。修建铁路的主要目的首先是满足运输要求,更好地为运输服务。而且,列车和线路相互作用力的大小、位移、变形以及设备的寿命主要决定于年客货运量。年客货运量是设计铁路能力的主要依据,对设计线路的工程投资、运输成本和运输收入有很大影响。因此,在保证同样使用寿命条件下,大运量就要采用高标准的技术装备。

3. 线路意义及路网作用

铁路在内陆运输中占有重要位置,为了发展经济,在部分待开发但客运量不很大的地区修建一定等级的铁路必将带动本地经济的快速发展,诱发社会客货运量的待续增长,进而提高铁路运输的经济效益。因此,应将线路意义和路网作用也作为划分铁路等级的一项重要因素。

一般来讲,在路网中起骨干作用的铁路,对于联通国家大经济区,促进经济区间的经济和文化交流及发展将起到重要作用,特别是对于经济较落后的地区,更具有开发意义,这类铁路将成为我国铁路网中的骨干铁路。联通经济发达地区的铁路是指联通沿海经济发达地区或具有较强经济实力的大城市(直辖市、工业城市等)的铁路,这类地区经济发达、人口众多,客货运量往往很大,故应一次修建双线铁路或至少按一次修建双线铁路设计。连接重要城市的铁路一般是指连接省会或经济发达的地级市的铁路,如果该铁路本身运量较大,应当按高等级铁路修建。但在西部地区的一些省会城市或地级市,如青海、西藏等,虽然其年客货运量相对较小,但考虑到线路意义及路网作用,也可修建为高等级铁路。

可见,将铁路意义作为我国铁路等级划分的一项重要因素是符合我国国情的。线路意义可结合经济发展规划,铁路在路网中的作用以及对连接城市、发展地方经济、繁荣区域文化的影响等情况加以描述。

(三)铁路等级划分方法

铁路等级划分可根据单项指标和多项指标进行。这些指标包括铁路自身技术特征和参数,设计线在铁路网中的地位和意义,以及设计线担负的客货运量等。由于划分铁路等级的依据不同,铁路等级划分方法有轴重法、速度法、运量法以及多项指标法等。

2000 年前,我国铁路除广深准高速铁路外,其余的铁路大多为客货列车共线运行铁路,《线规》将铁路按客货运量、路网中的作用和性质分为三个等级。2000 年后,随着我国客运专线和高速铁路的规划和建设,我国铁路运输从单一的客货列车共线运行模式发展为客货共线、客运专线、货物专线等多种运行模式。目前,我国铁路根据运输性质的不同,将铁路分为客运专线铁路、客货共线铁路和货运专线铁路三大类。根据其在铁路网中的作用、性质、主要运输任务、旅客列车设计行车速度和近期客货运量划分为高速铁路、快速铁路、客货共线Ⅰ、Ⅱ、Ⅲ、Ⅳ级铁路和货运专线铁路等七级,并为每一级铁路规定了最高设计速度。

1. 客运专线铁路

客运专线铁路是指铁路网中专门(或主要)用于旅客运输,列车在主要区间以 200km/h 及以上速度运行的标准轨距铁路,根据其在铁路网中的作用、性质、旅客列车行车速度,将客运专线分为高速铁路、快速铁路两个级别。

(1)高速铁路。在客运专线网中起骨干作用,最高设计速度 350km/h 及以上的客运专线铁路,称为高速铁路。高速铁路通常建于经济特别发达、人口很稠密、客运量很大的地区,连接国家重要政治经济中心城市,具有特别重要的政治、经济和社会意义。

高速铁路应采用本线旅客列车和跨线旅客列车混合运行的运输组织模式,对于新建 300～350km/h 的客运专线,本线旅客列车应采用运行速度 300km/h 及以上的动车组,跨线旅客列车应采用运行速度 200km/h 及以上的动车组,逐步实现 300km/h 及以上的动车组运行。

(2)快速铁路。在客运专线网中起联络、辅助作用,为区域或地区服务。最高设计行车速度不高于 250km/h 的客运专线铁路,称为快速铁路。目前,根据快速铁路在铁路网中的作用和服务区域不同,分为快速客运干线和城际铁路。

快速客运干线。通常建于经济发达、人口很稠密、客运量很大的地区,连接省会城市及大中城市,具有重要的政治、经济和社会意义。快速客运干线的主要任务是运送旅客,列车在主要区间以 200km/h 及以上速度运行,列车最小行车间隔 3 分钟,列车密度可达每小时 20 列,列车定员可达 1600 余人/列,每小时最大运送能力可达 64 000 余人,能够实现大量、快速和高密度运输。

城际铁路。城际铁路通常建于某经济发达区域,连接区域内存在经济、旅客、运量需求的中心城市,列车在主要区间能200km/h及以上速度运行。城际铁路通常有单式城际铁路和复式城际铁路两类。单式城际铁路是指连接两个城镇的铁路线,线上只存在彼此之间唯一一对经济旅客运量需求的铁路。复式城际铁路是指连接多个城镇的铁路,同时每两个城镇之间也可能存在着经济旅客运量需求。

在市场经济改革中,形成具有较高活力的环渤海、长江三角洲、珠江三角洲等经济区,区域内城市群的产业一体化整合进程大大加快,这必将在区域内城市群之间形成强大的客货运输需求。为了更有效地利用区域内的土地资源,分担公路运输和城市枢纽的压力,要求建设连接城市群的大容量的快捷公共交通城际铁路系统已成为满足区域内经济发展的必然要求。

2. 客货共线

铁路网中客货列车共经运行,旅客列车设计行车速度等于或小于160km/h,货物列车设计行车速度等于或小于120km/h的标准轨距,称之为客货共线铁路。新建或改建客货共线铁路等级,应根据其在铁路网中的作用、性质、旅客列车设计速度和客货运量确定,并符合下列规定。

Ⅰ级铁路。在铁路网中起骨干作用,或近期年客货运量大于等于20Mt。

Ⅱ级铁路。在铁路网中起联络、辅助作用,或近期年客货运量小于20Mt大于等于10Mt。

Ⅲ级铁路。为某一地区或企业服务,近期客货运量小于10Mt大于等于5Mt。

Ⅳ级铁路。为某一地区或企业服务,近期客货运量小于5Mt。

3. 货运专线

铁路网中专门或主要用于货物运输,轴重25吨及以上、列车牵引质量1万吨及以上、年输送能力1亿吨及以上的标准轨距铁路,称之为货运专线铁路。货运专线铁路重点围绕煤炭、矿石等资源外外运地区运输需求建设,用于运载大宗散货,总重大或轴重大的列车、货车行驶,通常行车密度和运量特大。货运专线铁路实际上是客货共线铁路客车对数为零、牵引质量大于1万吨的特例,通常按重载运输考虑。重载铁路的列车单列运输量至少在5000吨以上,总重量可达1万~2万吨。

二、铁路主要技术标准

铁路主要技术标准是指对铁路输送能力、工程造价、运营质量以及选定其他有关技术条件有显著影响的基本标准和设备类型,是确定铁路能力大小的决定因素。一条铁路的能力设计,实质是选定主要技术标准,同时这些标准对设计线路的工程造价和运营质量有着重大影响,并且确定设计线路的一系列工程标准和设备类型的依据。目前,我国客货共线铁路的主要技术标准包括:正线数目、最大坡度、最小曲线半径、到发线有效长度、牵引种类、机车类型、牵引质量、闭塞方式、列车运行控制方式、追踪列车最小间隔时分以及机车交路等。

(一) 正线数目

正线数目是指连接并贯穿车站的线路数目。按正线数目把铁路分为单线铁路、双线铁路和多线铁路。单线铁路是区间只有一条正线的铁路，在同一区间或同一闭塞分区内，同一时间只允许一列列车运行，对向列车的交会和同向列车越行只能在车站内进行。双线铁路是区间有两条正线铁路，分为上行线和下行线，列车分别在上行和下行线上行驶，同一方向同一区段或同一闭塞分区只允许一列列车运行。多线铁路是区间有多于两条正线的铁路。

单线和双线铁路通过能力悬殊。单线半自动闭塞铁路的通过能力约为 42～48 对/d，双线自动闭塞通过能力则为 144～180 对/d。而双线的投资比两条线单独修建少约 30%，双线旅行速度比单线提高 30%，运输费用低约 20%。可见运量大的线路修建双线是经济的。丘陵地区的新建铁路，近期客货运量小远期客货运量大时，可按双线设计，分期实施。客运专线一般按一次双线铁路设计修建。

(二) 最大坡度

最大坡度也称限制坡度。是铁路线路纵断面坡度允许采用的最大值。在一定自然条件下，线路的最大坡度不仅影响线路走向、线路长度和车站分布，而且直接影响行车安全、行车速度、运输能力、工程投、运营支出和经济效益，是铁路全局性技术标准。

客货共线铁路线路最大坡度是由货物列车运行要求确定的，是单机牵引普通货物列车，在持续上坡道上，以规定的计算速度等速运行时的坡度。它是限制坡度区段的最大坡度，是货物列车牵引质量的确定依据。设计铁路线或区段的限制坡度时应根据铁路等级、地形类别、牵引种类和运输需求比选确定，并应考虑与邻线的牵引定数相协调，但不得大于《线规》的规定。

客运专线铁路，高速列车采用大功率、轻型动车组，牵引和制动性能优良，能适应大坡度运行。我国客运专线铁路一般采用高、中速混运模式，高速动车组的动力大，可以在大的坡度上达到最高的允许速度，而且可以根据速度目标的差异选择相应的功率配置，所以最大坡度主要受跨线旅客列车牵引特性和列车编组条件控制。

(三) 最小曲线半径

最小曲线半径是设计线路采用的曲线半径的最小值。最小曲线半径不仅影响行车安全、旅客舒适度等行车质量指标，而且影响行车速度、运行时间等运营技术指标和工程投资、运营支出和经济效益等经济指标。最小曲线半径应根据铁路等级、路段旅客列车设计行车速度和工程条件比选进行确定。

(四) 到发线有效长度

到发线有效长度是车站能够停车而不影响相邻股道作业的最大长度。

1. 客货共线铁路

客货共线铁路到发线有效长度对货物列车长度(牵引吨数)起限制作用,从而影响列车对数、运能和运行指标,对工程投资、运输成本等经济指标也有一定影响。货物列车到发线有效长度应根据运输需求和货物列车长度确定,且宜与相邻线路的货物列车到发线有效长度相协调,并应采用1050、850、750、650等系列值。

2. 客运专线铁路

目前,我国客运专线铁路的运输组织模式采用本线列车和跨线列车共线运行的模式,跨线旅客列车均采用动车组。到发线有效长度必须满足该线路最长到发线列车停车的需要。到发线有效长度由站台长度、安全防护距离、警冲标至绝缘节的距离等组成。

根据客运列车最大编组的要求,确定站台长度450m(一辆机车和16辆车厢的长度)。考虑到测速和测距的误差,司机确认停车点距离及动车组走过防护距离等,确定安全防护距离不应小于95m(站台边至警冲标的距离)。警冲标至绝缘节的距离,按第一轮对到车头的最长距离4.85m,按整数5m确定。因此,最短的到发线有效长度为$450+2\times(95+5)=650$m。若考虑站台两端的行人安全过道距离,站台两端取125m,则客运专线车站到发线有效长度为$450+2\times125=700$m。

(五) 牵引种类

牵引种类是指机车牵引动力或动车组的动力类别。目前,我国铁路牵引种类有电力机车牵引、内燃机车牵引和蒸汽机车牵引三种,不同的牵引种类具有不同的特点,对铁路运输能力、行车速度、运营条件、工程与运输经济具有重要的影响。蒸汽机车早已停产,次要线路、地方线路或编组站仍在使用,今后牵引动力的发展方向是大功率电力机车和内燃机车。

1. 电力牵引

电力牵引是铁路发展的方向,是建设环保型、资源节约型交通运输的需要,是实现列车高速运行的动力需求。

电力机车热效高、走行距离长、不需要燃料供应和中途给水、功率大、速度高、牵引力大、不污染环境、乘务员工作条件好、机车造价低等优点。但需要接触网供电、线路投资较大、机车独立性差。

2. 内燃牵引

内燃机车不需要供电设备,线路投资较少、独立性好。但是,消耗液体燃料,机车构造复杂、造价较高,高温、高海拔地区牵引功率低、效率较低等。

3. 蒸汽牵引。

蒸汽机车构造简单,制造、维修技术简易,造价低廉。但热效率低,中途须设置给水站、机车整备时间长、能源利用率低、机车功率小、司乘人员工作条件差等。

牵引种类应根据路网与牵引动力规划、线路特征和沿线自然条件以及动力资源分布情况,结合机车或动车组类型合理选定。运量大的主要干线,大坡度、长隧道线路上优先采用电力牵引。高速客运专线铁路应按电气化铁路设计。

(六)机车(动车组)类型

机车(动车组)类型是指同一牵引种类中机车或动车组的不同型号,它对铁路运输能力、行车速度、运营条件、工程及运输经济具有重要影响。

我国机车工业发展很快,大功率电力、内燃机车已形成4、6、8、12轴数系列和B—B、Bo—Bo、Bo—Bo—Bo、Co—Co、2(Bo—Bo)、2(Co—Co)轴式系列(B表示二轴转向架,C表示三轴转向架,o表示电力传动),客、货机车电力功率分别达到900kW和800kW,内燃机车分别达到613kW和532kW。我国电力和内燃部分机车类型主要参数见表2-2。

为实现高速运行,把动力装置分散安装在每节车厢上,使其既具有牵引力,又能载客,而动车组就是由几节自带动力车辆和几节不带动力的车辆编成一组,我们把具有动力装置的车辆称为动车,不带动力装置的车辆称为拖车。动车组的分类很多:按照传动类型可分为电动车组和内燃动车组;按照动力形势可分为动力集中型和动力分散型;按传动方式可分为电传动型和液力传动型等。

1988年唐山机车车辆厂研制成功了时速160km/h的动车组并投入运营。2003年以来,我国在引进日本、德国和加拿大等国先进技术的基础上生产出时速200~350km/h的CRH系列电力分散型动车组。表2-3为我国部分动车组的主要技术参数。

机车类型应根据牵引种类、运输需求以及与线路平、纵断面技术标准相协调的原则,结合车站分布和邻线的牵引量,经技术比选确定。时速大于200km/h的客运列车优先选用动车组。

表2-2 我国电力和内燃部分机车类型主要参数

牵引种类	机车类型	用途	轴式	轴距(m)	功率(kW)	持续速度(km/h)	最高速度(km/h)	持续牵引力(kN)	起动牵引力(kN)
电力	SS_1	客货	Co—Co	4.60	3780	43	95	301.2	487.3
	SS_3	客货	Co—Co	2.3+2.0	4350	48	100	317.8	470
	SS_4	货	2(Bo—Bo)	3.00	6400	51.5	100	431.6	649.8
	SS_{4B}	货	2(Bo—Bo)	2.90	6400	50	100	449.3	628
	SS_{6B}	客货	Co—Co	2.3+2.0	4800	50	100	337.5	485
	SS_7	客货	Bo—Bo—Bo	2.88	4800	48	100	351	485
	SS_{7D}	客	Bo—Bo—Bo	2.88	4800	96	160	171	245
	SS_8	客	Bo—Bo	2.90	3600	99.0	177	124.4	190
	SS_9	客	Co—Co	2.88	4800	105	170	165	215

续表

牵引种类	机车类型	用途	轴式	轴距(m)	功率(kW)	持续速度(km/h)	最高速度(km/h)	持续牵引力(kN)	起动牵引力(kN)
内燃	DF$_4$	客货	Co—Co	1.8+1.8	2426	24.0 20.0	120 100	251.6 302.1	346.3 401.7
	DF$_{4B}$	客货	Co—Co	1.8+1.8	2426	29.0 21.8	120 100	235.2 313.0	325.3 442.2
	DF$_{4E}$	货	2(Co—Co)	1.8+1.8	4860	22	100	630	850
	DF$_6$	货	Co—Co	1.8+1.8	2941	22.2	118	360	435
	DF$_8$	货	Co—Co	1.8+1.8	3309	31.2	100	307.3	442.2
	DF$_{10D}$	货	2(Bo—Bo)	1.8+1.8	4260	27.7	100	455	718
	DF$_{11}$	客	Co—Co	2.0+2.0	3680	65.6	170	160	253

表 2-3 我国部分动车组的主要技术参数

车型 项目	CRH1	CRH2	CRH3	CRH4	CRH5
编组形式	2×[2M+1T]+[1M+1T]	[4M+4T]/[6M+2T]	2[2M+1T]+2T	6M+2T	[3M+1T]+[2M+2T]
定员(人)	668	610	610	610	620+2
编组质量(t)	420.4	359.7	380.0		451.0
编组长度(m)	213.5	201.4	200.0	201.4	451.0
运营速度(km/h)	200	200/300	350	330	200
车头车辆长度(mm)	26 950	25 700	25 675	25 700	27 600
中间车辆长度(mm)	26 600	25 000	24 775	25 000	25 000
车辆宽度(mm)	3328	3380	2950	3380	3200
车辆高度(mm)	4040	3700	3890	3700	4270
动车轴式	Bo'—Bo'	Bo'—Bo'	Bo'—Bo'		Bo'—Bo'
转向架固定轴距(mm)	2700	2500	2500	2500	2700
转向架中心距(m)	17.500	17.500	17.375	17.500	17.500
转向架轮径(mm)	915~835	860~790	860~790	860~790	890~810
轴重/整备重(t)	≤16	≤14	≤14		≤17/16
总牵引功率(kW)	5500	4800/7200	2400		5500
单电动机功率(kW)	275	300	500	300	550
吨均功率(kW/t)	13.08	13.34	21.05	19.67	12.19
起动牵引力(kN)	325	237	300		300
起动加速度(m/s^2)	0.5	0.406	0.406		0.6
紧急制动距离(m)	≤2000	≤1800	≤1800		≤2000

(七) 牵引质量

牵引质量是机车牵引的总重量,也称牵引吨数。线路(区段)方向上规定的列车牵引质量,称为牵引定数。列车牵引质量通常作为货物列车的发展标志,列车牵引质量的大小与货流条件、机车牵引能力、到发线有效长度、轨道结构强度等因素有关。

1. 货流条件

牵引质量的大小与货流条件有着密切关系。主要以重质大宗散装货物为运输对象的铁路，应取较高的牵引质量标准。牵引质量标准应综合货物品类、批量大小、产供销关系以及装卸和存储设备条件等综合分析确定。

2. 机车牵引能力

当设计线路最大坡度一定时，机车牵引能力和车辆载重能力是确定货物列车牵引质量标准的主要因素。提高牵引质量需要有相应的牵引能力的机车，并有足够的制动能力。提高机车的牵引能力的途径有：采用大功率机车或采用中等功率机车多机牵引两种。

3. 到发线有效长度

当车辆延米重量一定时，牵引质量的大小受到发线有效长度限制，要提高牵引质量，需要与到发线有效长度相配合。我国主要干线普通货物列车牵引质量普遍在3000~4000t，到发线有效长度主要采用850m。当牵引质量大于4000t时，则到发线有效长度需要适当延长，若牵引质量大于5000吨时，则到发线有效长度应当采用1050m。

机车牵引能力、车站到发线有效长度、限制坡度等技术标准，是影响牵引质量的主要因素，应当结合设计线路的运输任务、地形条件等多项指标综合优化确定各项技术标准。

4. 轨道结构强度

在到发线长度一定的情况下，提高列车牵引质量还可以采用提高车辆延米重。但是，车辆大型化的措施即增加车辆轴重，同时需要采用重型轨道结构（重型钢轨）和提高桥梁的活载等级，从而影响移动设备和固定设备的维修和装卸条件，增加工程运营成本等。

（八）闭塞方式

铁路线路以车站（线路所）为界划分若干个运行控制区间。单线铁路的区间是指车站出站信号机柱中心到相邻车站信号机柱中心。双线铁路或多线铁路的区间，分别是指各方向线路车站出站信号机柱中心到相邻车站信号机柱中心。为了提高线路通过能力，将区间又划分为若干个闭塞分区，闭塞分区以同方向两架相邻信号机柱为界。

为了保证行车安全，提高运输效率，利用信号设备等来管理列车在区间或分区间运行的方法称为闭塞方式。闭塞方式决定车站作业间隔时分，从而影响通过能力。实现闭塞方式有人工闭塞、半自动闭塞和自动闭塞三种。

1. 人工闭塞

人工闭塞是一种采用电气路签、路牌或路票等作为列车占用区间的凭证，由接车员检查区间是否空闲，是否准许进入列车的一种闭塞方式。该方式是在区间两端车站上各安装一个路签机，彼此间有电气锁闭关系，当列车需要进入该区间时，必须从该区间一端路签机中取出路签凭证（前提是区间空闲并得到另一车站的同意），列车方可进入该区间运行。此时，区间两端任意一车站均不能从路签机中取出路签凭证，从而，保证区间内只能有一趟列车运行，确保行车安全。这种方式已经淘汰，不再使用。

2. 半自动闭塞

半自动闭塞是闭塞机与信号机发生联锁,人工办理闭塞手续,列车凭信号显示进入区间运行,进入该区间后,出站信号机自动关闭的一种闭塞方式。即:列车进入区间的凭证是出站信号机显示绿灯,显示绿灯的前提条件是区间空闲。由于省去了司机递交路签的时间,缩短了列车在车站的停留时间,从而提高了线路的通过能力,提高运输效率。

3. 自动闭塞

自动闭塞是信号机根据闭塞分区状态(有车还是空闲),自动变换通过显示,司机凭信号显示行车的一种闭塞方式。由于自动闭塞可将区间分为若干闭塞分区如图2-8所示,进一步缩短了同向列车的行车间隔距离,同一闭塞分区只有一辆列车,同一区间多辆列车同时同向运行成为可能,大大提高列车的通过能力,进一步提高铁路的运输效率。

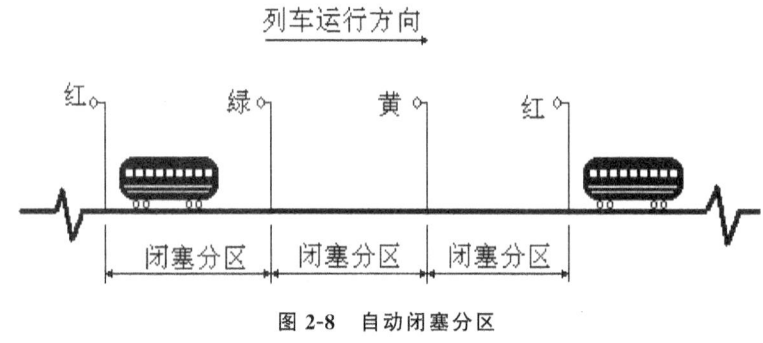

图 2-8　自动闭塞分区

(九) 列车运行控制方式

随着铁路干线运行速度的不断提高和行车间隔的不断缩短,依赖信号机实现闭塞方式已不能满足铁路发展的需要,因此,需要发展列车自动运行控制系统。自动运行控制系统是通过计算机、网络、通信及信息等先进技术与列车、信号、线路及道岔等设备联系在一起,完成对列车自动运行、安全防护、调度等控制管理。

目前,我国铁路客运专线,列车运行速度在200~250km/h时,采用"轨道电路+点式应答器"构成的ZPW-2000列车控制系统;列车运行速度高于300km/h时,采用"数字编码轨道电路+应答器"构成的CTCS-2级列车控制系统。

(十) 运输调度方式

铁路运输部门为了控制运输生产状态,组织日常工作和对日常运输生产进行指挥、监控、协调等所进行的调控活动,称为运输调度。为了运输生产高效、有序,铁路部门必须实行"集中领导、统一指挥"。调度中心是铁路运输生产日常管理的指挥中心,行车调度是调度机构的核心工作。

调度集中是调度中心对某一区段内的信号设备进行集中控制,对列车进行直接指挥、管理的技术装备。将调度区段内各中间站的断电器集中联锁,并和区间的自动闭塞设备结合起来,建立一个由列车调度员直接操纵的信号通信与遥控的综合控制平台,称调度集中系统。调度集中既是先进的技术装备,也是新型的运输组织方式,提高了行车调度自动化,为铁路运输提供安全和高效的可靠保证,充分运用线路的通过能力,提高劳动生产率,改善铁路员工工作条件和劳动强度。

(十一) 追踪列车最小间隔时分

在自动闭塞区段,凡一个站间内同方向有两列以上列车以闭塞分区为间隔运行,称追踪运行。追踪运行的两列车之间的最小间隔时间,称为追踪列车间隔时分。追踪列车间隔时分,决定于自动闭塞信号的制式、列车长度、列车运行速度,以及闭塞分区的长度等。

根据安全行车的要求,列车的追踪时间间隔包括以下情形。

(1) 区间运行时,列车最小追踪时间间隔。

(2) 前方列车正线停站时,列车追踪时间间隔。

(3) 前方列车侧线停站时,列车追踪时间间隔。

(4) 出站时,列车追踪时间间隔。

追踪列车最小间隔时分,对铁路通过能力有很大影响。对于双线铁路,若追踪列车间隔时分取 8min,通过能力约为 168 列/d,追踪列车间隔时分取 4min,则通过能力可达 340 列/d。目前,我国客货共线铁路采用三显示自动闭塞,设计是按货物列车间最小容许追踪间隔时间(6~10min)来划分闭塞分区和配置信号机的。对于高速客运专线,追踪列车最小间隔时分按 3~4min 设计。

(十二) 机车交路

铁路上运转的机车(动车组),都是在一定区段内往返行驶。机车(动车)往返行驶的区段称为机车(动车组)交路。交路长度称交路距离。对于客货共线铁路,交路两端的车站称区段站。对于客运专线铁路,交路两端的车站称中间站,类似于客货共线铁路的区段站。区段站一般都要设置一定的机务设备。

铁路的区段站按工作性质和设备规模可分为机务段(或基本段)和折返段。机务段配有一定数量的机车,担任相邻交路的运转作业,并设有机车整备和检修设备等。配属本段的机车在此整备、检修,乘务人员在此换乘、休息或驻班等。

1. 交路类型

短交路:由一班乘务组承担一个往返交路。

长交路:由一班乘务组承担一个单程交路。

超长交路:由两班乘务组承担一个单程交路。超长交路一般要在区段站和折返段间要增加一个中途换班段。

2. 机车(动车组)运转方式

肩回式:机车(动车组)返回区段站均要入段整备。

循环式:机车(动车组)在相邻两个短交路内往返行驶,在区段站机车不摘钩在到发线上整备。

半循环式:机车(动车组)在相邻两上短交路内往返行驶,每一循环入段整备一次。

3. 乘务制

包乘制:由固定的乘务组完成任务的称包乘制。

轮乘制:由不同乘务组分段轮流完成任务的称轮乘制。乘务人员的工作时间一般控制在一天 6~9 小时内。

4. 交路距离

交路距离由交路类型决定,并与机车乘务组连续工作时间以及列车旅行速度有关。一般情况下,短交路控制在 70~120km,长交路控制在 150~250km,超长交路控制在 300~500km。

目前,我国铁路大力推行长交路轮乘制。所以,客运机车交路一般为 500~1000km,货运机车交路一般为 350~500km。动车组交路采用循环运转制,运行至定检公里数时方进入检修段进行检修。

第三节　作用于列车上的力

牵引计算是研究列车在各种外力作用下,一系列与行车有关的实际问题,包括列车运行速度和时间、牵引质量、机车能耗、列车制动距离等问题的计算与解析。这些指标在铁路设计及既有线改造中是计算铁路的通过能力、运送能力、车站分布、线路纵断面坡度、坡段、机车交路、运营支出的基本资料,也是评比各设计方案优劣的主要依据。

牵引计算是以动力学为根本,科学试验为基础,结合运营实践综合得出的参数、数据和各类计算公式等。

作用于列车的力有牵引力、列车运行阻力以及制动力。

一、牵引力

(一)牵引力的形成

《列车牵引计算规程》中规定,牵引力以轮周牵引力为计算标准,即以轮周牵引力来衡量和表示牵引力的大小。如图 2-9 所示,动轮在转矩 M 的作用下转动,与铁轨黏着摩擦产生向前的外力 F_μ。这种切向外力,即为轮周牵引力,简称牵引力。

在物理学上 F_μ 是摩擦力,起动瞬间是最大静摩擦力,其值是车轮垂直向下的压力 P_μ 与静摩擦系数 μ 的积。

现实中,钢轨在很大力的作用下产生变形,如图 2-10 所示,加之轮踏面是圆锥形,列车运行中不可避免地产生冲击和振动,即列车在运行中,不是纯粹的"静摩擦"状态,而是"静中有动""动中有滑",实际轮轨间最大静摩擦力要小得多。所以,铁路牵引和制动理论在分析轮轨间纵向力时,不用"静摩擦力",而是以"黏着力"来代替。把黏着力与轮轨间垂直载荷的比值称为黏着系数。

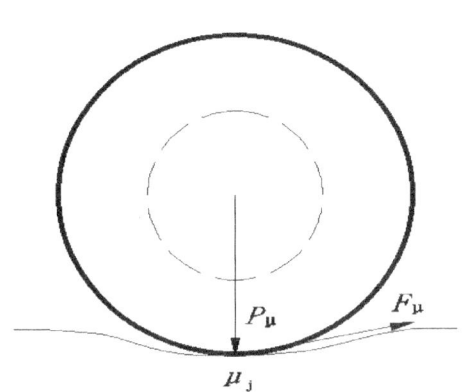

图 2-9 电力机车传动部分示意图

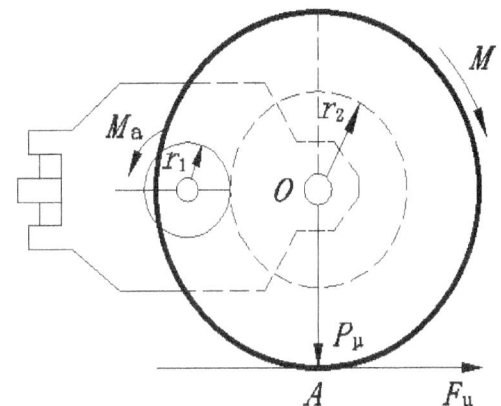

图 2-10 轮轨受力变形示意图

(二)黏着力的限制

黏着牵引力是受轮轨间黏着力限制的牵引力,其最大值为动轮荷载的重力与轮轨间的黏着系数积。

$$F_\mu = 1000 P_\mu \times g \times \mu_j \quad (N) \quad (2-12)$$

式中 F_μ——黏着牵引力(N);

P_μ——机车(动车组)黏着质量(t),电力机车黏着质量见表 2-4,动车组机车质量见表 2-5;

μ_j——计算黏着系数;

g——重力加速度(m/s^2)。

表 2-4 电力机车牵引性能参数

参数 机型	$V_{j\,min}$(km/h)	$F_{j\,max}$(kN)	F_q(kN)	$P、P_\mu$(t)	V_g(km/h)	L_j(m)
韶山 1	43.0	301.2	487.3	138	95	20.4
韶山 3	48.0	317.8	470	138	100	21.7
韶山 4	51.5	431.6	649.8	2×92	100	32.8
韶山 7	48.0	353.3	487.3	138	100	22.0
韶山 8	99.7	127.0	230.0	88	177	17.5

注:表中依次为最低计算速度、最大牵引力、起动牵引力、机车质量或机车黏着质量、最高速度、机车长度等。

表 2-5　CRH 高速动车组牵引性能参数表

参数 机型	V_s(km/h)	F_s(kN)	F_q(kN)	P(t) 动车	P(t) 拖车	V_m(km/h)	车长(m) 头车	车长(m) 中车
CRH_1	200	87	325	≤16	≤16	250	26.96	26.60
CRH_2	200/300	132/83	237	≤14	≤14	250/330	25.70	25.00
CRH_3	200/350	160/92	300	≤14	≤14	250/380	25.70	25.00
CRH_5	200	95	300	≤17	≤16	250	27.60	25.00

注：V_s 为最高速度，F_s 为对应于最高速度时的牵引力。

机车(动车组)的轮周牵引力不能大于机车(动车组)所能产生的黏着牵引力，称为黏着牵引力限制。

轮轨间黏着系数受很多因素影响，包括气候、动轮踏面和钢轨材质与表面状况、行车速度、有关部件状态等，这些因素很难用理论方法计算，只能通过专门的试验获得试验公式。

1. 机车黏着系数

各种机车的计算黏着系数试验公式为：

国产各型电力机车
$$\mu_j = 0.24 + \frac{12}{100 + 8V} \tag{2-13}$$

国产各型电传动内燃机车
$$\mu_j = 0.248 + \frac{5.9}{75 + 20V} \tag{2-14}$$

式中 V——行车速度(km/h)

2. 高速铁路动车组计算黏着系数

我国投放使用的 CHR 系列动车组是在引进国外先进技术的基础上发展起来的，动车牵引特性参照国外相关技术标准，国外高速列车动车组的计算黏着系数的试验公式为：

日本(干轨)
$$\mu_j = \frac{27.2}{85 + V} \tag{2-15}$$

日本(湿轨)
$$\mu_j = \frac{13.6}{85 + V} \tag{2-16}$$

德国(干轨)
$$\mu_j = 0.116 + \frac{9}{42 + V} \tag{2-17}$$

德国(湿轨)
$$\mu_j = 0.7 \times \left(0.116 + \frac{9}{42 + V}\right) \tag{2-18}$$

二、列车运行阻力

列车运行时，作用于列车上阻止列车运行而不能由司机控制的外力，称为列车运行阻力，简称列车阻力。列车阻力 W 是机车阻力 W′ 与车辆阻力 W″ 之和。试验表明，作用在机车、车辆上的阻力与其质量成正比，故在牵引力质量计算时，常采用单位阻力来表示，单位为 N/kN。

根据阻力的性质将阻力分为基本阻力、附加阻力和起动阻力三类。

（一）基本阻力

基本阻力是指列车在空旷地段,沿平直轨道运行时遇到的阻力。该力在列车运行中总是存在的,方向与列车运行方向相反,主要由轴颈与轴承间、车轮与钢轨间摩擦,道路不平顺冲击振动以及空气阻力等构成。

单位阻力公式是在车速 10km/h,风速小于 5m/s,温度不低于 $-10°$ 条件下,试验得出。

$$\omega_0 = a + bV + cV^2 \quad (\text{N/kN}) \tag{2-19}$$

可以看出,列车单位基本阻力与列车速度成二次抛物线关系。

1. 机车单位基本阻力

(1) 电力机车：

韶山1、韶山3、韶山4采用公式：

$$W_0' = 2.25 + 0.0190V + 0.000320V^2 \quad (\text{N/kN})$$

韶山7 $\quad W_0' = 1.40 + 0.0038V + 0.000348V^2 \quad (\text{N/kN})$

韶山8 $\quad W_0' = 1.02 + 0.0035V + 0.000426V^2 \quad (\text{N/kN})$

(2) 内燃机车：

东风4(客、货)、东风4B(客、货)、东风4C(货)、东风7D等型

$$W_0' = 2.28 + 0.0293V + 0.000178V^2 \quad (\text{N/kN})$$

东风8 $\quad W_0' = 2.40 + 0.0022V + 0.000391V^2 \quad (\text{N/kN})$

东风11 $\quad W_0' = 0.86 + 0.0054V + 0.000218V^2 \quad (\text{N/kN})$

2. 车辆单位基本阻力

(1) 客车单位基本阻力计算公式：

V<120km/h 时,21、22 型 $\quad W_0' = 1.66 + 0.0075V + 0.000155V^2 \quad (\text{N/kN})$

V<140km/h 时,25B、25G 型 $\quad W_0' = 1.82 + 0.010V + 0.0002145V^2 \quad (\text{N/kN})$

V<160km/h 时,快速单层客车 $\quad W_0' = 1.61 + 0.004V + 0.000187V^2 \quad (\text{N/kN})$

快速双层客车 $\quad W_0' = 1.24 + 0.0035V + 0.000157V^2 \quad (\text{N/kN})$

(2) 货车单位基本阻力计算公式：

重车：滚动轴承 $\quad W_0' = 0.92 + 0.0048V + 0.000125V^2 \quad (\text{N/kN})$

滑动轴承 $\quad W_0' = 1.07 + 0.0011V + 0.000236V^2 \quad (\text{N/kN})$

空车： $\quad W_0' = 1.24 + 0.0035V + 0.000157V^2 \quad (\text{N/kN})$

(3) 高速动车单位基本阻力计算公式：

CRH1 $\quad W_0' = 1.12 + 0.00542V + 0.000146V^2 \quad (\text{N/kN})$

CRH2 $\quad W_0' = 0.88 + 0.00744V + 0.000114V^2 \quad (\text{N/kN})$

CRH3 $\quad W_0' = 0.66 + 0.00245V + 0.000132V^2 \quad (\text{N/kN})$

CRH5 $\quad W_0' = 0.69 + 0.0063V + 0.00015V^2 \quad (\text{N/kN})$

(4) 列车基本阻力与机车、车辆基本阻力关系：

普通列车：

列车基本阻力为机车基本阻力与车辆基本阻力之和。

$$W_0 = W'_0 + W''_0 \text{ 或 } W_0 = w'_0 Pg + w''_0 Gg \tag{2-19}$$

式中 W_0、W'_0、W''_0——列车基本阻力、机车基本阻力和车辆基本阻力；

w'_0、w''_0——机车单位基本阻力和车辆单位基本阻力；

P、G——机车、车辆质量（或牵引质量）。

列车平均基本阻力：

$$w_0 = \frac{W_0}{(P+G)g} = \frac{Pw'_0 + Gw''_0}{P+G} \tag{2-20}$$

动车组：

由于动车组的机车单位基本阻力与车辆单位基本阻力相等。所以，动车组基本阻力 W_0 为：

$$W_0 = M \times w''_0 \times g \tag{2-21}$$

式中 M——动车组质量(t)。

（二）附加阻力

附加阻力是指列车在运行时受到额外阻力。该阻力随列车运行的线路平、纵断面情况不同分坡道附加阻力、曲线附加阻力、隧道附加阻力和其他附加阻力等。

1. 坡道附加阻力

列车在走道上运行时，其重力产生垂直分力，其平行于轨道方向的分力为列车坡道附加阻力，上坡为正，下坡为负，如图 2-11 所示。

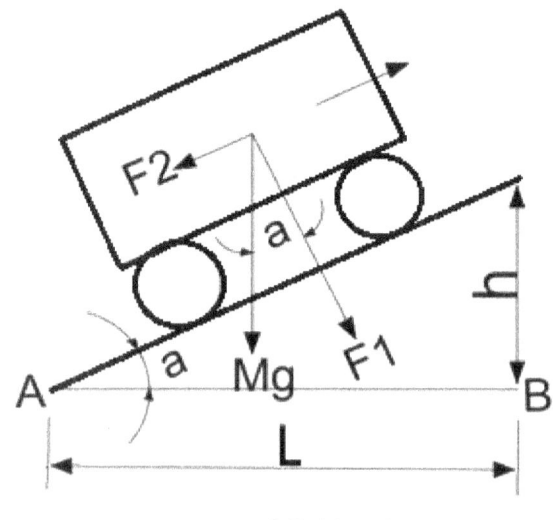

图 2-11 坡道附加阻力

$$F_2 = M \times g \times \sin\alpha \quad (kN)$$

当 α 很小时 $\sin\alpha = \tan\alpha$，$\tan\alpha = i/1000$

$F_2 = 1000\ M \times g \times \tan\alpha$ （N）
$= 1000\ M \times g \times i/1000$
$= M \times g \times i$

故，坡道附加单位阻力为：

$$w_i = \frac{M \times g \times i}{M \times g} = i\ (\text{N/kN}) \tag{2-22}$$

2. 曲线附加阻力

列车在曲线上运行比在直线上运行的阻力大，增大的部分称为曲线附加阻力。引起曲线附加阻力主要原因有机车、车辆在曲线上运行时轮轨间的纵向和横向滑动、摩擦增加，同时由于侧向力的作用，上下盘心以及轴承部分摩擦加剧。引起这些原因与曲线半径、列车运行速度、外轨超高、轨距加宽量、机车车辆的固定轴距以及轴荷载等因素有关。曲线附加阻力计算式分为三种情况。

（1）$L_L \leq L_y$，即列车长度不大于曲线长度时，通过试验得出：

普通列车单位曲线附加阻力计算式为：

$$w_r = \frac{600}{R} \quad \text{或} \quad w_r = \frac{10.5a}{L_Y}\ (\text{N/kN}) \tag{2-23}$$

高速客运专线的单位曲线附加阻力计算式为：

$$w_r = \frac{2000}{R} \quad \text{或} \quad w_r = \frac{34.9}{L_Y}(N/NK)\ (\text{N/kN}) \tag{2-24}$$

式中 w_r、R、L_y、a——分别为单位曲线附加阻力、曲线半径(m)、曲线长度(m)、曲线转角(°)。

（2）$L_L > L_y$，即列车长度大于曲线长度时，通过试验得出：

普通列车单位曲线附加阻力计算式为：

$$w_r = \frac{600}{R} \times \frac{L_y}{L_L} \quad \text{或} \quad w_r = \frac{10.5a}{L_L} \quad (\text{N/kN}) \tag{2-25}$$

高速客运专线的单位曲线附加阻力计算式为：

$$w_r = \frac{2000}{R} \times \frac{L_y}{L_L} \quad \text{或} \quad w_r = \frac{34.9a}{L_L} \quad (\text{N/kN}) \tag{2-26}$$

式中 L_L——列车长度(m)，其他同上。

（3）列车位于多个曲线上，且列车全长范围内的曲线转角和为 $\sum\alpha$，则列车平均单位曲线附加阻力为：

$$w_r = \frac{10.5\sum\alpha}{L_L}\ (\text{N/kN}) \tag{2-26}$$

3. 隧道空气附加阻力

列车在隧道内运行时,由于空气不能向四周扩散,造成活塞现象,头部正压、尾部负压的压力差,阻碍列车运行而形成阻力。同时,空气与列车表面摩擦也对列车运行产生阻力。因此,列车在隧道中运行,作用于列车上的空气阻力远比空旷地段大,增加的空气阻力称为隧道空气附加阻力。

隧道空气附加阻力与行车速度、列车长度、列车外形、隧道长度、隧道横截面积、隧道表面粗糙度等因素有关,这些因素的影响很复杂,难于导出理论计算公式,一般采用试验方法得出,但是由于试验公式比较复杂,《牵规》建议采用下列公式来计算隧道内单位空气附加阻力。

有限制坡道时 $\quad w_s = L_s \times V_s^2 / 10^7 \quad$ (N/kN) $\qquad$ (2-27)

无限制坡道时 $\quad w_s = 0.00013 L_s \quad$ (N/kN) $\qquad$ (2-28)

式中 w_s、L_s、V_s——分别为隧道附加单位空气阻力、隧道长度(m)、列车通过隧道时的速度(km/h)。

4. 其他附加阻力

除了以上所述各种附加阻力外,还应该有因大风或严寒等气候条件所引起的附加阻力。由于大风或严寒等气候条件不固定,影响因素复杂,故应由专门试验来测定,或采用适当减少牵引质量的措施进行修正。

5. 附加阻力换算坡度及加算坡度

附加阻力换算坡度:

根据单位坡道附加阻力计算公式(2-22),若将曲线附加阻力和隧道空气附加阻力分别视为由坡度 i_r 和 i_s 产生的阻力。即

$$w_s = i_s$$

因此,我们把 i_r 和 i_s 分别称为曲线、隧道附加阻力换算坡度或当量坡度。

加算坡度及列车平均单位阻力:

i_j 加算坡度是指线路纵断面上坡段的坡度 i 与该坡道上的曲线 i_r、隧道 i_s 等附加阻力换算坡度之和,即

$$i_j = i + i_r + i_s \quad (‰) \qquad (2-29)$$

对应的单位加算阻力为:

$$w_j = w_i + w_r + w_s \quad (N/kN) \qquad (2-30)$$

列车总阻力 W 为基本阻力 W_0 与附加阻力 W_j 之和,即

普通列车:$W = W_0 + W_j = [P \times w'_0 + G \times w''_0 + (P+G) \times i_j] \times g \times 10^{-3}$

高速动车组:$W = W_0 + W_j = [M \times w''_0 + M \times i_j] \times g \times 10^{-3}$

普通列车平均单位阻力为:

$$w = \frac{W}{(P+G) \times g} = w_0 + w_i + w_r + w_s \quad (N/kN) \qquad (2-31)$$

高速动车组平均单位阻力为：

$$w = \frac{W}{M \times g} = w''_0 + w_i + w_r + w_s \quad (\text{N/kN}) \qquad (2-32)$$

（三）起动阻力

起动阻力是指列车起动时所受到的阻力，主要包括轴颈与轴承之间摩擦阻力、钢轨与车轮滚动阻力、起动加速以克服列车静态惯性力等。根据试验结果，列车起动阻力（包括起动时的基本阻力和附加阻力）计算公式为：

(1) 机车单位起动阻力 w'_q
　　内燃和电力机车　　$w'_q = 5 (\text{N/KN})$ \hfill (2-33)

(2) 货车单位起动阻力 w''_q
　　滚动轴承　　$w''_q = 3.5$ \hfill (2-34)
　　滑动轴承　　$w''_q = 3 + 0.4 i_j$ \hfill (2-35)

滑动轴承货车单位起动阻力 w''_q，当计算结果小于 5N/kN 时，按 5N/kN 计算，当计算结果大于或等 5N/kN 时，按实际结果计算。

三、列车制动力

人为地制止列车运动，包括减速、阻止运动或加速等，均称为制动。反之，对已实施制动的列车，进行解除或减弱制动作用，称为缓解。为使列车制动和缓解而安装的整套设备，称为制动装置。

按动能的转移方式不同，制动分为摩擦制动、动力制动和电磁制动三类。

（一）摩擦制动

摩擦制动包括闸瓦制动和盘形制动。

闸瓦制动又称踏面制动，是以机车上空气压缩机产生的压缩空气为动力，推动机车车辆上的制动闸瓦压紧车轮轮箍，通过闸瓦与车轮踏面的机械摩擦，把列车动能转变为热能消散于大气中，并产生制动力，这种因利用压缩空气为动力的制动方式称为空气制动。

盘形制动与闸瓦制动类似，是在车轴上或车轮辐板侧面安装制动盘，制动时用制动夹钳使两个闸瓦紧压制动盘侧面，通过闸瓦与制动盘侧面的机械摩擦产生制动作用，将列车动能转变为热能消散于大气中。

（二）动力制动

动力制动包括电阻制动和液力制动等。

电阻制动是利用电机的可逆原理，将电力机车或电传动内燃机车动轴上的电动机转换为发电机使用，从而产生反转力矩，阻止车轮转动以达到制动目的的制动方式。如将电能反馈给电网加以利用,又称再生制动。

液力制动是在液力传动的内燃机车上,利用机车动轮惯性运动,通过传动齿轮带动制动器内转子在工作油中旋转,工作油在转子中被加速而在定子中被减速,产生对转子的反扭矩,形成液力制动力。

(三) 电磁制动

电磁制动包括磁轨制动和涡流制动。

磁轨制动是在两个转向架下面同侧的两个车轮之间各安装一个电磁铁,制动时将它放下,并利用电磁吸力紧压钢轨,通过电磁铁上的磨耗板与钢轨之间的滑动摩擦产生制动力。

涡流制动包括轨道涡流制动和旋转涡流制动两种方式。轨道涡流制动与磁轨道制动相似,只是轨道涡流制动时的电磁铁在制动时只下放到离铁轨几毫米处,不与铁轨接触。旋转涡流制动是在车轴上装有金属盘,金属盘在电磁铁形成的磁场中旋转,感应出涡流并产生电磁吸力,从而产生制动作用。

摩擦制动能产生较大的制动力,当速度为零时也能产生制动作用,因此是应用最广的制动方式,也是我国最主要的制动方式。电磁制动属非黏着制动,其制动力不受轮轨间黏着力的限制,被广泛用于高速列车上。

按制动力的操纵控制方式不同,制动分为空气制动、电制动和电空制动三类。

(一) 空气制动

空气制动是以空气压缩机产生的压缩空气为动力,推动机车车辆上的制动闸瓦压紧车轮轮箍,产生摩擦制动力。这种方式可以产生较大的制动力。

(二) 电制动

原动力用电的操纵控制方式称为电磁制动,简称电制动。如电阻制动、再生制动等。因电制动具有强大的制动力等优点,电力机车、电传动内燃机车和高速动车组上被广泛采用。

(三) 电空制动

电空制动是电控空气制动的简称,是在空气制动的基础上,每辆车加装电磁阀等电控制部件,形成电控与空气控制共同作用的制动方式。即:采用空气制动的原理,由电来完成操纵的动作。其优点是,当电控操纵失灵时,仍可改为人工操控空气制动。我国高速动车组通常采用电空制动。

第四节　牵引质量计算与检算

牵引质量是机车牵引列车的重量,也称牵引吨数。牵引质量的大小与列车运动状态有关。

一、列车运行状态

列车运行状态决定于作用在列车上的合力,合力的大小与机车功率、线路平面、纵断面有关。

(1) 牵引运行。牵引运行时,作用于列车上的力有牵引力 F 和运行阻力 W,合力 C 为:
$$C=F-W$$

(2) 惰力运行。惰力运行时,牵引力 F 为零,故合力 C 为:
$$C=-W$$

(3) 制动运行。制动运行时,牵引力 F 为零的同时增加了一个与运行阻力 W 方向相同的制动力 B,故合力 C 为:
$$C=-(W+B)$$

因 F、W、B 随运动速度变化而变化,故合力 C 也随之变化。当 C>0 时,列车加速运行,当 C=0 时,列车等速运行,当 C<0 时,列车减速运行。惰力运行、制动运行均为减速运行。

二、牵引质量计算

设计普通铁路新线时,一般按列车在限制坡道上,机车以计算速度等速运行时的情况来确定牵引质量;快速客运专线,一般按平道上,列车以最高速度运行,并留有一定加速度余量时的情况来确定牵引质量。

(一) 限制坡度上,机车以计算速度等速运行

根据列车运动状态可知,机车以计算速度等速运行时,合力为零,即 C=0。

设:机车计算速度为 V_j,对应的计算牵引力为 F_j,则列车在限制坡度 i_x 上的合力为:

$$\lambda_y F_j - P(w_0' + i_x) - G(w_0'' + i_x) \times g = 0$$

所以
$$G = \frac{\lambda_y F_j - P(w_0' + i_x)}{(w_0'' + i_x) \times g} \quad (t) \tag{2-36}$$

式中 G、P——为单机牵引质量(t)和机车质量(t);

λ_y——为机车牵引力使用系数,常取 0.9;

w'_0、w''_0——为计算速度下,机车、车辆单位基本阻力(N/kN)。

机车计算速度 V_j、计算牵引力为 F_j,机车质量 P 等,可查表 2-4。机车、车辆单位基本阻力,可通过计算速度,根据机车类型,按相应的阻力公式进行计算。

(二)平道上,列车以最高速度运行,并留有一定加速度余量

根据列车运动状态可知,列车加速运行时,合力 C>0。

设列车最高速度为 $V_{\max}$,预留的加速度为 a,则合力:

$$F_g - W = 1000 \times (P+G) \times (1+r) \times a$$

其中 $W = (Pw'_0 + Gw''_0) \times g$

所以

$$G = \frac{F_g - (Pw'_0 + Gw''_0) \times g}{1000(1+r) \times a} - P \quad \text{(t)} \tag{2-37}$$

式中 r——为回转质量系数,普通列车取 0.06,动车组取 0.06~0.11;

F_g——为最高速度时,机车牵引力(N),需要从机车牵引特性曲线上查得。

《牵规》规定,旅客列车最高时速 120km、140km、160km 时,加速度余量分别为 0.01m/s²、0.015m/s²、0.02m/s²;货物列车加速度余量为 0.005m/s²。

三、牵引质量检算

牵引质量一般要根据以下 3 种条件的限制进行检算。

(1)起动条件限制。

(2)车站到发线有效长度的限制。

(3)车钩强度的限制。

(一)起动检算

列车起动时阻力较大,所以,应检算机车在车站上能否正常起动。

受起动条件限制的起动牵引质量 G_q,可按起动时机车牵引力 F_q 等于列车起动时的总阻力 W_q 的条件计算。即

$$\lambda_y F_q = P(w'_q + i_q) - G_q(w''_q + i_q) \times g$$

得出

$$G_q = \frac{\lambda_y F_q - P(w'_q + i_q)}{(w''_q + i_q) \times g} \quad \text{(t)} \tag{2-38}$$

式中 F_q、G_q、P——为机车起动时的牵引力(t)、起动时的牵引质量(t)和机车质量(t);

w'_q、w''_q——为列车起动时的机车基本单位阻力和车辆基本单位阻力(N/kN);

i_q——为起动时的加算坡度。

当计算结果 $G_q \geq G$ 时,表明列车可以正常起动。否则,列车不能正常起动,需要根据具

体情况,降低牵引质量或减小站坪设计坡度等。

(二) 到发线有效长度检算

到发线有效长度 L_{yx},则受到发线长度限制机车允许牵引质量 G_{yx} 为:

$$G_{yx} = (L_{yx} - L_s - N_J L_J) \times q \quad (t) \quad (2-39)$$

式中 L_s、L_J ——为安全距离(m)、机车长度(m)。

N_J ——为列车中机车的台数;

q ——为列车延米质量(t/m),一般取 5.677t/m。

当计算结果 $G_{yx} \geq G$ 时,表明牵引质量不受车站到发线有效长度限制。否则,牵引质量受车站到发线有效长度限制,需要增加到发线长度或减小列车长度。

(三) 车钩强度检算

机车牵引在坡道上时,第一辆车钩可能超过车钩的允许强度。车钩强度限制的牵引质量为:

$$G_c = \frac{F_c}{g(i_J + w_0'')} \quad (t) \quad (2-40)$$

式中 G_c ——为车钩强度限制的牵引质量;

F_c ——为车钩允许拉力;

i_J ——加算坡度;

w_0'' ——车辆的基本单位阻力。

当计算结果 $G_c \geq G$ 时,表明牵引质量不受车钩强度限制,可以采用双机或多机牵引。否则,牵引质量受车钩强度限制,需要补机推送或减少牵引质量等。

四、牵引辆数、净载及列车长度计算

货运新线建设,在设计中一般常用简化计算。

货物列车牵引辆数:

$$n = \frac{G}{q_p} \quad (辆) \quad (2-41)$$

式中 q_p ——为每辆货车平均总质量(t),一般取 78.119t;

n ——为货物列车牵引辆数;

G ——为牵引质量(t)。

货物列车牵引净载:

$$G_J = K_J \times G \quad (t) \quad (2-42)$$

式中 K_J ——为货物列车净载系数,一般取 0.72。

货物列车长度：

$$L_L = L_J + \frac{G}{q} \quad (\text{m}) \tag{2-43}$$

式中 q 为列车延米质量(5.677t/m)；L_J——为机车长度，见表 2-4。

 思考题

1. 预测客货运量的意义。
2. 绘图说明吸引范围的确定方法。
3. 说明铁路运量和周转量的区别，写出计算公式。
4. 铁路设计年度分为哪几个目标，分别多少年？
5. 说明运量与运送能力的区别。
6. 写出运送能力的计算公式。
7. 说明通过能力与运送能力的区别。
8. 列车的单双号和上下行是怎样划分的？
9. 运行周期最大的站间称什么，单线成对运行周期如何计算？
10. 铁路等级是依据什么划定的？
11. 我国铁路根据运输性质不同分为哪几类哪几级？
12. 铁路技术标准的技术参数有哪些？
13. 什么是限制坡度？
14. 客货运专用线到发线长度一般为多长？
15. 我国常见的机车牵引类型有哪几种？
16. 铁路区段闭塞方式有哪几种？
17. 作用于列车上的力有哪些？
18. 分析轮轨间纵向力时，不用静摩擦力一词，用什么？写出其公式。
19. 根据阻力的性质不同，列车运行阻力包括哪些？写出坡道、曲线、隧道的单位阻力公式。
20. 列车总单位阻力公式中，w_0 表示什么？
21. 写出列车运行状态的三种情况。
22. 牵引质量计算时的限制条件是什么？写出不同条件下牵引质量的计算公式。
23. 牵引质量检算时，需要从哪几个方面进行检算？并写出计算公式。

 **计算题**

1. 客货共线铁路，韶山 3 型电力机车牵引，该机车为滚动轴承，求：

(1) 线路限制坡度为 9‰ 时的单机牵引质量。

(2) 牵引质量是否受到发线有效长度的限制。

(3) 检算列车能否在加算坡度为 1.83‰ 的车站正常起动。

(4) 若列车使用的是 13 号车钩,而 13 号车钩允许拉力为 532500N,能否采用双机重联牵引。

2. 客货共线铁路,韶山 8 型电力机车牵引准高速单层客车,在平直道上最高速度为 160km/h。求:预留加速度余量为 0.02m/s² 时的牵引质量(韶山 8 型电力机车在 160km/h 时的牵引力为 74 100N)。

第三章 线路平面和纵断面设计

教学目标

知识目标
1. 掌握线路平面设计原则、半径选择、缓和曲线的选取、线路加宽计算等。
2. 掌握线路纵断面坡度设计、坡段连接和坡度折减计算等。
3. 熟悉线路路基、桥涵、隧道平面和纵断面的要求。

能力目标
1. 根据地形图进行线路平面设计,合理选择曲线半径、缓和曲线和曲线加宽计算等能力。
2. 达到线路纵断面坡度设计、坡段连接和折减计算等能力。
3. 线路上能合理设计桥涵和隧道能力。

第一节 概　述

铁路是一条空间带状的线路,线路中心是指路基横断面中心线 AB 与路肩水平线 CD 的交点 O 沿线路纵向方向的连线,如图 3-1 所示。

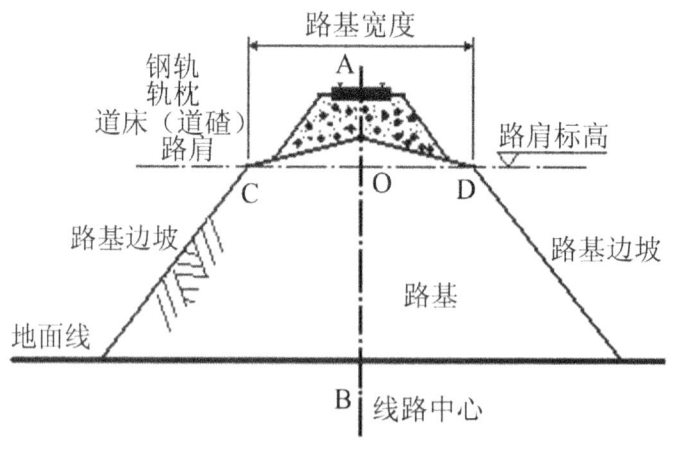

图 3-1　路基横断面图

线路所在的空间位置,是由设计人员绘制的平面图和纵断面图决定的。平面图是指线路中心线在水平面的投影,表示线路在水平面上的具体位置;纵断面图是沿线路中心线垂直剖切,纵向展直后,再进行正面投影,表示线路上坡、下坡、平坡等起伏状况,即高程情况。

线路平面图和线路纵断面图是铁路设计的基本文件,需要经过方向选择、带状选线、详细定线三个步骤才能完成,它包含了线路施工所需要的全部信息。

(一)平面图主要信息

(1)地形地貌特征。等高线表示出的山头、山谷、坡地等地面起伏情况。

(2)地物特征。村镇、道路、河流、农田、森林等自然或人工形成的地物大小和位置情况。

(3)线路基本走向情况。直线、曲线(曲线主要要素)、桥梁、隧道、车站等,百米标、公里标等。如图3-2所示。

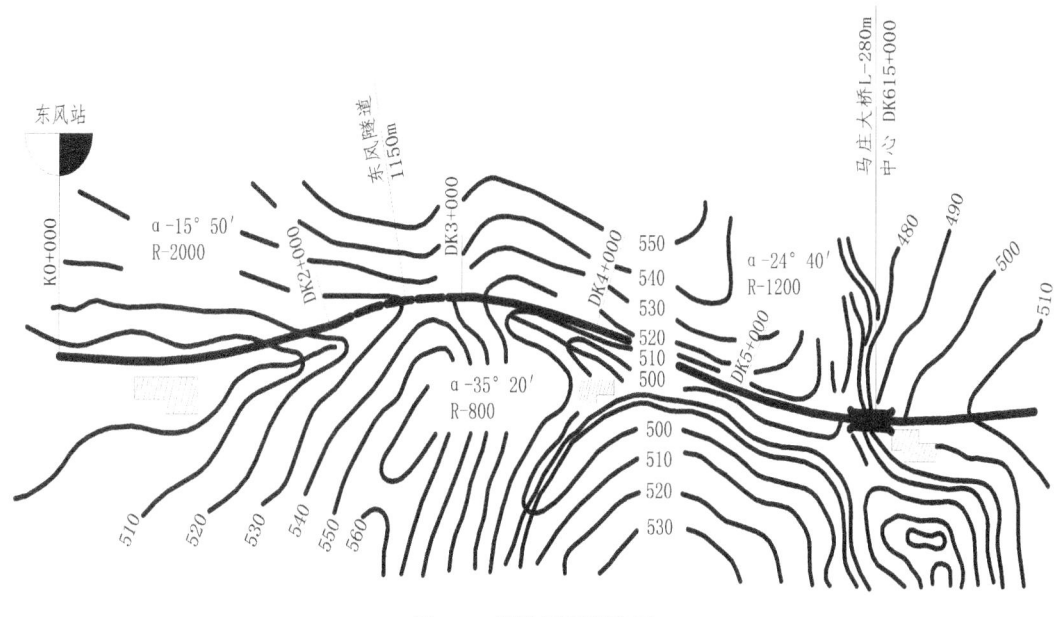

图 3-2 线路平面示意图

(二)纵断面图主要信息

纵断面图由上、下两大部分组成。上部分表示线路纵断面情况和信息,下部分表示线路纵断面的基本数据,如图3-3所示。

(1)线路纵断面情况和信息。这一部分又分为上、中、下三部分。上部分表示车站、桥梁、隧道、涵洞等基本情况。中间部分表示线路中心线(粗线)平坡、上坡、下坡等情况;表示线路中心线经过点的地面线起伏情况;表明填、挖方的高差(填方写在线路中心线的上方,挖方写在线路中心线的下方);表明变坡点设置竖曲线的情况等。

(2)线路纵断面基本数据。工程地质情况、路肩标高、地面标高、设计坡度、百米标、连续里程、线路平面示意等情况。

线路平面和纵断面设计必须满足三点基本要求。

（1）安全和平顺。即不脱钩、不断钩、不脱轨、不途停、不运缓，以及旅客乘车舒适等。

（2）总体协调、布局合理。线路上的车站、桥涵、隧道、路基、防护支挡等以及平面上的直线、曲线，纵断面的上坡、下坡等，不仅要满足线路规范中的技术要求，还要相互协调、布局合理。

（3）节约资金。即填挖方工程量少、线路短，桥梁和隧道少且短，运营条件好、工程造价低。

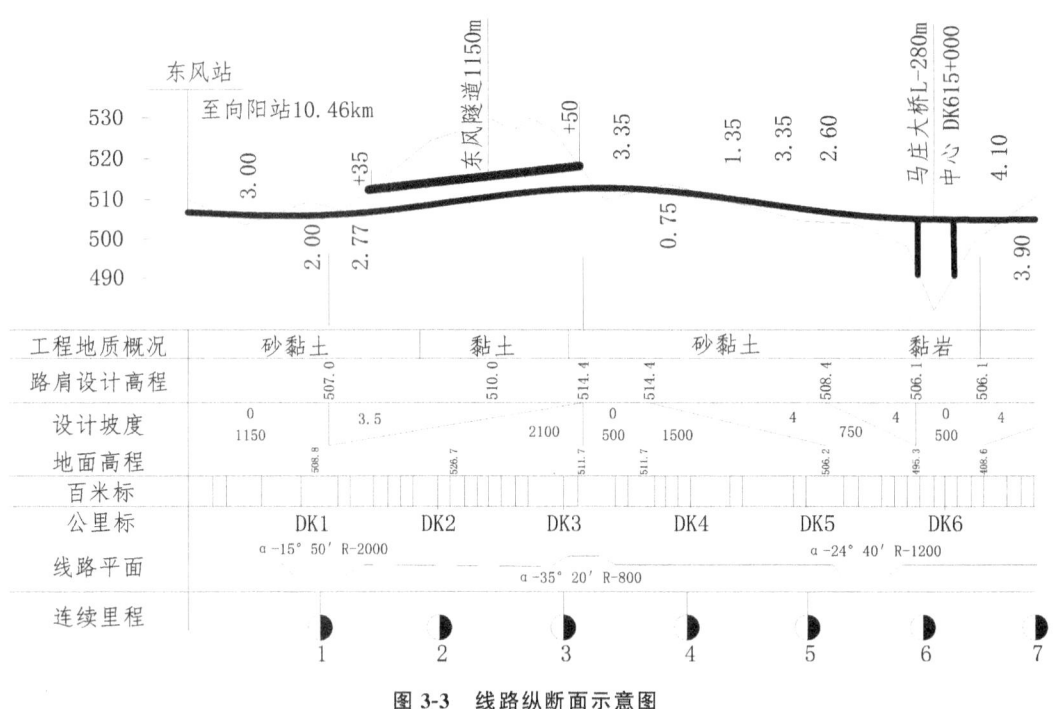

图 3-3 线路纵断面示意图

第二节　区间线路平面设计

一、线路平面组成

线路平面主要由直线和曲线两大部分组成，而曲线又由缓和曲线和圆曲线两部分组成，如图 3-4 所示。

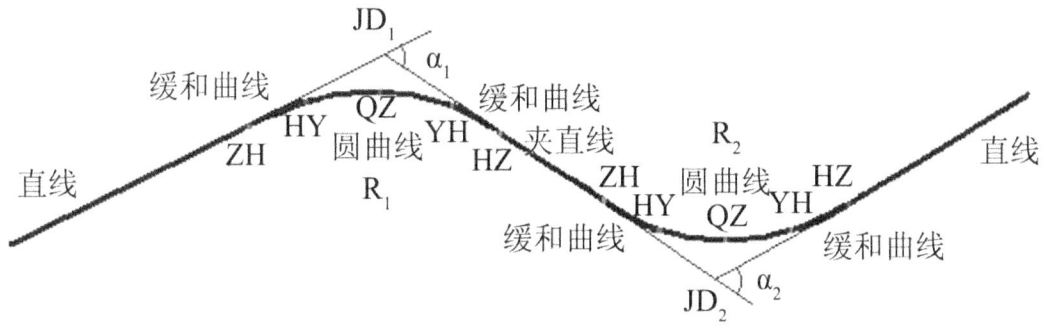

图 3-4 平面曲线示意图

缓和曲线是直线和圆曲线之间的过渡曲线,是半径从无穷大变到有一定数值 R,或者说是曲率从零变为 R 分之一的一个逐渐变化的三次抛物线型曲线,曲率变化情况如图 3-5 所示。

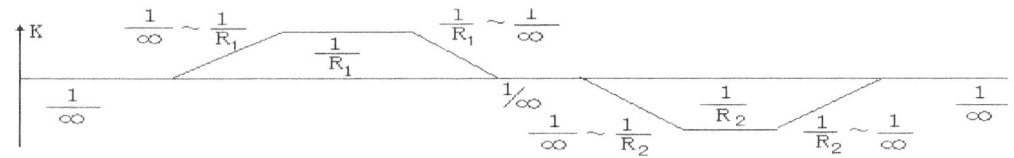

图 3-5 直线、缓和曲线和圆曲线曲率变化示意图

二、直线

直线是平面线形的要素之一,具有施工测设方便、运行列车受力简单、线路短速度快,相对舒适等优点。但是,直线难以与复杂地形相协调,不利于绕避已有建筑物或障碍物,填挖方工程量相对较大,工程造价高等。因此,在铁路选线设计中,应综合考虑工程量、工程造价和施工难易、快捷舒适等方面的因素,合理选用直线。

(一) 直线设计的一般原则

(1) 力争设置长直线,减少交点个数。在线路设计中,应尽量设置长直线,减少转弯,当遇到地形困难、地质复杂或局部障碍物而引起较大工程量时,为了绕避方可设置交点、设置曲线,但交点个数越少越好。

(2) 力争减小交点转角的度数。为了绕避困难地形、复杂地质或局部障碍物,不得已设置交点、设置曲线时,一定要尽量减小交点转角的度数。因为,转角越大,运行阻力越大,运营费用就越高,同时速度不宜过快。

列车在曲线上运行时的阻力与交点转角的关系为:

$$w_r = \frac{600}{R} = \frac{10.5\alpha}{L_y}$$

式中 w_r——单位曲线付加阻力(N/kN);

L_y——圆曲线长度(m);

α——交点转角的度数(度)。

(3)与地形、地物相协调。线路平面设计时,两相邻直线的位置不同,其间曲线位置也不同。因此,在选定直线位置时,要根据地形、地物条件,使直线与曲线相互协调,使线路所在的位置更加合理。

(二)两相邻曲线间的夹直线

在曲线较多地段,为保证线路的线形连续、平顺,相邻两曲线间应有一定长度的直线段,即前一个曲线的终点(HZ1)到后一曲线的起点(ZH2)间的直线,称为夹直线。两相邻曲线转向相同的称为同向曲线,如图 3-6 所示。转向相反的称为反向曲线。

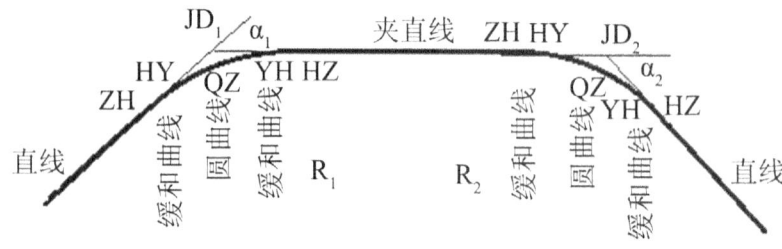

图 3-6 同向曲线

1. 最小夹直线

夹直线长度应力争长一些,为行车和维修创造有利条件。但是,在地形困难地段,为了适应地形变化,减小工程量,可以设置较短的夹直线,但不应小于最小夹直线长度。

(1)保证线路维修养护的要求。夹直线太短(特别是反向曲线),列车通过时频繁转换方向,列车摇摆频繁加剧,车轮与钢轨横向摩擦力加大,同时,由于直线两端曲线变形的影响,夹直线的方向也不易保持。维修实践证明,为了确保直线方向,夹直线长度不宜短于 2~3 节钢轨长度。钢轨标准长度 25m,即 50~75m。

(2)车辆横向摇摆不致影响行车平顺。列车从前一曲线通过夹直线进入后一曲线的运行过程中,因外轨超高和曲线半径的变化,引起车辆横向摇摆和横向加速度变化(反向曲线更为严重)。为了保证行车平稳,旅客舒适,夹直线长不宜短于 2~3 节客车的长度。我国 25 型客车长度为 25.5m,故夹直线长度不宜短于 51~76.5m。高速动车组的长度一般为 25~27.6m,所以,相应的夹直线长度不宜短于 56~84m

(3)车辆振动不致影响旅客舒适。列车通过夹直线时,跨越前后两曲线的缓直点和直缓点,车轮与钢轨冲击引起转向架弹簧振动。为了避免这两次振动叠加,以保证旅客舒适度,夹直线应有足够长度。

设转向架弹簧从开始振动到振动消失所用的时间为 τ,在不考虑客车全轴距的情况下,夹直线的长度 L_j 为:

$$L_J = \tau \times V_{\max} \quad (\text{m}) \tag{3-1}$$

式中 $V_{\max}$——为列车通过前后两曲线直缓点和缓直点间的最大速度。

转向架弹簧振动时间与车辆构造、弹簧装置性能有关。我国客货共线铁路当设计速度为140～160km/h时,一般情况下取 0.8,困难时候取 0.5;当设计速度为120km/h 及以下时,一般情况下取 0.6,困难时候取 0.4;客运专线一般情况下取 0.8,困难时候取 0.5。

综上所述,通过计算,取 10m 的整倍数,不同线路、工程条件和速度时的夹直线最小长度和圆曲线最小长度见表 3-1。在线路平面设计时,夹直线长度和圆曲线长度不应小于表 3-1 规定的最小线长度。

表 3-1 夹直线和圆曲线最小长度(m)

铁路类型		客运专线				客货共线铁路					
设计速度(km/h)		350	300	200<V≤250	200	200	160	140	120	100	80
工程条件	一般	280	240	200	160	140	130	110	80	60	50
	困难	210	180	150	120	100	80	70	50	40	30

2. 夹直线长度的保证

线路平面设计时,设置缓和曲线后,需要检查两相邻曲线间的夹直线,是否满足表 3-1 夹直线和圆曲线最小长度的要求。

夹直线长度不满足要求时

(1) 选用较小曲线半径。
(2) 选用较短缓和曲线。
(3) 同时减小相邻两曲线转角,如图 3-7(a)所示。
(4) 两曲线合并为一个单曲线,如图 3-7(b)所示。

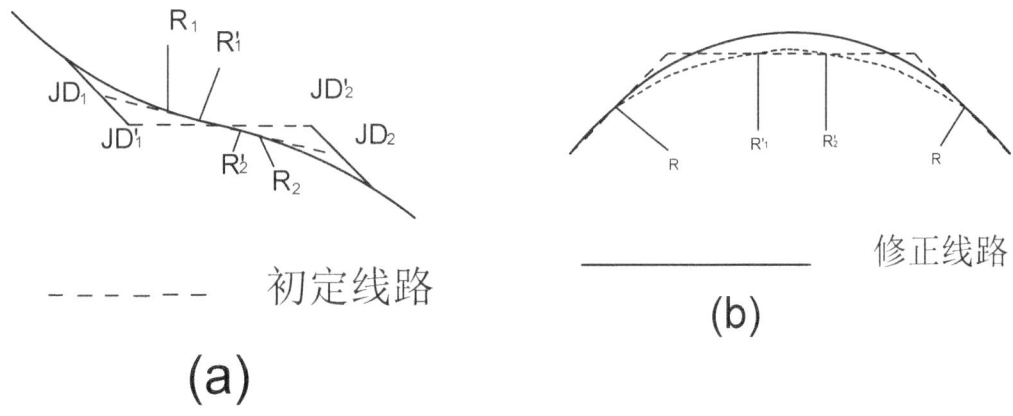

图 3-7 夹直线长度不足时的修正

三、曲线

(一) 曲线要素

1. 圆曲线要素和里程计算

圆曲线如图 3-8 所示。交点 JD、圆心 O。三个主要点:直圆点 ZY、曲中点 QZ、圆直点 YZ。六个主要要素:转角 α、曲线半径 R、曲线长 L_y、切线长 T_y、外矢距 E_y、切曲差 q_y 等。各要素间的关系为:

转角 α,通过测量或计算获得。

曲线半径 R,根据地形由设计人员选择。

切线长

$$T_y = R \times \tan\frac{\alpha}{2} \quad (\text{m}) \tag{3-2}$$

曲线长

$$L_y = \frac{\pi \times \alpha \times R}{180} \quad (\text{m}) \tag{3-3}$$

外矢距

$$E_y = R \times (\sec\frac{\alpha}{2} - 1) \quad (\text{m}) \tag{3-4}$$

切曲差

$$q_y = 2 \times T_Y - L_Y \quad (\text{m}) \tag{3-5}$$

交点 JD 的里程通过量测而得,其他各点的里程为:

直圆点　ZY 里程＝JD 里程－切线长 T_y; (3-6)

曲中点　QZ 里程＝ZY 里程＋曲线长 $L_y/2$; (3-7)

圆直点　YZ 里程＝ZY 里程＋曲线长 L_y。 (3-8)

验算式:

圆直点　YZ 里程＝ZY 里程＋2T－切曲差 q_y。 (3-9)

2. 有缓和曲线的曲线要素和里程计算

有缓和曲线的曲线如图 3-9 所示。交点 JD、圆心 O。五个主点:直缓点 ZH、缓圆点 HY、曲中点 QZ、圆缓点 YH、缓直点 HZ。七个主要要素:转角 α、曲线半径 R、缓和曲线长 l_0、曲线长 L、切线长 T、外矢距 E、切曲差 q 等。各要素间的关系为:

转角 α,测量或计算而得。

曲线半径 R,根据地形由设计人员选择。

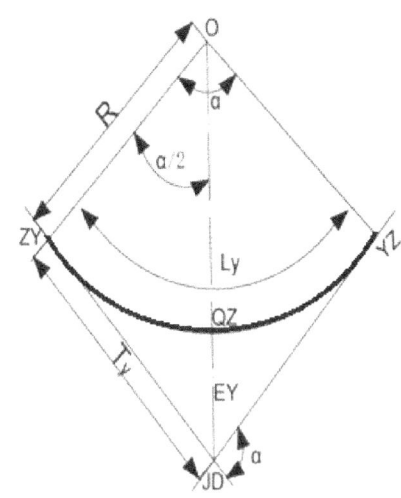

图 3-8 圆曲线示意图　　图 3-9 有缓和曲线的曲线示意图

缓和曲线长 l_0，根据地形和曲线半径由设计人员选择。

切线长

$$T = (R+P) \times \tan\frac{\alpha}{2} + m \quad (\text{m}) \tag{3-10}$$

曲线长

$$L = \frac{\pi \times (\alpha - 2\beta_0) \times R}{180} + 2l_0 = \frac{\pi \times \alpha \times R}{180} + l_0 \quad (\text{m}) \tag{3-11}$$

外矢距

$$E = (R+p) \times \sec\frac{\alpha}{2} - R \quad (\text{m}) \tag{3-12}$$

切曲差

$$q = 2 \times T - L \quad (\text{m}) \tag{3-13}$$

式中 p——内移距　　$p = \dfrac{l_0^2}{24R} - \dfrac{l_0^4}{2688R^3} \approx \dfrac{l_0^2}{24R} \quad (\text{m})$

　　　m——切垂距　　$m = \dfrac{l_0}{2} - \dfrac{l_0^3}{240R^2} \approx \dfrac{l_0}{2} \quad (\text{m})$

　　　β_0——缓和曲线角　　$\beta_0 = \dfrac{90l_0}{\pi R} \quad (°)$

交点 JD 的里程通过量测而得，其他各点的里程为：

直缓点　ZH 里程＝JD 里程－切线长 T；　　　　　　　　　　　　　　　　(3-14)

缓圆点　HY 里程＝ZH 里程＋缓和曲线长 l_0；　　　　　　　　　　　　　 (3-15)

曲中点　QZ 里程＝ZH 里程＋曲线长 L/2；　　　　　　　　　　　　　　　(3-16)

缓直点　HZ 里程＝ZH 里程＋曲线长 L；　　　　　　　　　　　　　　　　(3-17)

圆缓点　YH 里程＝HZ 里程－缓和曲线长 l_0。　　　　　　　　　　　　（3－18）

验算式：

缓直点　HZ 里程＝ZH 里程＋2T－切曲差 q。　　　　　　　　　　　（3－19）

（二）最小曲线半径

最小曲线半径与曲线外轨允许超高的最大值有关。

1. 曲线外轨超高及最大允许值

（1）曲线外轨超高。列车在曲线上行使时，由于离心力的作用，将列车推向外股钢轨，加大了外股钢轨的压力，也使旅客感到不适或货物产生位移等。因此，需要将曲线外轨适当抬高，使列车的自身重力产生一个水平分力，以抵消离心力的作用，使内外轨受力均匀，满足旅客舒适感，提高线路的稳定性和安全性。曲线外轨抬高后产生外轨顶面与内轨顶面的水平高度差称为曲线超高，如图 3-10 所示。

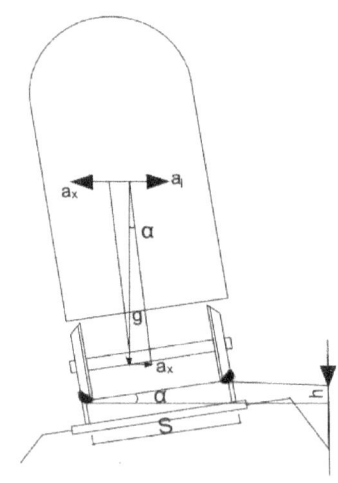

图 3-10　外轨超高示意图

曲线超高设置的方法主要有外轨提高和线路中心高度不变两种方法。外轨提高法是保持内轨高程不变，只抬高外轨的方法，世界各国包括我国在内的铁路均采用这种方法。线路中心高度不变，是指线路中心点的高程不变，内轨降低一半，外轨抬高一半的方法，这种方法仅在建筑限界受到限制时采用。

设钢轨的轨距 S，超高值 h，重力加速度 g。则，由力学和数学知识可知，向心加速度 α_x 为：

$$\alpha_x = g \times \tan\alpha \approx g \times \sin\alpha = g \times \frac{S}{h}$$

又设曲线半径 R，列车通过曲线最大速度 V。则，由运动学知识可知，列车通过曲线时的离心加速度 α_L 为：

$$\alpha_L = \left(\frac{V}{3.6}\right)^2 \times \frac{1}{R}$$

列车最理想的运动状态是,外轨超高产生的向心加速度与列车做曲线运动产生的离心加速度相等,或者说平衡,即

$$\alpha_L = \alpha_x \Rightarrow \left(\frac{V}{3.6}\right)^2 \times \frac{1}{R} = g \times \frac{S}{h} \Rightarrow h = \frac{S}{g \times R} \times \left(\frac{V}{3.6}\right)^2$$

当轨距 $S=1500\text{mm}$,重力加速度 $g=9.81\text{m/s}^2$ 时,则有:

$$h = 11.8 \frac{V^2}{R} \quad (\text{mm}) \tag{3-20}$$

(2) 曲线外轨超高最大允许值。由式(3-20)可知,随着曲线半径减小或运行速度的提高,外轨超高值就越大。现实中,曲线超高值一旦设定,将不易改变,当列车低速行驶通过曲线或临时在曲线上停车时,则有倾覆的危险。为了保证行车安全,必须限制外轨超高的最大值。

如图 3-11 所示。设轨距 S,曲线超高 h,列车车体重心高 H。当曲线超高为零时,AB 两点水平,车体重心指向轨道中心 O 点;当曲线超高为 h 时,车体重心的指向随着 h 的增大,向曲线内侧移动。设车体重心指向偏离轨道中心的距离为 e,则 $h = \frac{S \times e}{H}$。

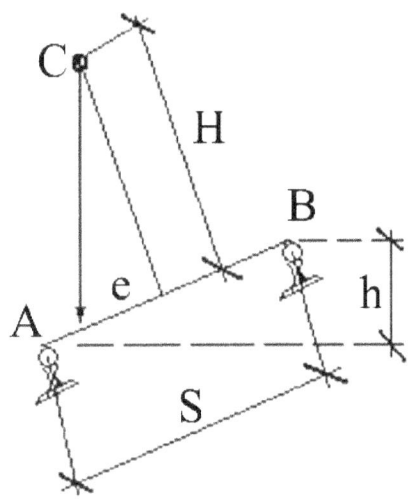

图 3-11 外轨最大起高示意图

随着 e 值的增大,车辆在曲线上运行的稳定性降低,稳定程度可用稳定系数 n 来表示。即

$$n = \frac{S}{2e}$$

当 $e = \frac{S}{2}$ 时,$n=1$,车辆处于临界稳定状态;

当 $e > \frac{S}{2}$ 时,$n<1$,车辆失稳倾覆;

当 $e < \dfrac{S}{2}$ 时，$n > 1$，车辆处于稳定状态，且，n 值越大，车辆越稳定。

根据国内外铁路运营经验，为确保行车安全，n 值不应小于 3，即 $e \leq \dfrac{S}{6}$。

$$h \leq \dfrac{S^2}{6H} \Rightarrow h_{\max} = \dfrac{S^2}{6H}$$

若货车 H 取 2220mm，普通客车 H 取 2057.5mm，高速动车组 H 取 1370mm，则曲线最大超高计算值分别为 168mm、182mm、272mm。

但是，单线铁路上、下行列车速度相差悬殊，超高过大，将使低速列车对内轨产生很大偏压，并降低稳定系数；当列车停靠在超高为 200mm 及以上的曲线上时，部分旅客感到站不稳、行走困难以及头晕不适等。

综合国内外实践，我国在制定规范和规则时规定：客货共线铁路的实设超高最大允许值取 150mm，单线铁路上、下行行车速度相差悬殊时不超过 125mm；高速客运专线实设超高最大允许值取 170~180mm。

2. 欠超高和过超高

按式（3-20）确定的外轨超高值，只能平衡一种速度的离心加速度。当实际运行速度大于或小于计算时的速度，都有外轨超高不足或超高过高，即未被平衡的超高。未被平衡的超高使内外轨产生偏载，引起内外轨不均匀磨耗，影响旅客舒适度，此外还可能导致列车倾覆。因引，必须对未被平衡的超高加以限制。

（1）欠超高。当实际运行速度大于计算时的速度时，实设超高不足，车辆通过曲线时有向曲线外侧倾斜之感。实设超高不足部分称为欠超高。即

$$h + h_q = 11.8 \dfrac{V_{\max}^2}{R} \Rightarrow h_q = 11.8 \dfrac{V_{\max}^2}{R} - h \ (\text{mm}) \qquad (3-21)$$

式中 h_q——为欠超高（mm）。

欠超高允许值主要根据旅客列车的旅客舒适度来考虑的。一般情况下，行车速度越大，舒适度要求就越高，允许欠超高就越小。我国在制定相关设计规范时规定：客货共线铁路欠超高一般取 70mm，困难时取 90mm，即有线改造时可取 110mm；高速客运专线欠超高不得大于表 3-2 规定值。

表 3-2 客运专线欠超高（过超高）最大允许值（mm）

舒适条件	良好	较好	一般	较差
欠超高允许值	40	60	70	100

（2）过超高。当实际运行速度小于计算时的速度时，实设超高过高，车辆通过曲线时有向曲线内侧倾斜之感。实设超高过高部分称为过超高。即

$$h - h_g = 11.8 \dfrac{V_{\min}^2}{R} \Rightarrow h_g = h - 11.8 \dfrac{V_{\min}^2}{R} \ (\text{mm}) \qquad (3-22)$$

式中 h_g——为过超高（mm）。

过超高主要由运行安全、乘车舒适度和经济合理性三个条件确定。客货共线铁路主要因铁路客货通过总质量的比重不同,过超高允许值有较大差异,国际铁路联盟(UIC)推荐为30~90mm。我国在制定相关设计规范时规定:新建客货共线铁路过超高允许值为30~50mm;高速客运专线过超高与欠超高一致,见表3-2。

3. 最小曲线半径

(1) 最小曲线半径计算条件。由式(3-21)可知,列车以最高速度通过曲线时,超高达到最大值,而欠超高不超过允许值时,满足旅客舒适度条件下,最小曲线半径为:

$$R_{\min} = 11.8 \frac{V_{\max}^2}{h_{\max} + h_{q\max}} \text{(m)} \quad (3-23)$$

式中 $R_{\min}$ ——最小曲线半径(m)。

$V_{\max}$ ——列车通过曲线时的最大速度(km/h)。

$h_{\max}$ ——最大超高值(mm)。

$h_{q\max}$ ——欠超高最大允许值(mm)。

(2) 最小曲线半径选定影响因素。最小曲线半径是一条铁路线或某区段允许采用曲线半径的最小值。它是铁路建设标准的主要技术指标之一,应根据铁路线的等级、运输性质、运行安全、设计速度、平稳度及地形条件等因素确定。

① 设计线的运输性质。客运专线主要追求的是旅客舒适度,重载运输线路重视的是轮轨磨耗,客货共线铁路则需要两项兼顾。

② 运行安全。为了保证机车车辆在曲线上运行安全,保证轮轨间的正常接触,车辆上所受到的力要保持在安全范围内。最小曲线半径应保证车辆通过曲线的安全性、稳定性及客车平稳性的评价指标。

③ 设计速度。设计线路的地形条件不同,列车能达到的最高速度也不相同。目前,我国客货共线铁路推荐的设计速度为 200km/h、160km/h、140km/h、120km/h、100km/h、80km/h 等;客运专线推荐的最高设计速度为 200~205km/h、300~350km/h。

④ 地形条件。平原、微丘地区,曲线半径的大小对工程影响不大,为创造良好的运营条件和节省运营费用,应选用较大的最小曲线半径。重丘、山区地形复杂,曲线半径的大小对工程量影响很大,为适应地形、减小工程量,需要选用较小的最小曲线半径。铁路进入城区,需要绕避障碍物、减少拆迁,在限速地段可选定较小的最小曲线半径。客货共线铁路,重载方向最大上坡末端,可选定较小的最小曲线半径。

(3) 最小曲线半径取值。根据式(3-23)各参数取值情况计算,结合铁路工程实际、运营实践及科研成果,我国各级铁路不同路段、不同设计速度的最小曲线半径见表3-3。

表 3-3 最小曲线半径

铁路类型	客运专线				客货共线铁路					
最高设计速度 Vmax(km/h)	350	300	250	200	200	160	140	120	100	80
轨道类型	有砟轨道	无砟轨道	有砟轨道	无砟轨道						
R min (m) 一般	7000	7000	5000	4500	4000	2200	3500	2000	1600	1200	800	600
R min (m) 特别困难	—	(5500)	(4500)	(4000)	(3500)	(2000)	2800	1600	1200	800	600	500

注:括号内数字为特殊困难条件下,经经济技术比选后,方案可行时方可采用。

（三）最大曲线半径

最大曲线半径的标准关系到线路的铺设、养护、维修等可否达到要求的精度。当曲线半径增加到一定程度时,再加大曲线半径,对改善行车条件并不显著。相反,因曲率太小,曲线不易保持圆顺,反而对施工、维修、养护等工作加大了难度。

曲线的线形或轨道的平顺依据主要是曲线正矢值的大小,如图 3-12 所示。正矢值与曲线半径成反比,与弦长的平方成正比,即

$$f = \frac{1000l^2}{8R} \quad \text{(mm)} \qquad (3-24)$$

式中 f——圆曲线正矢;

R——圆曲线半径(m);

l——测设时的弦长(m)。

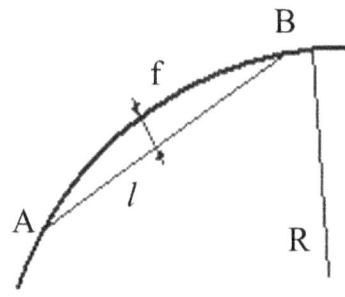

图 3-12 圆曲线正矢示意图

铁路曲线测设时,圆曲线上的弦长一般最小为 10m。由式(3-24)可知,当曲线半径大到一定程度时,正矢将很小,小到一定程度时,其测设、维修和养护的精度将难以保持。目前,世界上轨道检测车上的最先进设备,以及施工、测设最高精度能将正矢控制在 1mm 以内。由此推算

$$R_{max} = \frac{1000 \times 10^2}{8 \times 1} = 12500 m$$

法国最大曲线半径为 10 000m,德国最大曲线半径为 32 000m,日本最大曲线半径为 8000m。

综合国内外工程实践和科研成果,我国规定:客货共线铁路最大曲线半径为12 000m;速度在200~250km/h的客运专线,一般不宜大于10 000m,困难地区不应大于12 000m,特别困难经技术比较方案可行时,最大曲线半径可取12 000m;速度在300~350km/h的客运专线,一般不宜大于12 000m,特别困难经技术比较方案可行时,最大曲线半径可取到14 000m。

(四)曲线半径选取原则

为了测设、施工方便,曲线半径一般应取50m和100m的整倍数,特殊情况可采用10m的整倍数。双线铁路两线间距不变的情况下,宜设计为同心圆,同心圆的曲线半径可以不是整数。

1. 推荐曲线半径

有条件时,宜优先选用表3-4所列推荐曲线半径。

2. 曲线半径选用的原则

(1)因地制宜,由大到小合理选用。曲线半径选用,应在满足最小、最大曲线半径要求的条件下,尽量适应地形、地质、地物等条件,以减少路基、挡土墙、桥隧工程量,以及少占农田,做到经济技术合理。

(2)结合线路纵断面合理选用。平坡、缓坡或坡底,行车速度较高,宜选用大曲线半径;长大坡道上坡段或坡顶,以及需要停车的大站两端引线,行车速度低,选用较大曲线半径较困难时,可选用较小的曲线半径。

(3)慎用小曲线半径。避免过度强调经济、节约投资,无限制地使用最小曲线半径,导致降低旅客舒适度、恶化运营条件,增加线路养护和维修工作量。所以,应遵循"慎用最小曲线半径"的原则。

表3-4 推荐曲线半径

铁路类型	高速客运专线				客货共线铁路					
设计速度(km/h)	350		300		200	160	140	120	100	80
轨道类型	有砟	无砟	有砟	无砟						
推荐曲线半径(m)	9000~11000	8000~10000	6000~9000	5500~8000	4500~7000	2500~5000	2000~4000	1600~3000	1200~2500	800~2000

(五)缓和曲线

为使列车安全、平顺、舒适地由直线过渡到圆曲线,在直线和圆曲线之间,增加一段曲率、半径、外轨超高均逐渐变化的缓和曲线。

缓和曲线的作用是:在直线到圆曲线这一缓和曲线范围内,半径从无限大逐渐过渡到圆曲线半径;曲率从零逐渐过渡到1/R;外轨超高从零逐渐过渡到h_{max};离心力(离心加速度)和向心力(向心加速度)逐渐增加到固定值。

设计缓和曲线时,需要考虑缓和曲线的线型、长度。

1. 缓和曲线的线型

国内外采用缓和曲线线型。

(1) 直线形超高顺坡。直线形超高顺坡,平面为三次抛物线形式,我国和法、英、美、日等国家,速度小于160km/h 的客货共线铁路均在采用。

(2) S 形超高顺坡。德国在速度小于 200km/h 的线路上广泛使用。

(3) 中间为直线,两端为二次抛物线超高顺坡。法国在速度小于 160km/h 的铁路线路上采用。

(4) 半波正弦形超高顺坡。日本在高速新干线上采用。

(5) 一波正弦形超高顺坡。德国福赫海姆——班堡的高速试验线路的铺设。

另外,还有五次、七次等形式的缓和曲线。

目前,我国在客货共线、高速客运专线铁路上,采用的是直线型超高顺坡型缓和曲线。如图 3-13 所示,方程式为:

$$y = \frac{x^3}{6Rl_0} \tag{3-24}$$

式中 x、y——缓和曲线任意一点的横、纵坐标;

R——圆曲线半径(m);

l_0——为缓和曲线全长(m)。

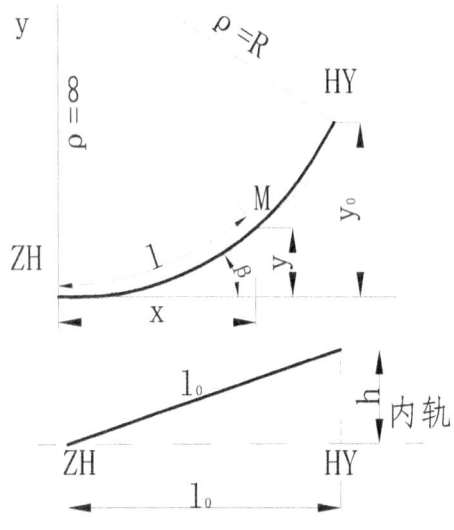

图 3-13 直线型超高顺坡型缓和曲线

2. 缓和曲线的长度

缓和曲线的长度从超高顺坡不致使车轮脱轨、超高时变率不致使旅客不适以及欠超高时变率不致影响旅客舒适等三个方面考虑。

(1) 超高顺坡不致使车轮脱轨在缓和曲线上,由于外轨超高从零逐渐过渡到 h_{max},引起纵向的坡度为:

$$i_0 = \frac{h}{1000 l_0}$$

所以,缓和曲线长

$$l_0 \geq \frac{h}{1000 i_0} \quad (\text{m}) \tag{3-25}$$

式中 i_0——为外轨超高从零逐渐过渡到 $h_{\max}$,引起纵向的坡度。

h——为外轨超高值(mm)。

l_0——为缓和曲线长度(m)。

而由于外轨超高从零逐渐过渡到 $h_{\max}$,引起的内、外轨顶面高差,如图 3-14 所示。假设车辆无弹簧,车辆行驶在缓和曲线上时,车架一端的两轮贴着钢轨顶面,另一端的两轮中,外轨车轮贴着钢轨顶面,而内侧车轮只能悬空。要使车轮不致出轨,内轨的悬空高度不应大于轮缘的高度,所以

$$i_0 \leq \frac{K_{\min}}{D_{z(\max)}}$$

式中 $K_{\min}$——最小轮缘的高度(mm)。

$D_{z(\max)}$——机车车辆最大固定轴距(mm)。

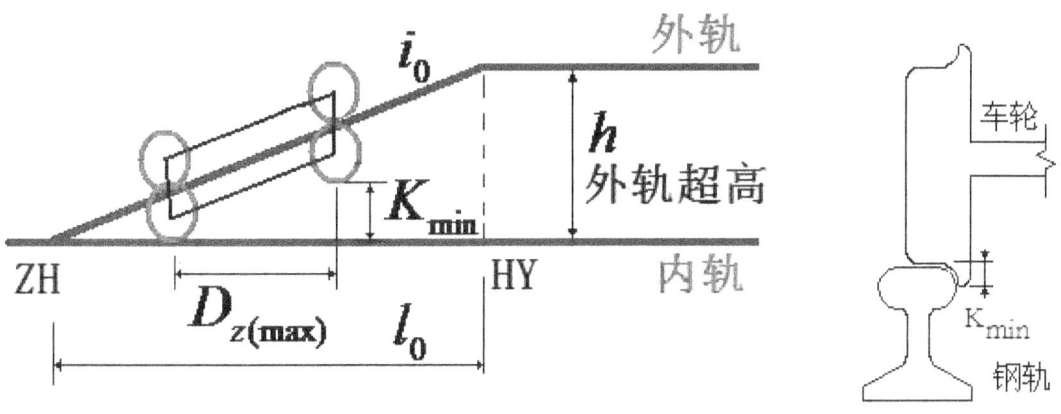

图 3-14 内轮悬空示意图

显然,轮缘高度越小,固定轴距越大,安全条件要求的缓和曲线超高顺坡就越小。在我国机车车辆中,机车车辆最大固定轴距为 6.5m,轮缘计算高度一般取 20mm,所以

$$i_0 \leq \frac{K_{\min}}{D_{z(\max)}} = \frac{20}{6500} = 3.1\text{‰}$$

$$l_0 = \frac{h}{1000 i_0} \geq \frac{h}{1000 \times 3.1\text{‰}} = \frac{h}{3.1}$$

我国高速客运专线实设超最大值为 170～180mm,从这一点看只要缓和曲线长大于 60mm 就可以满足了。

(2) 超高时变率不致使旅客不适。外轨超高从零逐渐过渡到 $h_{\max}$,其升高的速度不应

大于保证旅客舒适的容许值 $f(\mathrm{mm/s})$。

$$\frac{h}{t} = \frac{h}{l_0/(V_{\max}/3.6)} = \frac{h \times V_{\max}}{3.6 \times l_0} \le f \quad 即$$

$$l_0 \ge \frac{h \times V_{\max}}{3.6 \times f} \quad (\mathrm{m}) \tag{3-26}$$

式中 $V_{\max}$——旅客列车最高行车速度(km/h);

f——保证旅客舒适度的超高时变率容许值(mm/s),其他字母含意同前。

我国相关标准规定,超高变率容许值取值为:客货共线铁路取 28(mm/s),困难条件取 32(mm/s);客运专线良好条件取 25(mm/s),一般条件取 28(mm/s),困难条件取 31(mm/s)。

(3)欠超高时变率不致影响旅客舒适。列车通过缓和曲线时,欠超高逐渐增加,其增加速度不应大于保证旅客舒适的容许值 b(mm/s)。

$$\frac{h_q}{t} = \frac{h_q}{l_0/(V_{\max}/3.6)} = \frac{h_q \times V_{\max}}{3.6 \times l_0} \le b \quad 即$$

$$l_0 \ge \frac{h_q \times V_{\max}}{3.6 \times b} \quad (\mathrm{m}) \tag{3-27}$$

式中 h_q——旅客列车以最高速度通过缓和曲线时的欠超高(mm);

b——保证旅客舒适度的欠超高时变率容许值(mm/s),其他字母含意同前。

我国相关标准规定,欠超高时变率容许值取值为:客货共线铁路取 40(mm/s),困难条件下取 45(mm/s);高速客运专线良好条件取 23(mm/s),困难条件取 38(mm/s)。

综上所述,缓和曲线长应取以上三种情况中的最大值。即

$$\left.\begin{array}{l} l_0 \ge \dfrac{h}{1000 i_0} \\[6pt] l_0 \ge \dfrac{h \times V_{\max}}{3.6 f} \\[6pt] l_0 \ge \dfrac{h_q \times V_{\max}}{3.6 b} \end{array}\right\} \max$$

计算结果按 10m 的整数倍进整,结合我国工程实际,各种路段设计速度下,缓和曲线长度见表 3-5、表 3-6。

表 3-5 客货共线铁路常用缓和曲线长度表

设计速度(km/h)		200		160		140		120		100		80	
工程条件		一般	困难	一般	困难	一般	困难	一般	困难	一般	困难	一般	困难
曲线半径(m)	12000	40	40	—	—	—	—	—	—	—	—	—	—
	10000	50	40	50	40	—	—	—	—	—	—	—	—
	8000	60	50	60	50	40	20	—	—	—	—	—	—
	7000	70	60	70	50	50	30	—	—	—	—	—	—
	6000	80	70	70	50	50	30	—	—	—	—	—	—
	5000	90	80	70	60	60	40	—	—	—	—	—	—
	4000	110	100	80	70	60	40	50	30	—	—	—	—
	3000	150	130	90	80	70	50	50	40	40	20	—	—
	2800	170	170	100	90	80	60	50	40	40	30	20	20
	2500	—	—	110	100	80	70	60	40	40	30	30	20
	2000	—	—	140	120	90	80	60	50	50	40	30	20
	1800	—	—	160	140	100	80	70	60	50	40	30	20
	1600	—	—	170	160	110	100	70	60	50	40	40	20
	1400	—	—	—	—	130	110	80	70	60	40	40	20
	1200	—	—	—	—	150	130	90	80	60	50	40	30
	1000	—	—	—	—	—	—	120	100	70	60	40	30
	800	—	—	—	—	—	—	150	130	80	70	50	40
	700	—	—	—	—	—	—	—	—	100	90	50	40
	600	—	—	—	—	—	—	—	—	120	100	60	50
	550	—	—	—	—	—	—	—	—	130	110	60	50
	500	—	—	—	—	—	—	—	—	—	—	60	60

注:当采用列表数值间的曲线半径时,缓和曲线长度可采用内插法,选整取 10m 的整数倍。

表 3-6 高速客运专线铁路常用缓和曲线长度表

设计速度(km/h)		350			300			250		200	
工程条件		最大	一般	最小	最大	一般	最小	一般	困难	一般	困难
曲线半径(m)	14000	280	250	220	190	170	150	—	—	—	—
	12000	330	300	270	220	200	180	120	100	50	50
	11000	370	330	300	240	210	190	130	120	60	60
	10000	430	390	350	270	240	220	140	130	70	60
	9000	490	440	400	300	270	250	160	140	70	60
	8000	570	510	460	340	300	270	170	150	90	80
	7000	670	590	540	390	350	310	200	180	90	80
	6000	670	590	540	440	390	350	250	230	120	100
	5500	670	590	540	470	420	380	280	250	140	120
	5000	—	—	—	500	450	410	300	270	160	140
	4500	—	—	—	540	480	430	340	300	180	160
	4000	—	—	—	570	510	460	370	330	200	180
	3500	—	—	—	—	—	—	420	380	250	220
	3200	—	—	—	—	—	—	450	400	270	240
	3000	—	—	—	—	—	—	—	—	290	260
	2800	—	—	—	—	—	—	—	—	320	280
	2500	—	—	—	—	—	—	—	—	350	310
	2200	—	—	—	—	—	—	—	—	390	350

注:当采用列表数值间的曲线半径时,缓和曲线长度可采用内插法,选整取 10m 的整数倍。

3. 缓和曲线的选用原则

线路平面设计时,应根据地形、纵断面及相邻曲线、高低车速比、货车速度、运输要求以及将来发展的可能等条件选用缓和曲线长度,有条件宜采用较长的缓和曲线。

(1) 地形简易地段、自由坡地段、高速列车比例较大路段和将来速度有较大提高路段,应优先选用"一般"栏数值。

(2) 地形困难、紧坡地段或停靠车站两端、凸形纵断面坡顶等行车速度不高的地段以及主客货共线Ⅱ、Ⅲ级铁路中客车对数较少且货车速度较低路段和对行车速度要求不高的路段,可选用"困难或最小"栏数值,或取"困难或最小"和"一般"栏数值的中间10m的整数值。

(3) 条件许可时,宜采用表中规定数值较长的缓和曲线。

(六) 两缓和曲线间圆曲线的最小长度

两缓和曲线间圆曲线的最小长度应确保行车平稳,维修方便要求。

在线路平面设计中,为保证圆曲线有足够长度,曲线偏角 α,曲线半径 R,缓和曲线长度 l_0 三者间的关系应满足

$$\frac{\pi \times \alpha \times R}{180} - l_0 \geq L_{y\min} \quad (\text{m}) \tag{3-28}$$

式中 $L_{y\min}$ ——圆曲线最小长度(m)。为了简化,可直接采用表 3-1 中的数值。

在线路平面设计中,设置缓和曲线后,圆曲线长度达不到规定值时,则

(1) 加大曲线半径。加大曲线半径,可以增加圆曲线长度。

(2) 采用较短的缓和曲线长度。如条件限制不易加大曲线半径或加大后仍不能满足要求时,则可采用较短的缓和曲线长度。

(3) 不使用缓和曲线。不使用缓和曲线的条件见表 3-7。速度为最大值,半径为最小值。

(4) 增大曲线偏角。加大曲线半径,采用较短缓和曲线长度或不使用缓和曲线,仍不能满足要求时,只有适当改动线路平面位置,增大曲线偏角。

表 3-7 可以不设缓和曲线的最小圆曲线半径

设计行车速度	160	140	120	100	80
最小圆曲线半径	12 000	10 000	5000	4000	3000

四、线间距离

铁路并行修建第二线、第三线时,区间两相邻线路的中心线之间的距离称为线间距离(简称线距或线间距)。线间距在曲线地段需要根据机车车辆限界适当加宽。

(一) 限界

限界分为机车车辆限界、建筑接近限界。建筑接近限界又分为直线建筑接近限界、隧道

建筑接近限界和桥梁接近建筑限界。隧道建筑接近限界和桥梁建筑接近限界将分别在隧道工程和桥梁工程等相应课程中介绍。

1. 机车车辆限界

机车车辆限界是国家规定的,机车车辆边线不得超出的尺寸界线,是机车车辆不同部位宽度和高度的最大轮廓尺寸线,如图 3-15 所示。特殊情况下,列车装载的货物超出此最大轮廓尺寸线时,称为超限,超限货物列车应按有关规定装载。

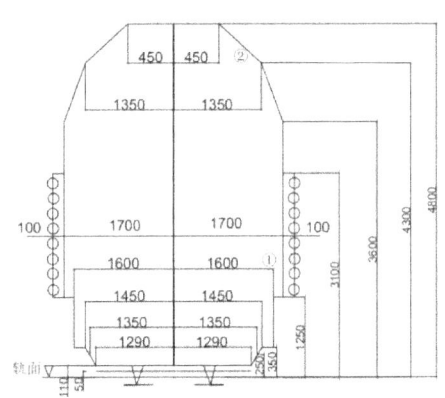

图 3-15 机车车辆限界

从图 3-15 可以看出:机车车辆各部分有各部分的尺寸要求,从轨面至机车车辆顶面最大高度为 4800mm,机车车辆的最大宽度(加上扶手宽度)3600mm。

2. 直线建筑接近限界

直线建筑接近限界是指,在铁路线路直线段,线路两侧建筑物和设备在任何情况下均不得侵入的尺寸线界,如图 3-16、图 3-17 所示。

从图 3-16、图 3-17 可以看出:客运专线铁路在直线地段,顶上的建筑物和设备不得低于轨面以上 7250mm。客货共线铁路在直线地段,顶上的建筑物和设备不得低于轨面以上 6550mm。客运专线和客货共线铁路在直线地段,两侧的建筑物不得侵入距线路中心线距离 2440mm。

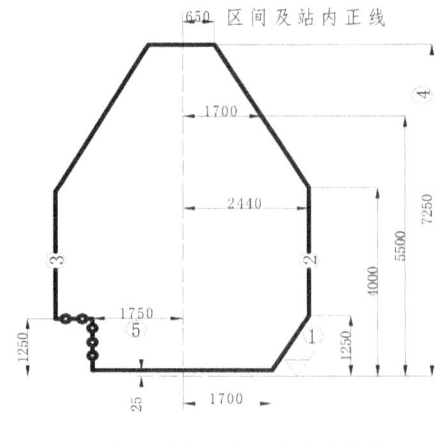
图 3-16 客货专线铁路直线建筑限界

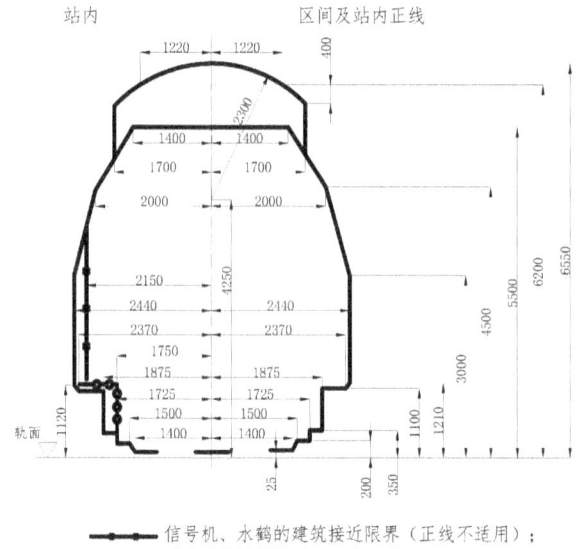
图 3-17 客运共线铁路直线建筑限界

(二)区间直线地段线间距

影响线间距的主要因素是列车交会时产生的压力波。列车交会产生的会车压力波的大小与交会列车的运行速度、车身流线型程度、列车宽度、长度和线间距有关。为此,多线铁路相邻线间距应有足够的距离,以保证会车时的安全。

1. 第一、二线的线间距

第一、二线间的最小距离由机车车辆限界而定。即两辆列车半幅宽度,外加一定的安全距离。

$$D_{\min(1,2)} = Y + (B_1 + B_2) \quad (\text{mm}) \qquad (3-29)$$

式中 $D_{\min(1,2)}$ ——第一、二线间最小线间距(mm);

B_1、B_2 ——为两交会列车机车车辆半幅宽度(mm),一般列车均取1800mm;

Y ——区间两线交会列车(机车车辆)间的安全净距(mm)。其值大小与行车速度、车辆结构、状态以及允许会车时产生的压力波值等因素有关。我国制定相关标准时规定,两线交会列车(机车车辆)间的安全净距见表 3-8。

表 3-8　区间正线第一、二线间最小线间距

铁路类型	客运专线				客货共线铁路		
最高设计速度 Vmax(km/h)	350	300	250	200	200	160	≤140
机车车辆间的安全净距/mm	1600	1400	1200	1000	900	600	400
最小线间距/m	5.0	4.8	4.6	4.4	4.4	4.2	4.0

客货共线双线铁路有超限货物列车通过时规定：当线间距大于 350mm 时可不限速，在 300～350mm 间时行车速度不得超过 30km/h，小于 300mm 时禁止会车。如：客货共线双线铁路线间距 4.0m（设计速度 140km/h 以下），若某一方向开行一级超限货物列车（半宽 1900mm），另一方向通行一般货物列车（半宽 1800mm），此时线间距为 300mm，故两列车要以 30km/h 的速度会车通过。若某一方向开行二级超限货物列车（半宽 1940mm），则另一方向不得通过列车。

2. 第二、三线的线间距

因为第二、三线间要设置信号机，因此，直线地段线间距由建筑接近限界而定，即两线建筑接近界线半幅与信号机最大宽度之和。

$$D_{\min(2,3)} = 2 \times B_{ZX} + B_X \quad (\text{mm}) \quad (3-30)$$

式中 $D_{\min(2,3)}$——第二、三线间最小线间距（mm）。

B_{ZX}——建筑接近限界半幅宽度（mm），取 2440mm。

B_X——信号机最大宽度（mm），取 410mm。

第二、三线区间正线线间距为：2440＋410＋2440＝5290（mm），取 5.3m。由于第二、三线线间距较大，所以，列车交会时不受空气动力作用的影响，第二、三线可同时开行超限货物列车。

高速客运专线的正线与新建客货共线、既有线铁路并行地段的线间距，不应小于 5.3m。

（三）区间曲线地段的线间距加宽

列车位于曲线地段，由于车体中心与线路中心位置的变化，导致曲线地段建筑接近限界和线间距要比直线地段的要宽。因此，应根据需要适当加宽建筑接近限界和线路间距。

1. 加宽原因

曲线地段线间距加宽主要是由于车体几何位置变化和外轨超高引起的。

（1）车体几何位置变化。车辆在曲线上时，车辆中部的中心位置向曲线内侧移动 W_1，车辆两端的中心位置向曲线外侧移动 W_2，如图 3-18 所示。

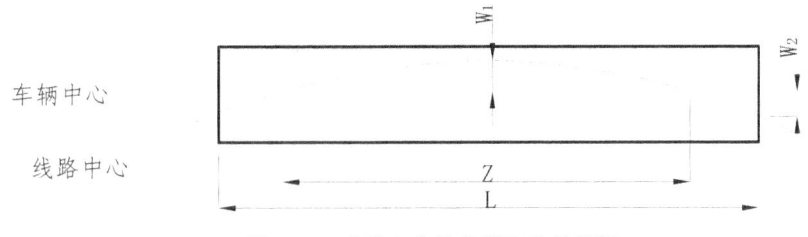

图 3-18　曲线上车体位置变化示意图

设车辆体长 L,转向架中心距为 Z,由几何关系可知

$$W_1 \approx \frac{Z^2}{8R}$$

$$W_2 \approx \frac{L^2 - Z^2}{8R}$$

按我国车辆最大长度 L=26m,转向架中心距 Z=18m 计算,则

$$W_1 \approx \frac{18^2}{8R} \times 1000 = \frac{40500}{R}$$

$$W_2 \approx \frac{26^2 - 18^2}{8R} \times 1000 = \frac{44000}{R}$$

(2) 外轨超高。车辆在曲线上时,距轨面高度 H 处(机车车辆限界图中计算点的高度按3850mm),车体向内侧倾斜 W_3,如图 3-19 所示。

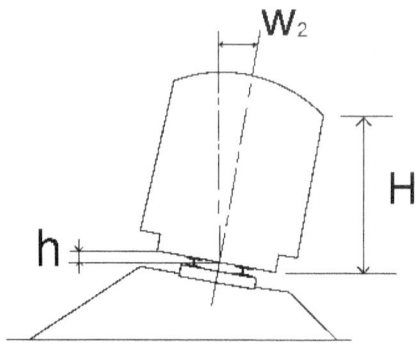

图 3-19 曲线外轨超高车体内斜示意图

设曲线外轨超高 h,钢轨轨距1500mm。则

$$W_3 = \frac{H}{1500} \times h$$

2. 加宽值计算

曲线加宽分为内侧加宽和外侧加宽。

(1) 内侧加宽。内侧加宽为 W_1 和 W_3 之和,即

$$W_N = \frac{40\,500}{R} + \frac{H}{1500} \times h \quad (\text{mm}) \tag{3-31}$$

(2) 外侧加宽。外侧加宽仅有 W_2,即

$$W_W = \frac{44\,000}{R} \quad (\text{mm}) \tag{3-32}$$

3. 加宽方法

(1) 直线地段加宽值为零,圆曲线地段加宽值最大,曲线内、外侧加宽值为式 3-31、式 3-32 计算结果,并且为 5mm 的整倍数。

(2) 缓和曲线加宽是一个逐渐变化过程。变化的起点在缓和曲线起点(ZH 或 HZ 点)

向直线段延伸一辆车长(25m)位置,加宽值为零。变化的终点就是缓和曲线的终点,即 HY 或 YH 点位置,加宽值为最大。缓和曲线中间段加宽值的变化为直线性变化。

(3) 第一、二线,第二、三线间的实设值大于计算值时,可不再进行加宽。

(4) 设计时速大于 200km/h 时,其安全净距已考虑空气动力学要求留有较大富余量,可不考虑曲线线间距的加宽。

(5) 高速客运专线限行段,由于工程条件等原因而采用较小的曲线半径,按上述方法加宽。

第三节 区间线路纵断面设计

线路纵断面是由长度不同、陡缓各异的坡段组成。坡段常用坡段长和坡度值表示,如图 3-20 所示。

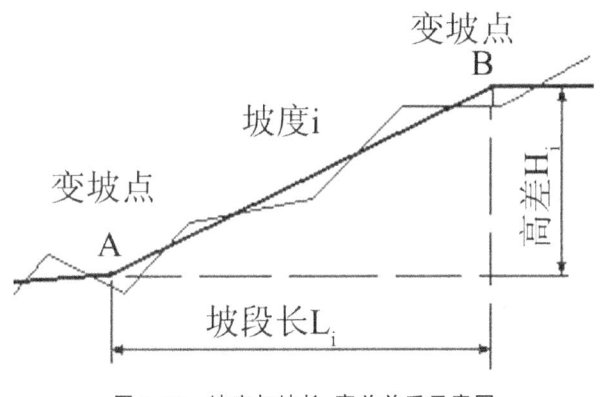

图 3-20 坡度与坡长、高差关系示意图

坡段长 L_i 为相邻两变坡点的水平距离,高差 H_i 为相邻两变坡点的高程差,则坡度 i 为:

$$i = \frac{H_i}{L_i} \times 1000 \quad (‰)$$

线路纵断面设计,主要包括最大坡度、坡段长度、坡段连接与坡度折减等问题。

一、线路最大坡度

最大坡度是铁路线路全局性的主要技术标准,不仅对设计线路的输送能力、工程数量、工程造价以及运营质量有着重要的影响,还决定着线路的基本走向。

新建铁路最大坡度是纵断面设计采用的设计坡度最大值。客货共线铁路设计最大坡度是由货物列车牵引质量决定的。单机牵引路段最大坡度称为限制坡度,双机牵引路段坡度称为双机牵引坡度,两台及以上机车牵引路段坡度称为加力牵引坡度。客运专线采用大功率、轻型动车组,牵引和制动性能优良,能适应大坡度路段运行,一般情况下最大坡度不受牵引质量的限制,其大小应根据工程实际和运营情况两方面的经济技术条件来确定。

(一)客运专线最大坡度

高速客运专线最大坡度,根据动车组总功率、地形条件、平均走行速度以及列车编组数量等因素,经比选后确定。新建客运专线一般选用较大的最大坡度,以利于适应地形,降低线路高度,减少桥梁、隧道等建筑物数量,并可能取直线和缩短线路,减小与公路、既有线立交或减小桥梁引线长度,大大节省工程量和工程造价等。

1. 最大坡度值的确定

客运专线最大坡度值由机车或动车组功率确定。

$$i_{\max} = \frac{3600 p_k - w_0 \times g \times V_{\max}}{g \times V_{\max}} (‰) \quad (3-33)$$

式中 $i_{\max}$——最大坡度(‰);

p_k——每吨列车质量所需功率(kW/t);

w_0——最高速度时的列车运行单位基本阻力(kN/N);

$V_{\max}$——列车运行的最高速度(km/h)。

或

$$i_{\max} = \frac{(\lambda_y F_j - W_0) \times 10^3}{M \times g} (‰) \quad (3-34)$$

式中 M——列车质量(t);

F_j——列车最大牵引力(kN);

W_0——计算速度下列车的运行基本阻力(kN);

λ_y——机车牵引力使用系数,取 0.9。

在列车运行过程中,列车牵引功率必须满足牵引时起动加速能力及最高速度目标时剩余加速度的要求,不同高速列车的阻力和牵引质量不同对功率要求也有差异。表 3-9 是给定功率与列车速度、坡度适应情况。

表 3-9 列车功率、速度与坡度适应性表

动车组最高速度(km/h)	单位质量牵引功率(kW/t)	速度值(km/h)	基本阻力(N/kN)	牵引力(N/kN)	剩余牵引力(N/kN)	平坡上运行剩余加速度(m/s²)	匀速运行的坡道值(‰)
CRH$_3$/350	19.67	350	17.76	22.07	4.31	0.040	4.31
		300	13.33	25.75	12.42	0.115	12.42
		250	9.56	30.90	21.34	0.198	21.34
CRH$_2$c/300	19.68	300	13.37	24.07	10.70	0.099	10.70
		280	11.90	25.79	13.89	0.129	13.89
		250	9.87	28.89	19.02	0.176	19.02
		200	6.93	36.11	29.18	0.27	29.18

续表

动车组最高速度(km/h)	单位质量牵引功率(kW/t)	速度值(km/h)	基本阻力(N/kN)	牵引力(N/kN)	剩余牵引力(N/kN)	平坡上运行剩余加速度(m/s²)	匀速运行的坡道值(‰)
CRH₁/200	13.80	200	8.04	24.00	15.96	0.15	15.96
		180	6.83	26.67	19.84	0.18	19.84
		160	5.72	30.00	24.28	0.22	24.28
CRH₂/200	13.34	200	6.93	24.48	17.55	0.16	17.55
		180	5.91	27.19	21.28	0.20	21.28
		160	4.99	30.60	25.61	0.24	25.61
CRH₃/200	12.19	200	7.78	22.28	14.50	0.134	14.5
		180	6.60	24.85	18.25	0.169	18.25
		160	5.46	27.96	22.50	0.208	22.50

注：不考虑曲线以及隧道阻力的影响，牵引力使用系数取 0.9。

由表 3-9 可知：最高速度为 350km/h 的 CRH3 列车在平坡上运行仍有 0.04m/s² 的加速度余量，在 12‰ 的坡道上能以 300km/h 速度匀速运行，在 21‰ 的坡道上也能以 250km/h 速度匀速运行。对于最高速度 200km/h 的列车，CRH₁、CRH₂、CRH₅ 分别能在 24‰、25‰、22‰ 的坡道上以 160km/h 的速度匀速运行，分别在 15‰、17‰、14‰ 的坡道上以 200km/h 的速度匀速运行。可见，高速客运专线的最大设计坡度不受牵引力、牵引功率的限制。

法国高速铁路采用全高速模式，设计速度 300~350km/h，最大坡度为 35‰。日本新干线采用全高速模式，设计速度 270km/h，最大坡度为 30km/h。德国高速铁路采用客货共线模式时，最大坡度 20‰，采用全高速模式时，设计速度 300km/h，最大坡度为 40‰。根据高速客运专线特点，以及地形、跨越高程的需要，我国高速客运专线的设计最大坡度控制在 12‰~30‰。

（二）限制坡度

1. 限制坡度最大值的计算

客货共线铁路限制坡度是指单机牵引的最大坡度，是普通货物列车，以计算速度在持续坡道上等速运行的坡度。

$$i_x = \frac{\lambda_y F_j - (P \times w_0' + G_x \times w_0'') \times g}{(P + G_x) \times g} \quad (‰) \qquad (3-35)$$

式中 G_x、P——分别为拟定的牵引质量和机车质量(t)；

w_0'、w_0''——分别为计算速度下，机车单位基本阻力(N/kN)、车辆单位基本阻力(N/kN)。

【例 3-1】客货共线铁路，韶山 3 型电力机车，滚动轴承。求牵引质量为 3800t 时，设计线路的最大限制坡度。

【解】查表 2-4 可知 $V_j = 48km/h$，$F_j = 317800N$，$P = 138t$

又 $w_0' = 1.25 + 0.019 \times 48 + 0.00032 \times 48^2 = 3.899(N/KN)$

$w_0'' = 0.92 + 0.0048 \times 48 + 0.000125 \times 48^2 = 1.4384(N/KN)$

则 $i_x = \dfrac{\lambda_y F_j - (P \times w_0' + G_x \times w_0'') \times g}{(P + G_x) \times g}$

$= \dfrac{0.9 \times 317800 - (138 \times 3.899 + 3800 \times 1.4384) \times 9.81}{(138 + 3800) \times 9.81}$

$= 6.4825(‰)$ 取 6.4‰

2. 影响限制坡度选择的因素

限制坡度选择是涉及铁路全局的重要工作,应根据铁路等级、地形条件、牵引种类和运输需求比选确定,并考虑与邻接线路的牵引定数相协调,经过全面分析、技术经济比选慎重确定。

(1)铁路等级。铁路等级越高,设计线路的意义、作用和客货运量越大,需要有良好的运营条件和较低的运输成本。因此,宜采用较小的限制坡度。

(2)运输需要与机车类型。铁路运输能力任务必须完成。力争选定的限制坡度与平均自然坡度相适应,避免引起额外展线,同时恰当与机车类型相协调,满足运输任务要求。

(3)地形条件。地形是选择限制坡度的重要因素,限制坡度要和地形相适应。既不能选择过小的限制坡度,引起大量人为展线,又不能选择过大的限制坡度,使该限坡得不到充分利用,节省工程量和费用不明显,给运营带来不良影响。

一条大干线应力争选定同一限坡,以利于直通列车的开行。

地形条件差别很大,不宜强求统一,可根据地形特点分区段选定限坡。

线路跨越分水岭,自然纵坡陡峻地段可采用双机或多机牵引,以减小展线。

线路由盆地上升到台地,或跨越分水岭,其两侧河谷纵坡相关很大时,应考虑分方向选择限坡的可能性。

(4)邻线的牵引定数。当设计线路与邻线的直通货流量很大,或者设计线路在路网中联络分流作用很显著,则选择限制坡度时,应考虑与邻线牵引定数相协调,尽量使其统一。从而避免在接轨站的甩挂作业,加速货物运送,降低运输成本。

(5)符合《线规》规定。过去,我国牵引动力与机车工业落后,既有线铁路干线已基本形成 4‰、6‰、12‰ 的限制坡度体系,这与我国复杂的地形条件是不相适应的。今后,我国铁路建设将统一牵引定数,设计线路选定的限制坡度不应小于《线规》规定值,见表 3-10。

表 3-10　限制坡度最大值(‰)

铁路等级		I			II			III		
地形类别		平原	丘陵	山区	平原	丘陵	山区	平原	丘陵	山区
牵引种类	电力	6.0	12.0	15.0	6.0	15.0	20.0	9.0	18.0	25.0
	内燃	6.0	9.0	12.0	6.0	9.0	15.0	8.0	12.0	18.0

注:限制坡度最小值在《线规》中没作规定,但通常取 4‰。

第四节　桥、隧、涵、路基对线路面和纵断面要求

一、坡段长度

相邻两坡段的坡度变化点称为变坡点。相邻两变坡点间的水平距离称为坡段长度，简称坡长。

从工程数量上看，较短的坡段长度可更好地适应地形起伏，减少路基、桥梁、隧道等工程的数量，工程造价低。但是，从列车运行的平稳性出发，纵断面坡段长度越长越好。因此，坡段长度的确定，既要满足列车运行平稳性要求，又要尽可能地节约工程投资，两者要实现最大的统一。

客运专线铁路，为避免列车运营过程中的频繁起伏，提高旅客舒适度，不得连续采用"N"形短坡段。大坡度路段，不宜采用"V"形纵断面。

（一）最短坡长限制

1. 最短坡长限制的因素

最短坡长的限制主要从车钩强度限制、变坡点处车辆产生竖向振动、旅客列车不同时跨两个变坡点等列车运行平稳性的要求考虑。

（1）车钩强度限制最小坡段长度。普通客货共线铁路上，列车通过变坡点时，变坡点前后的列车运行阻力不同，车钩间存在游离空间，将使部分车辆产生局部加速度，影响行车平稳。同时，也使车辆间产生冲击作用，增大列车纵向力。为此，坡段长度必须保证不致产生断钩事故。

坡段长度与车钩应力、列车牵引吨数有直接关系，牵引吨数用远期到发线长度表示。经铁道科学研究院对牵引质量为6500t列车限制坡段的理论计算与实践验证，最小坡段长度不小于列车长度的三分之一是合理的。

客运专线铁路上运行的动车组，列车采用密接式车钩，坡段长度不受此条件限制。

（2）变坡点处车辆产生竖向振动不致影响旅客舒适度。从列车平稳的角度考虑，最小坡段长度不仅应保证同坡段两端所设的竖曲线不在坡段中间重叠，同时，为确保列车在同坡段前一个竖曲线上产生的振动，在夹坡段范围内完全衰减，不与后一个竖曲线上产生的振动叠加，为此，两竖曲线间需要有一定的夹坡段长度，如图3-21所示。原理同夹直线最小长度一样，但因车体振动衰减较缓和曲线上的快，故应取值略小一些。

两竖曲线间夹坡段长度的要求，德国、日本两国高速铁路的规范无具体规定，法国高速铁路要求两竖曲线间的夹坡段长度不得小于$0.4V_{max}$。我国目前尚无相应研究和经验，借助

国外经验,规定两竖曲线间的最小夹坡段长度不于 $0.4V_{\max}$。即最小坡段长度应当满足

$$l_{\min} = 2 \times \left(\frac{R_{SH} \times \Delta i_{\max}}{2000} \right) \times 0.4V_{\max} \quad (\text{m}) \tag{3-35}$$

式中 $l_{\min}$——最小坡段长度(m);

R_{SH}——竖曲线半径(m);

$\Delta i_{\max}$——相邻坡段的最大坡度差(‰)。

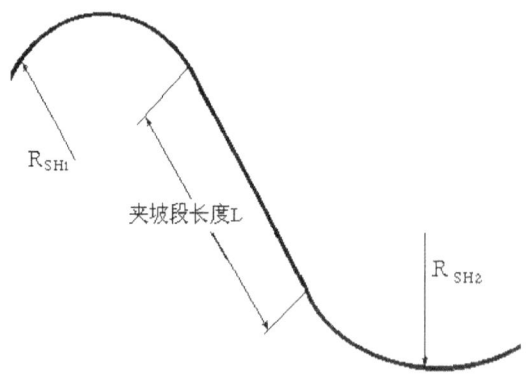

图 3-21 相邻竖曲线间夹坡段长度

(3) 旅客列车不同时跨两个变坡点。为了提高旅客列车运行平稳性,应使旅客列车不同时跨越两个变坡点,以免列车过变坡点的附加加速度叠加而影响旅客舒适。为此,坡段长度应大于远期旅客列车长度。考虑我国铁路发展,大于 160km/h 的旅客列车将逐渐采用动车组,因此,中速动车组长度起控制作用。每节动车平均长度为 25m,车辆编组 16 辆,考虑列车两端 15m 的安全距离,则坡段长度宜大于 450m。

2. 最小坡段长度的规定

(1) 标准值规定。综合安全、舒适、工程和运营等因素,我国相关规范规定的各级铁路最小坡段长度不得小于表 3-11 所列标准值,且采用最小坡段长度的坡段不宜连续使用两个以上。坡段长度按 50 或 100 的倍数使用。

表 3-11 最小坡段长度

铁 路 类 型	客 运 专 线		客货共线铁路				
设计速度(km/h)	300～350	200～250	200	160	≤140		
到发线有效长度(m)					1050	850	750	650
最小坡段长度(m)	900(600)	800(600)	600(400)	400	400	350	300	250

(2) 200m 坡段使用条件。设计最高时速小于或等于 140km/h 的客货共线铁路,在某些行车速度较低的路段,为了因地制宜,节省工程量和工程费用,坡段长度允许缩短至 200m。

① 缓和坡差设置分坡平段。凸形纵断面坡顶,为缓和坡度差而设置的分坡平段,宜设 200m 坡长,如图 3-22(a)所示。凹形纵断面坡底,为缓和坡度差而设置的分坡平段,宜设 200m 坡长,如图 3-22(b)所示。

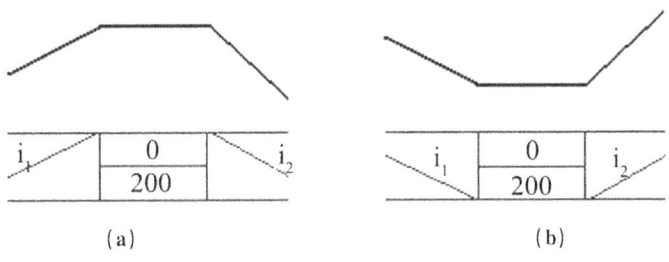

图 3-22 缓和坡差设置分坡平段

② 缓和坡度差设置缓和坡段。在同向坡段之间，为了缓和坡度差而设置的缓和坡段，如图 3-23 所示。缓和坡段使纵断面上坡度逐步变化，对列车运行平稳有利，故允许设置 200m 坡长。

③ 坡度折减设置过渡坡段。同向坡段，因坡度折减将坡段分为几小段，这些坡段间的坡度差较小，坡长可以缩短至 200m，如图 3-24 所示。

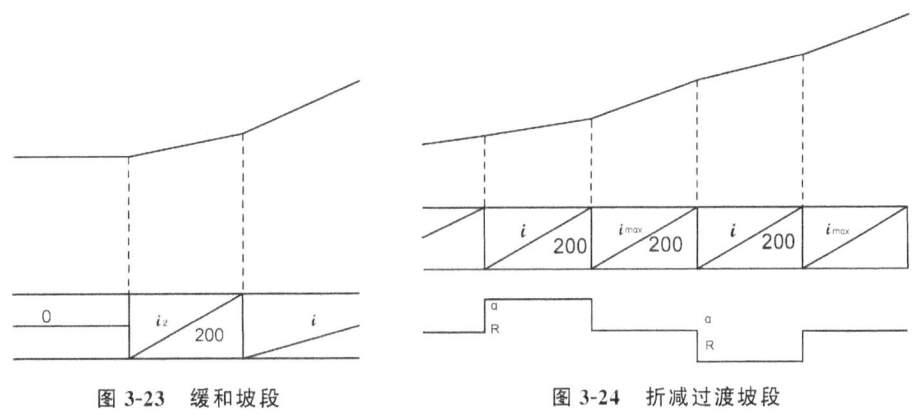

图 3-23 缓和坡段　　　　　图 3-24 折减过渡坡段

④ 长路堑人字坡段。长路堑内为了排水而设置的人字坡段，人字坡段一般不小于 2‰，以利于排水，宜设置 200m 坡长，如图 3-25 所示。

⑤ 枢纽引线。枢纽疏解引线范围内的线路纵坡，因行车速度低，且一般因跨线需要迅速提升纵断面高程（或降低纵断面高程），可设置 200m 坡长。

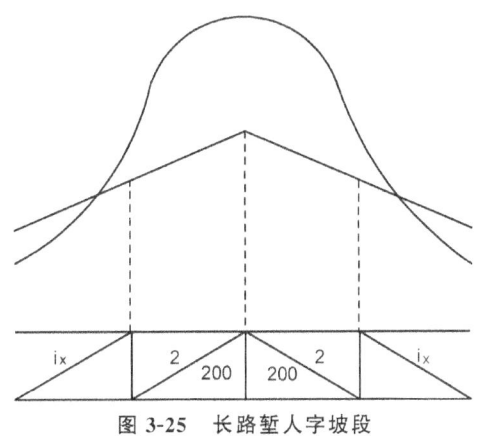

图 3-25 长路堑人字坡段

(二) 最大坡长限制

1. 客货共线铁路

客货共线铁路,货物列车在接近长大下坡区间运行,列车长时间制动使制动闸瓦产生较高的温度,影响制动效果或制动失灵造成事故。货物列车在接近长大上坡区间运行,列车需要长时间发挥最大功率进行牵引,影响机车寿命,同时,在接近长大坡上停车会造成溜车或难以起动等。因此,纵断面设计时,应尽量减小长大下、上坡的设置。

根据我国目前列车自动制动技术和机车性能,客货共线铁路长大纵坡:线路坡度小于或等于6‰时没作规定;线路坡度大于6‰时,坡段长不宜大于8km;线路坡度大于12‰时,坡段长不宜大于5km;线路坡度大于20‰时,坡段长不宜大于2km。

2. 客运专线铁路

① 国外研究与实践。日本东海道新干线根据其停车后再起动、电机温度控制等条件规定:最大坡度采用15‰时,坡段长不宜超过7km;坡度采用18‰时,坡段长不宜超过2km;坡度采用20‰时,坡段长不宜超过1km。

法国规定:坡段长小于3km,坡度不应超过18‰;坡度长在3～15km,坡度不应超过15‰。

欧盟规定:坡段长小于10km,坡度不应超过25‰;坡度长在6～10km,坡度不应超过35‰。

② 仿真分析。列车以不低于设计速度90%的速度,运行在预先设定的最大坡段上,确保运营速度稳定、安全可靠,基本设施的功能充分、合理发挥进行模拟。结果对最高速度350km/h、200km/h的动车组,运行在15‰、20‰、30‰坡道上进行模拟。研究表明:在15‰～30‰不同坡道上,列车的运行速度可以达到设计速度目标值。

③ 大坡度地段最大段长度规定。综合国内外研究与实践,我国《高速暂规》建议:最大坡度采用12‰及以下,坡段长度不作规定;最大坡度采用12‰～15‰之间时,最大坡段长度不宜大于9km;最大坡度采用15‰～20‰之间时,最大坡段长度不宜大于5km;最大坡度采用120‰以上时,最大坡段长度不宜大于1km。

三、坡段连接

(一) 坡度差

纵断面中,坡段有上坡、下坡、平坡,上坡的坡度为正值,下坡的坡度值为负值。我们把相邻两坡段的坡度代数差的绝对值称为坡度差,简称坡差。如:前一坡段的坡度为 $i_1 = 6‰$ (下坡),后一坡段的坡度为 $i_2 = 4‰$ (上坡),所以,前后两段的坡度差为:

$$\Delta i = |i_1 - i_2| = |(-6‰) - (4‰)| = 10‰$$

1. 最大坡度差限制

相邻坡段的坡度差限制，是确保列车不断钩而制定的。客运专线铁路上行驶的旅客列车质量小，车钩采用密接式车钩，因此，相邻坡段的坡度差不受限制。

客货共线铁路相邻坡段坡度差主要受货物列车制约。20世纪60年代，我国沿用国外经验，曾规定坡度差不应大于限制坡度值的一半。但实践中，不少大于限制坡度值的坡差，在运营中并未发生断钩等事故。20世纪80年代《线规》规定：坡度差不应大于重车方向的限制坡度值。近年来，铁道科学院等单位根据理论研究、模拟计算以及现场实验，得出：

（1）列车纵向力随变坡点坡度差的增大而增大。

（2）凸形纵断面列车纵向拉力增大，压力减小。凹形纵断面列车纵向拉力减小，压力增大。

（3）列车通过变坡点时，纵向力大小取决于列车牵引吨数、机车操纵工况和纵断面形式。

根据列车通过变坡点时产生的纵向力不大于车钩强度计算得出：最大坡度差可以达到限制坡度值的2倍。但考虑运期列车牵引吨数的可能性，最大坡度差应留有适当余量。

2. 最大坡度差允许值

仿真计算结果表明，列车牵引质量的大小对列车纵向力起决定作用。而列车的牵引质量在机车功率可变的情况下，主要决定于车站到发线的长度。故直接以远期到发线有效长度作为拟定坡度差的主要参数，客货共线铁路的最大坡度差规定值见表3-12。

表3-12 客货共线铁路最大坡度差

远期到发线有效长度		1050	850	750	650	550
最大坡度差（‰）	一般	8	10	12	15	20
	困难	10	12	15	18	25

注：在凸形纵断面的坡顶，若坡度差过大，司机通视距离缩短，必要时加以实测或检算。

（二）竖曲线

在线路纵断面的变坡点处，为了保证行车安全、平顺，在垂直方向上设置一条与前后坡段均相切的过渡曲线称为竖曲线。

竖曲线有圆曲线型、抛物线型两种。因圆曲线型竖曲线测设容易、养护方便，被国内外广泛采用。

1. 竖曲线半径

（1）竖曲线最小曲线半径。竖曲线最小曲线半径，由保证旅客舒适、车轮不脱轨、不脱钩以及附加纵向力等四个方面的限制条件决定。

保证旅客舒适：

保证旅客没有不适感，列车通过竖曲线时产生的离心加速度就应不大于旅客舒适度要求的允许值 a_{SH}。离心加速度允许值 a_{SH} 与竖曲线半径 R_{SH}，列车最高速度 V_{max} 的关系为：

$$R_{SH} = \frac{V_{max}^2}{3.6^2 \times a_{SH}}$$

离心加速度允许值 a_{SH}，国外一般取 $0.15 \sim 0.6 \mathrm{m/s^2}$。我国客货共线铁路取 $0.15 \mathrm{m/s^2}$ 和 $0.2 \mathrm{m/s^2}$，则竖线半径应满足

$$R_{SH} \geq 0.2 \times V_{max}^2 \text{ 和 } R_{SH} \geq 0.15 \times V_{max}^2 \quad (\mathrm{m}) \quad (3-36)$$

保证车轮不脱轨：

列车通过凸形纵断面时，产生向上的竖向离心力使车辆有上浮趋势，上浮车辆在横向力作用下，易产生脱轨事故。为保证车轮不脱轨，列车通过半径为 R_{SH} 的竖曲线时，产生的竖向加速度 a_{SH} 与竖向离心力 F_{SH} 关系为：

$$F_{SH} = m \times a_{SH} = \frac{m}{3.6^2 \times R_{SH}} \times V_{max}^2$$

式中 m——车辆质量（kg）。

当离心力大于车辆重量时，影响列车运行安全。则

$$R_{SH} \geq \frac{1}{3.6^2} \times V_{max}^2 \approx 0.08 V_{max}^2 \quad (\mathrm{m}) \quad (3-37)$$

保证列车不脱钩：

普通客货共线铁路，列车车辆连接处经过变坡点时，车钩要上、下错动，其值超过允许值时，将会产生脱钩。为保证列车不脱钩，竖曲线半径

$$R_{SH} = \frac{(L+d)d}{2f_R} \quad (\mathrm{m}) \quad (3-38)$$

式中 f_R——车钩中心线上下位移允许值，货车取 11mm，客车取 16mm；

L——车辆两转向架中心距（m）；

d——转向架中心至车钩中心距离（m）。

附加纵向力限制：

设置竖曲线可减小列车通过变坡点时的附加纵向力。

仿真结果表明：客货共线铁路，当竖曲线半径增大至 10 000m 后，列车以不同工况通过坡点的最大纵向力，均不大于车钩强度的允许值。说明竖曲线半径大于等于 10 000m，能保证附加纵向力的要求。

高速客运专线的竖曲线半径不受此条件限制。

（2）竖曲线最大曲线半径。采用大的竖曲线半径，可提高列车通过变坡点的运行平稳性和旅客舒适度。但是，当竖曲线半径大到一定程度时，养护和维修的难度将加大。根据国外养护维修经验，最大竖曲线半径不宜大于 40 000m。

（3）竖曲线半径标准值。综合国内外工程实践，规定竖曲线半径标准值：最大竖曲线半径不应大于 40 000m，最小竖曲线半径见表 3-13。

表 3-13 竖曲线半径最小值

铁路类型	客运专线				客货共线	
设计最高行车速度（km/s）	350	300	250	200	200、160	140
最小竖曲线半径（m）	25 000	20 000	15 000		15 000	10 000

2. 竖曲线的几何要素

竖曲线的几何要素包括：竖曲线半径、坡度差、竖曲线切线长、竖曲线曲线长、竖曲线外矢距等。

（1）切线长 T_{SH}。

由图 3-26 可知

$$T_{SH} = \frac{R_{SH} \times \Delta_i}{2000} \quad (m) \quad (3-39)$$

式中 Δ_i——坡度代数差的绝对值(‰)。

（2）曲线长 K_{SH}。

$$K_{SH} \approx 2 \times T_{SH} \quad (m) \quad (3-40)$$

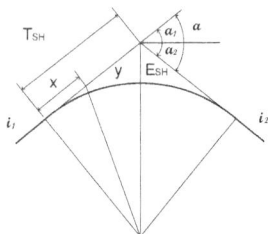

图 3-26 竖曲线要素

（3）外矢距 E_{SH}。

竖曲线外矢距可由曲线纵距 y 求得

$$(R_{SH} + y)^2 = R_{SH}^2 + x^2 \Rightarrow y = \frac{x^2}{2R_{SH}}$$

当 $x = T_S H$ 时，竖曲线外矢距

$$E_{SH} = \frac{T_{SH}^2}{2R_{SH}} \quad (m) \quad (3-41)$$

变坡点处的施工高程，应根据变坡点的设计高程，减去（凸形变坡点）或加上（凹形变坡点）外矢距的高度。路基填挖高度应根据施工高程计算。

【例 3-2】某客货共线 I 级铁路，凹形变坡点 A 的地面高程为 466.500m，设计高程为 462.206，相邻坡段的坡度分别为 $i_1 = -6‰$（下坡），$i_2 = 4‰$（上坡），若竖曲线半径取 10 000m，计算：

（1）竖线的切线长、曲线长和外矢距。

（2）A 点的施工高程和填挖方高度。

【解】（1）竖线的切线长、曲线长和外矢距。

A 点的坡差为 $\Delta i = |i_1 - i_2| = |(-6‰) - (4‰)| = 10‰$

A 点竖曲线的切线长为：

$$T_{SH} = \frac{R_{SH} \times \Delta_i}{2000} = \frac{10000 \times \Delta_i}{2000} = 5 \times \Delta_i = 5 \times 10 = 50 \quad (m)$$

A 点竖曲线的曲线长为：

$$K_{SH} \approx 2 \times T_{SH} = 10 \times \Delta_i = 10 \times 10 = 100 \quad (m)$$

A 点竖曲线的外矢距为：

$$E_{SH} = \frac{T_{SH}^2}{2R_{SH}} = \frac{50^2}{2 \times 10000} = 0.125 \quad (m)$$

（2）因为 A 点为凹形变坡点，所以

A 点的施工高程为 462.206＋0.125＝462.331(m)

A 点挖方高度为 466.500－462.331＝4.169(m)

3. 设置竖曲线的限制

客货共线铁路，车轮轮缘高度一般取 0.025m，转向架轮中心距取 5.6m，则保证列车不脱轨条件是，变坡点的坡差不应大于 0.025/5.6＝4.5‰。

日本新干线规定，所有的变坡点均设置竖曲线；德国高速铁路规定，坡差大于等于 1‰时设置竖曲线；法国、德国、美国和苏联高速铁路规定，坡差大于等于 4‰时设置竖曲线。

综合考虑各种因素，结合国内外工程研究与实践，我国各级铁路设置竖曲线的条件为：

（1）设计速度为 160km/h 及以上，坡度差大于等于 1‰时，设置竖曲线。

（2）设计速度小于 160km/h 的Ⅰ、Ⅱ级线路，坡差大于 3‰时，设置竖曲线。

（3）设计速度小于 160km/h 的Ⅲ级线路，坡差大于 4‰时，设置竖曲线。

（4）竖曲线长度不宜小于 25m，即竖曲线的切线长不宜小于 12.5m。

（5）竖曲线不应与圆曲线、缓和曲线重合，不应与道岔重合。

（6）竖曲线不应设在明桥面上。

四、最大坡度折减

客货共线铁路，当平面上出现曲线或长度大于 400m 隧道时，附加阻力增加。如果还按最大坡度设计，纵断面的加算坡度将超过最大限制坡度，列车牵引以计算坡度计算出牵引质量，将不能按设计速度运行，或运缓、或途停。所以，线路纵断面设计坡度加上曲线、隧道等附加阻力换算的坡度值，不得大于最大限制坡度值。为此，纵断面设计时，需要将最大坡度值减缓，以保证货物列车以不低于计算速度或规定速度通过该地段，该工作称为最大坡度折减。坡度折减包括：曲线地段最大坡度折减、小半径曲线最大坡度折减和隧道内最大坡度折减。

（一）曲线地段最大坡度折减

1. 设计坡度

在曲线段，货物列车受到坡度阻力和曲线阻力之和，不得大于最大坡度的坡度阻力。所

以,设计坡度 i 应为:

$$i = i_{max} - \Delta i_R \quad (‰) \tag{3-42}$$

式中 i_{max}——最大坡度值(‰);

Δi_R——曲线阻力对应的坡度折减值(‰)。

2. 曲线地段最大坡度折减的方法

曲线地段最大坡度折减,可按以下四种情况进行。

(1) 当相邻两圆曲线之间的夹直线大于200m时,可设计为一个坡段,按最大坡度设计,不予折减。当相邻两圆曲线之间的夹直线小于200m时,可将该直线分成两段,分别并入两端的曲线段,按曲线段进行坡度折减。

(2) 当曲线长度不小于货物列车长度时,和曲线两端直线一起设为一个坡段,曲线阻力折减值按式(3-43)计算。

$$\Delta i_R = \frac{600}{R} \quad (‰) \tag{3-43}$$

(3) 当曲线长度小于货物列车长度时,和曲线两端直线一起设为一个坡段,曲线阻力折减值按式(3-44)计算。

$$\Delta i_R = \frac{10.5\alpha}{L_i} \quad (‰) \tag{3-44}$$

式中 α——曲线转角(°);

L_i——设计坡段长度(m)。当设计坡段大于货物列车长度时,取货物列车长度。

(4) 当连续两个以上曲线长度均小于货物列车长度,其间的夹直线也小200m时。可以将直线段分成两段,分别并入两端的曲线段,设计为两个上以上坡段,第一段按曲线段进行坡度折减,也可以合并为一个坡段,曲线阻力折减值按式(3-45)计算。

$$\Delta i_R = \frac{10.5\sum\alpha}{L_i} \quad (‰) \tag{3-45}$$

式中 $\sum\alpha$——为折减坡段范围内的曲线转角总和(°)。

(二) 小半径曲线地段最大坡度折减

当货物列车以接近或等于计算速度通过位于长大坡道上的小半径曲线时,粘着牵引力小于计算牵引力,为了保证货物列车不低于计算速度运行,还需要进行小半径曲线地段最大坡度折减。设计坡度值为:

$$i = i_{max} - \Delta i_R - \Delta i_\mu \quad (‰) \tag{3-46}$$

式中 Δi_μ——为曲线粘降折减,即小半径曲线最大坡度折减值(‰)。

由于小半径曲线粘降折减理论计算十分复杂,计算出的折减值出入很大,所以,我国小半径曲线最大坡度折减从三个方面考虑。

(1) 内燃机车的黏着牵引力富余量比较大,故不需要进行小半径曲线粘降折减;若设计线近期为内燃机车牵引,远期为电力机车牵引,其小半径曲线粘降折减值应按电力机车牵引计算。

表 3-14 电力机车牵引小半径曲线折减值(‰)

R(m) \ i_{max}(‰)	4	6	9	12	15	20	25	30
450	0.20	0.25	0.35	0.45	0.55	0.70	0.90	1.05
400	0.35	0.50	0.65	0.85	1.05	1.35	1.65	1.95
350	0.50	0.70	1.00	1.25	1.50	2.00	2.45	2.90
300	0.70	0.90	1.30	1.65	2.00	2.60	3.20	3.80

(2) 电力机车牵引的粘着牵引力富余量为 5.5‰,当曲线半径大于 500m 时,曲线粘降折减值很小,可忽略不计。当曲线半径小于 500m 时,小半径曲线粘降折减值见表 3-14。

(3) 只在小半径曲线范围内进行粘降折减,因取坡段长度为 50m 的整倍数而大于曲线长度时,应将整个坡段按表 3-14 进行折减,以利安全。

【例 3-3】已知,客货共线铁路为电力牵引,限制坡度为 9‰,近期货物列车长度为 650m,线路平面如图 3-27 所示,该地段需要用足限制坡度,请进行该段线路纵断面的设计。

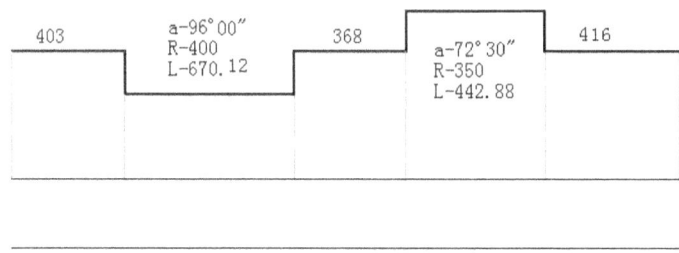

图 3-27 小半径曲线的坡度折减示例

【解】:纵断面坡度设计如下:

(1) 左端直线段,坡段长度取 400m,不折减,按限制坡度 9‰设计。

(2) 第一条曲线段,坡段长取 700m。小曲线半径 400m,所以 i_u 取 0.65。由于曲线长度大于货物列车长度,所以设计坡度为:

$$i = i_{max} - \Delta i_R - i_u = 9 - \frac{600}{R} - i_u = 9 - \frac{600}{400} - i_u = 75 - 0.65 = 6.85$$

设计坡度取 6.8‰。

(3) 中间直线段,坡段长度取 300m,不折减,按限制坡度 9‰设计。

(4) 第二条曲线段,坡段长度取 500m。小曲线半径 350m,所以 i_u 取 1.0。由于曲线长度小于货物列车长度,所以设计坡度为:

$$i = i_{max} - \Delta i_R - i_u = 9 - \frac{105a}{L} - i_u = 9 - \frac{105 \times 725}{500} - 1 = 6.48$$

设计坡度取 6.4‰。

(5) 最后一直线段,坡段长度取 400m,不折减,按限制坡度 9‰设计。

纵断面设计成果,如图 3-28 所示。

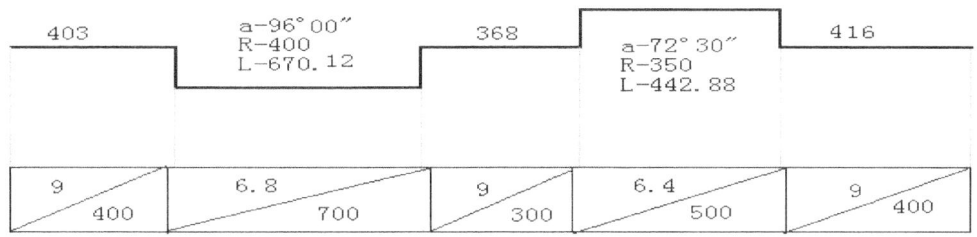

图 3-28 纵断面设计成果

（三）隧道内最大坡度折减

隧道内最大坡度折减，主要考虑隧道空气附加阻力，防止油烟进入车体提高通过隧道速度，隧道内粘着系数降低，散热条件不良等因素。当隧道长度大于 400m 时，需要进行隧道最大坡度折减。

隧道内最大坡度折减，可用最大坡度系数来计算。

$$i = i_{max} - \Delta i_S = \beta_S \times i_{max}$$

$$\Delta i_S = i_{max} - \beta_S \times i_{max} \quad (‰) \tag{3-47}$$

式中 β_S——隧道内最大坡度折减值(‰)；

Δi_S——隧道内最大坡度折减系数，见表 3-15。

表 3-15 电力与内燃机车牵引隧道内最大坡度系数

牵引类型 隧道长度(m)	电力牵引	内燃牵引
400<Ls≤1000	0.95	0.90
1000<Ls≤4000	0.90	0.80
Ls≥4000	0.85	0.75

隧道最大坡度折减仅限于隧道内，坡段长进整为 50m 的整倍数。位于曲线上的隧道，应先进行隧道折减，再进行曲线折减。

第五节 桥涵、隧道、路基路段的平纵断面设计

一、桥涵路段的平纵断面设计

桥梁是供车辆及行人跨越障碍物（河流、海湾、湖泊、山谷、道路或建筑等），修筑在地面以上的人工构筑物。桥梁可以按材料、长度、结构以及桥面位置、支撑方式等进行划分。其中，桥梁按长度可划分为：特大桥（500m 以上）、大桥（101～500m）、中桥（21～100m）和小桥

(20m 及以下)等五种。涵洞与桥梁的作用基本相同,是指单孔不超过 5m,多孔不超过 8m,一般孔径在 0.75～6m 之间。

(一)桥涵路段平面设计

(1)涵洞和小桥对线路平面无特殊要求。即涵洞和小桥可以设计在任何需要的直线或曲线位置。

(2)特大梁、大桥、连续梁桥、钢梁及大跨度桥,宜设在直线上,困难条件下须设置在曲线上时,宜采用较大的曲线半径。

桥梁在曲线上有:桥梁结构设计难、更换钢轨和整正曲线难,施工不便;线路位置变形容易造成较大的偏心,行车摇摆对桥梁、墩台受力和运行安全不利等。

(3)明桥面宜设在直线上,困难条件下设在曲线上,但不得设在反向曲线上。

明桥面设在曲线上,因桥面未铺砟道,线路很难固定,轨距不易保持,影响行车安全;明桥面上的曲线外轨超高要用桥枕高度调整,铺设、更换比较困难。困难条件下曲线设在明桥面上,需要充分经济比较和论证,但不得设在反向曲线上。

(4)桥梁上采用的曲线半径,应不限制桥梁跨度的合理选用。常用定型梁的允许最小曲线半径见表 3-16。

(5)连接大桥的桥头引线,应采用桥梁上的平面标准。即宜设在直线上,困难条件下,需设在曲线上时,宜采用不小于该路段的最小曲线半径要求。

表 3-16　常用定型梁允许最小曲线半径值

梁 的 类 型		钢筋混凝土梁		预应力钢筋混凝土梁		钢筋混凝土板梁与板梁结合梁	
		普通	低高度				
跨　度(m)		≤4	20	≤20	23.8 24.0	31.7 32.0	32	40
允许最小曲线半径(m)	一般情况	350	400	600	400	600	300	500
	特殊情况	250	300		300	450		

(二)桥涵路段纵断面设计

(1)涵洞和道砟桥面可设在任何纵断面上。即涵洞和道砟桥面可以设计在任何需要的平道和坡道位置。

(2)明桥面宜设在平道上,困难条件下必须设在曲线上,坡度不宜大于 4‰。

明桥面设置坡度,由于钢轨爬行的影响,线路难于锁定,轨距也难于保持,给线路维修、养护带来困难,影响行车安全。困难条件下,必须设在曲线上,坡度不宜大于 4‰,除非有充分经济技术比较和专业论证依据。

(3)明桥面上不宜设竖曲线,明桥面不宜与竖曲线重合。为避免调整轨顶高程引起铺设困难,纵断面设计应使变坡点距离明桥面桥头,不小于竖曲线切线长,如图 3-29 所示。

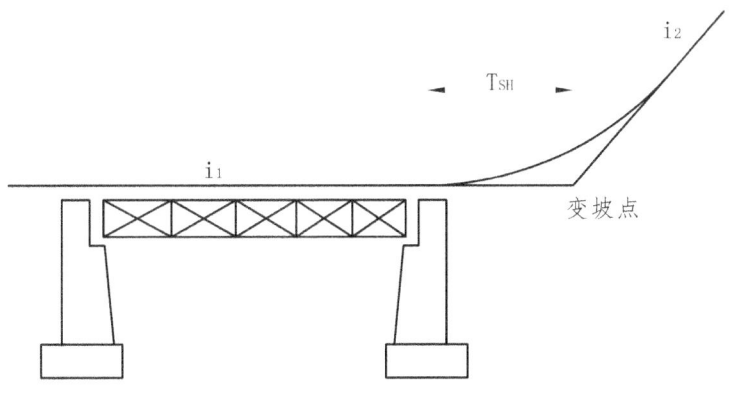

图 3-29 变坡点至明桥面距离

(4) 为确保必要的通航净空,桥面可设置成凸型断面,桥下净空应满足铁路、公路、水运等通过要求。跨越客运专线的立交桥,桥下净空高度不应小于 7.25m,跨度不大于 32m 的简支梁或连续箱梁,不应大于 15m。

二、隧道路段平纵断面设计

隧道是车辆及行人穿越障碍物(河流、山谷、道路或建筑等),修筑在地面以下的人工构筑物。按隧道所处的地质条件分为土质隧道和石质隧道。按隧道的长度分为:短隧道($L \leqslant 500m$)、中长隧道($500 < L \leqslant 1000m$)、长隧道($1000 < L \leqslant 3000m$)和特长隧道($L > 3000m$)。

(一) 隧道路段平面设计

(1) 隧道宜设在直线上,必要时采用较大半径的曲线。隧道内的测量、施工、运营、通风和养护等条件均比空旷地段差,曲线隧道更为严重。所以,隧道宜设在直线上,困难条件时,宜将曲线设在洞口附近,并采用较大的曲线半径。

(2) 隧道不宜设反向曲线。隧道设在反向曲线上,司机瞭望难度增加,对运行安全不利。十分困难条件下,必须设反向曲线时,其夹直线长度不宜小于 44m,以免两端曲线加宽部分重叠。

(3) 当直线隧道外的曲线接近洞口时,应使直缓点 ZH 或缓直点 HZ 距离洞口不小于 25m,以免引起洞口和洞口的衬砌加宽。

(二) 隧道路段纵断面设计

(1) 隧道内线路纵断面可设置单面坡或人字坡。需要用足最大坡度路段的隧道,为了争取高度,一般设计为单面坡;地下水发育和长隧道宜设计为人字坡,人字坡通风不良,必要时,可采用人工通风。

(2) 为排水需要,隧道内的坡度不宜小于 3‰。严寒地区且地下水发育的隧道,可适当加大坡度以减小冬季排水结冰堆积的影响。

三、路基对线路平纵断面要求

路基对线路平面没有任何要求。路基对线路纵断面有要求：

(1) 跨越排洪河道的特大桥、中桥、中桥的桥头引线，水库地区和滨河地段，行洪、滞洪区以及低洼地带的路基，其路肩设计高程不应小于设计水位＋壅水高度＋波浪侵袭高度＋0.5m，且应满足国家防洪设计标准的相关要求。

(2) 小桥涵洞附近的路基，路肩设计高程不应小于设计水位＋壅水高度＋0.5m。

(3) 长大路堑内的设计坡度不宜小于2‰，以利侧沟排水。当路堑长度在400m以上且位于凸形纵断面的坡顶时，可设计坡度小于2‰，坡长小于200m的人字坡。

(4) 路、桥分界高度应根据路堤地基条件、填料性质及来源、当地土地资源、城镇交通要求等综合确定。

第六节 车站对线路平面和纵断面要求

一、站坪长度

站坪长度由远期到发线有效长度和两端道岔咽喉区长度决定的(不包括站坪两端的竖曲线的切线长度)，如图3-30所示。

图3-30 站坪长度示意图

(1) 客货共线铁路站坪长度

客货共线铁路的站坪长度由正线数目、车站类别、车站股道形式和远期到发线有效长度等条件决定的。股道布置形式决定到发线有效长度。车站类别、股道数量决定站坪两端咽喉区长度。到发线有效长度不同，站坪两端咽喉区长度不同，则站坪的长度就不同。客货共线铁路站坪长度见表3-17。站坪两端变坡点处的坡度差大于3‰(Ⅰ、Ⅱ级铁路)和4‰(Ⅲ

级线路)时,应按规定设置竖曲线。为确保竖曲线不在站坪内,变坡点应在站坪两端外侧,不小于竖曲线切线长度之处。

表 3-17 数值是按一般车站、单机牵引计算的站坪长度。若站内有其他铁路接轨,股道比较复杂或双机牵引、多机牵引时,应根据实际情况计算确定。

表 3-17　客货共线铁路站坪长度表

车站种类	车站布置形式	远期到发线有效长度(m)						
		1050		85		750		650
		单线	双线	单线	双线	单线	双线	单线
会让站、越行站	横列式	1450	1700	1250	1500	1150	1400	1050
中间站	横列式	1600	2000	1400	1300	1300	1700	1200
区段站	横列式	2000	2500	1800	2300	1700	2200	1600
	纵列式	3500	4000	3100	3600	2900	3400	2600

(二) 客运专线铁路站坪长度

客运专线站坪长度应根据到发线有效长度、远期车站布置形式以及道岔类型等因素计算确定。客运专线车站布置形式不同,有无综合维修工区岔线,车站间渡线数量和方向不同,咽喉区的长度就不同,从而导致车站站坪长度不同。客运专线铁路站坪长度见表 3-18。

表 3-18　客运专线铁路站坪长度表

无工区岔线		有工区岔线	
图型	站坪长度(m)	图型	站坪长度(m)
	2200		2320
	1800		
	1800		1920
	1350		

二、站坪线路平面

(一) 车站正线平面要求

为了车站技术作业的安全和方便,站坪应设在直线上,但特殊困难地形条件下,允许将站坪设在曲线上,但曲线半径应符合相应技术要求。

车站设在曲线上存在站内瞭望视线不良、列车起动增加附加阻力等缺点。

特殊困难地形条件下,允许将站坪设在曲线上。当设计时速为 200km/h 时,站内曲线半径需要满足正线曲线半径要求;困难条件下可通过列车速度确定曲线半径的大小,但不得小于1000m。车站曲线宜采用较小的偏角。当设计时速小于 160km/h 时,站内最小曲线半径不应小于表 3-19 规定最小值。

(二) 站坪内反向曲线规定

客货共线铁路的横列式车站不应设反向曲线,以免更加恶化瞭望条件,降低速度,影响作业安全。纵列式车站因地形条件困难,必须设反向曲线时,每一运行方向的到发线有效长度范围内,不应有反向曲线。客运专线的车站不应设反向曲线。

(三) 车站咽喉区的平面要求

车站咽喉区范围内有较多道岔,道岔设在曲线上有尖轨不密、磨耗严重,导曲线和直线部分不好联结,轨距复杂不好养护,列车通过摇晃严重易脱轨,道岔需要特别设计和制造等问题。所以,车站咽喉区内的正线应设在直线上。

表 3-19 时速小于 160km/h 站内最小曲线半径

路段旅客列车设计行车速度(km/h)		160	140	120	100	80
区段站		1600	1200	800		
中间站、会让站、越行站	一般	2000	1600	1200	800	600
	困难	1600	1200	800	600	600

三、站坪线路纵断面

(一) 站坪坡度要求

站坪宜设在平道上,以确保车站作业的方便和安全。但在自然纵坡较陡的地形条件下,为了节省工程量、降低工程造价、争取线路高程,允许将站坪设在坡道上,但设计坡度应满足车站作业、行车安全的要求。

站坪坡度应考虑保证停放车辆不致溜逸、保证停站列车不致溜逸、调车作业安全等情况。

1. 保证停放车辆不致溜逸

我国铁路科学研究院的试验研究表明,车站上停放的装有滚动轴承货车,不致溜逸的坡度约为 1.6‰,但在实际运营中发现,在站坪坡度为 1.5‰的既有线车站,车辆连挂仍有溜逸现象。因此,保证车辆不溜逸的坡度应不小于 1‰。

2. 保证停站列车不致溜逸

考虑列车在车站上停车时,作用在列车上的制动力和下滑力以及高速列车、普通中速列车等实际条件,综合各项因素《线规》建议,保证停站列车不致溜逸的坡度为 6‰。

3. 站内调车作业安全

客货共线铁路中的许多车站,均需要办理调车、甩车和挂车作业。根据我国运营实践,车站设在 6‰的坡道上,难以保证车站作业安全,但车站设在 2.5‰的坡道上,作业安全能得到保证。综合各种因素,我国相关规范规定。

(1) 站坪宜设在平道上,困难条件下必须设在坡道上时,坡度不宜大于 1.0‰。以保证站内调车作业的安全和方便。

(2) 特殊困难,有充分技术经济论证依据时,客运专线允许将中间站设在不大于 2.5‰的坡道上,越行站可设在不大于 6‰的坡道上;客货共线铁路允许将会让站、越行站设在不大于 6‰的坡道上。但两个相邻车站不得连续设置 6‰的坡度。

(二) 站坪坡段要求

站坪范围内,一般设计为一个坡段。为了减小工程量,也可将站坪设计在不同的坡段上。

车站道岔咽喉区的正线坡度宜与站坪坡度相同。特殊困难条件下,可将咽喉区设在限制坡度减小 2‰的坡道上(因为咽喉区道岔的附加阻力约为 2.0N/kN)。但区段站、客运站咽喉区的坡度不得大于 2.5‰。中间站、会让站、越行站不得大于 10‰。

(三) 旅客乘降所规定

客货共线铁路的旅客乘降所,允许设在旅客列车能够起动的坡道上,但不宜大于 8‰。特殊困难条件下,有充分技术经济依据时,可设在大于 8‰的坡道上。

四、站坪两端线路平面和纵断面

(一) 线路平、纵设计标准

客货共线铁路车站两端正线的线路设计标准与区间线路标准相同。客运专线铁路车站在特殊条件下,可按下列条件设计:

(1) 全部高速列车停车的车站加、减速地段,采用与速度相适应的技术标准。

(2) 部分高速列车停车,部分通过的车站两端,综合比选确定设计速度,按相应速度的标准设计。

(二) 竖曲线和缓和曲线设置

(1) 在纵断面上,竖曲线不应伸入站坪。站坪端点外变坡点的距离,不应小于竖曲线的切线长度 T_{SH},如图 3-31(a) 所示。

(2) 在平面上,缓和曲线不应伸入站坪。站坪端点至站坪外曲线交点的距离,不应小于曲线的切线长 T_1,如图 3-31(b) 所示。

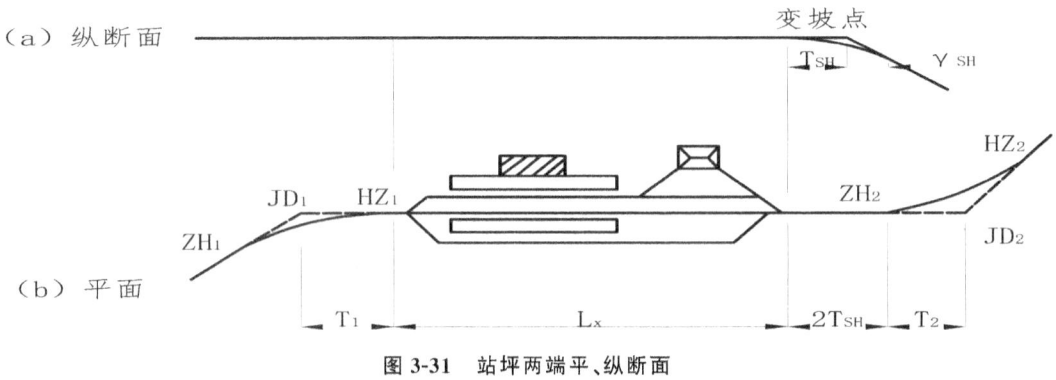

图 3-31 站坪两端平、纵断面

(3) 若站坪两端的线路,平面上有曲线,纵断面上有竖曲线时,则应考虑竖曲线不应与缓和曲线重合,站坪端点至站坪外曲线交点的距离,不应小于曲线的切线长与两倍竖曲线切线长之和,即 $T_1 + 2T_{SH}$。

(三) 客货共线铁路进站起动缓坡

由于列车不正点到达车站,车站作业延误,车站设备临时性故障或线路不空闲,咽喉段占用等原因,往往造成进站列车在进站信号机前临时停车。为使上坡进站的列车停车后能顺利起动,需要在进站信号机前方设置起动缓坡。

(1) 电力机车牵引的铁路线路,因电力机车牵引力较大,在限制坡度上均可起动,所以,可以不设置起动缓坡。

(2) 内燃机车牵引的铁路线路,内燃机车在平缓限坡道,列车起动困难,所以,需要在进站坡道上设置一段不大于6‰的起动缓坡。

(四) 客货共线铁路出站加速缓坡

车站前方有长大纵坡时,为使列车出站后较快加速,缩短运行时分,当地形条件允许时,在站坪外上坡段,通过计算设计一段坡度较缓的坡道,这种缓坡称为出站加速缓坡。

通过绘制速度、距离曲线进行检查计算,结果表明:

（1）内燃机车起动牵引力较大且计算速度较低，一般在站坪范围内即可加速到计算速度，不需要设置加速缓坡。

（2）电力机车因计算速度高，所以在站前为限制坡道上坡的不利情况下，通常需要设置加速缓坡。

（五）站坪与区间纵断面的配合

地形条件允许时，站坪尽可能设在两端坡度较缓、升高不大的凸形纵断面顶部，以利于列车进站和出站加速。

第七节　线路平面图和纵断面图

铁路线路平面图和纵断面图是铁路建设和铁路设计最重要的基本文件，是铁路设计人员设计意图的重要体现，对铁路项目建设审批、专家评议、指导施工和线路维护等方面有着作用重要。

铁路线路平面图全面、清楚地反映了线路中心线的平面位置和行经地区的地形、地物等相关内容。

铁路线路纵断面图，反映了线路中心线的空间位置和地面起伏状态等相关内容。

一、线路平面图和纵断面图比例

在铁路建设的各个阶段，都要编制不同要求、不同用途的各种平纵断面图，其比例尺、项目内容和详细程度均不相同。

比例是指图纸上一条线段长度与地面对应线段的实际长度之比。它表示图形的缩小程度，又称缩尺。根据在图纸上的表示方法不同，比例可分为图示比例和数字比例两种。根据图纸上线段长度与对应实际长度之比的比值大小不同，可分为大比例、中比例和小比例三类。比例在 1∶1 万以下为大比例，比例在 1∶1 万～1∶10 万为中比例，比例在 1∶10 万上为小比例。

工程建设中，常用的按比例是 1∶1、1∶2、1∶2.5、1∶5 以及 10^n。

铁路工程建设中，表达线路基本走向的平纵断面图，一般用 1∶5 万～1∶50 万的比例；进行方案推荐、重大线路比较或局部方案比选等的平纵断面图，一般用 1∶1 万～1∶5 万的比例；用于初步设计和施工图设计时的平纵断面图，一般用 1∶1 万以下的比例。

（一）线路平面图

线路平面图是线路中心线和地形、地貌、地物的水平面投影图，是在绘有初测导线和经纬距的大比例带状地形图上，设计出线路中心线和标出有关资料的平面图形，如图 3-32 所示。线路平面图表达的内容有：

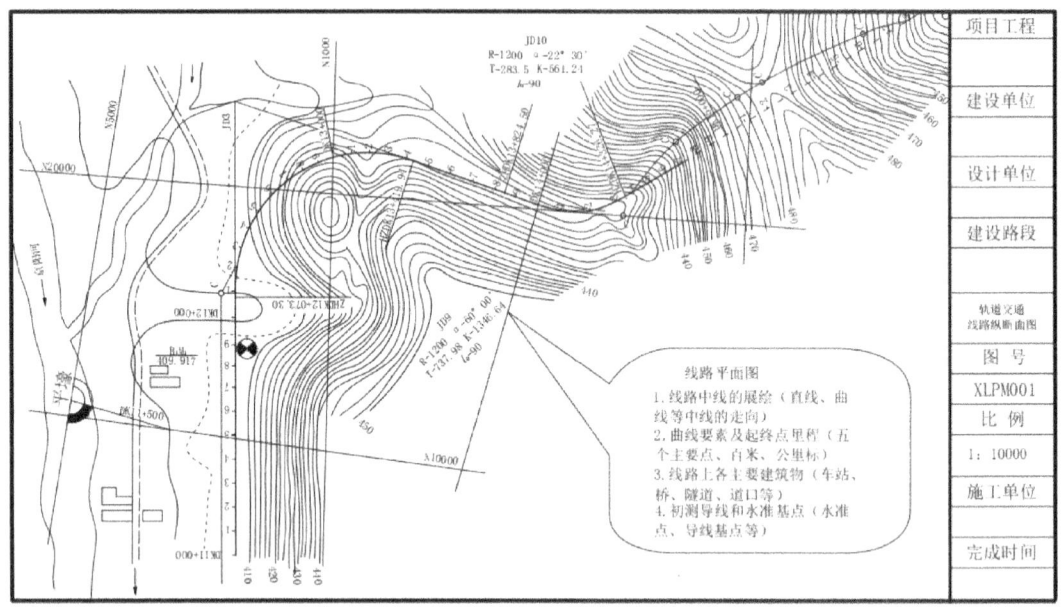

图 3-32　某铁路线路平面图

（1）比例、坐标和标高等。平面图中表示了比例、初测导线和水准基点的坐标、坐标网和高程等。

（2）地形、地貌、地物。平面图表达了地面起伏状态，有山头、山谷、山脊线、山谷线、河流、森林、农田、村庄、道路相关内容等。

（3）线路中线的走向。线路中心线（粗实线）由直线和曲线两大部分组成。主要表达了线路的基本走向和行经地区情况。

（4）曲线要素及相关里程。线路平面图详细表达了线路交点、转角和对应曲线的主要要素以及公里标、百米标等。公里标、百米标垂直于线路中心，全部数字和字头均朝向上或左。

（5）线路上各主要建筑物。表达了车站如图 3-33(a) 所示，桥梁如图 3-33(b) 所示，隧道如图 3-33(c) 所示等建筑物的位置、形式、长度以及对应的里程等。

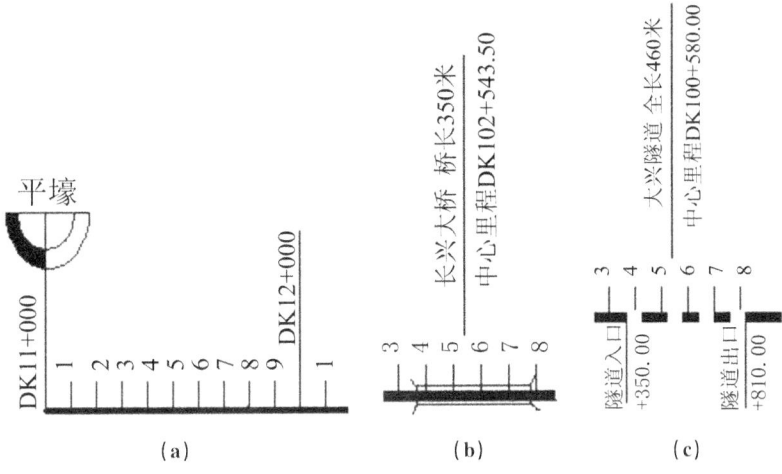

图 3-33 线路平面图中车站、桥梁、隧道表示方法

（二）纵断面图

线路纵断面图是沿线路中心线垂直剖切展直后的正面投影图，是表达线路中心上坡、平坡、下坡，地面起伏、桥、隧、涵、车站建筑物等纵向立面图，如图 3-34 所示。线路纵断面图表达的主要内容分三部分。

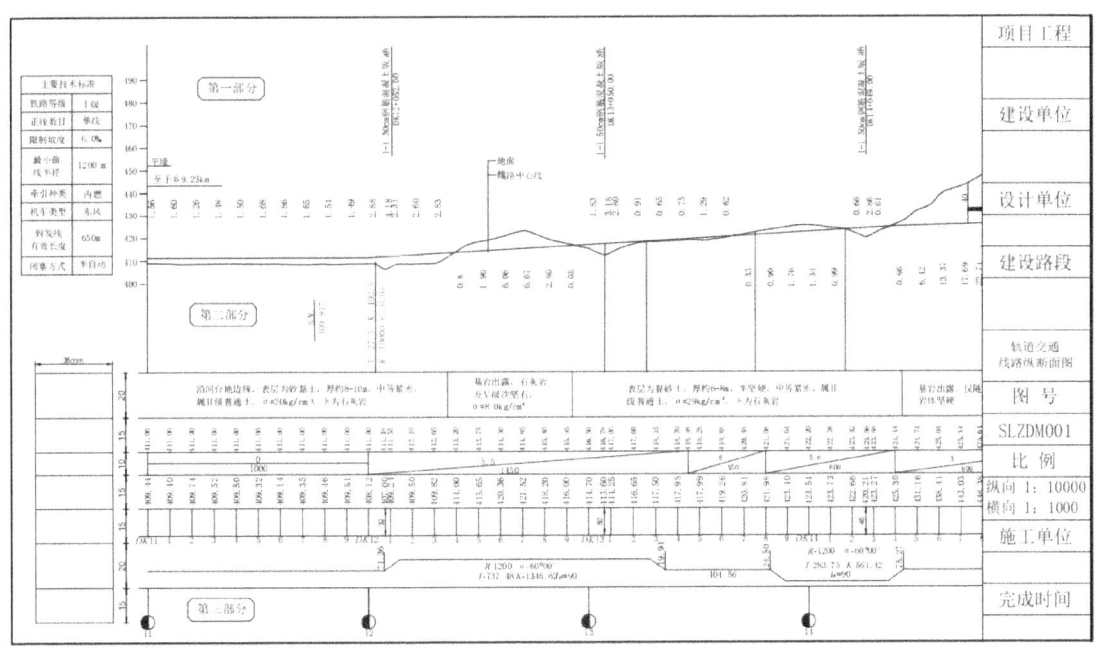

图 3-34 某铁路线纵断面图

第一部分，最上部分。主要表达车站如图 3-35(a)所示，桥梁如图 3-35(b)所示，隧道如图 3-35(c)所示，涵洞如图 3-35(d)所示等的中心里程以及长度等。

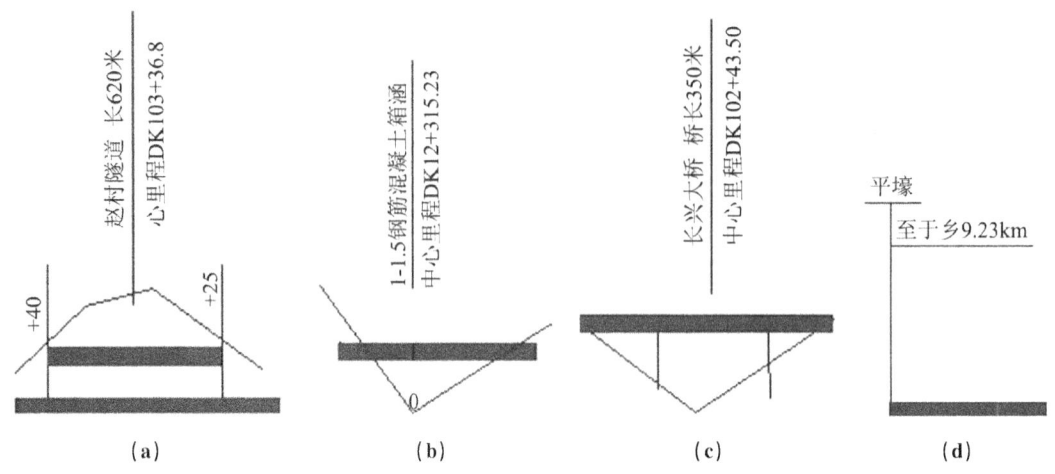

图 3-35　线路纵断面图中车站、桥梁、隧道表示方法

第二部分,中间部分。主要表达地面起伏(线实线)、线路中心线(粗实线)上坡、平坡、下坡、桥梁、隧道示意,填挖方的高度差以及设置竖曲线主要要素等。竖曲线主要要素如图3-36(a)所示。

第三部分,最下部分表格中的内容。依次为工程地质、路肩设计标高、设计坡度、地面标高、百米标、线路平面示意、连续里程等,如图3-36(b)所示。线路平面示意,如图3-36(c)所示,右转曲线向上凸,左转曲线向下凹。

第四部分,还有线路设计的主要技术指标等。

另外,需要说明的是:纵断面图分为纵向比例和竖向比例。纵向比例是指沿线路方向的比例,一般和平面图比例一致。竖向比例是指高程方向的比例,往往比纵向比例大10～20倍,以突出地面起伏形态。

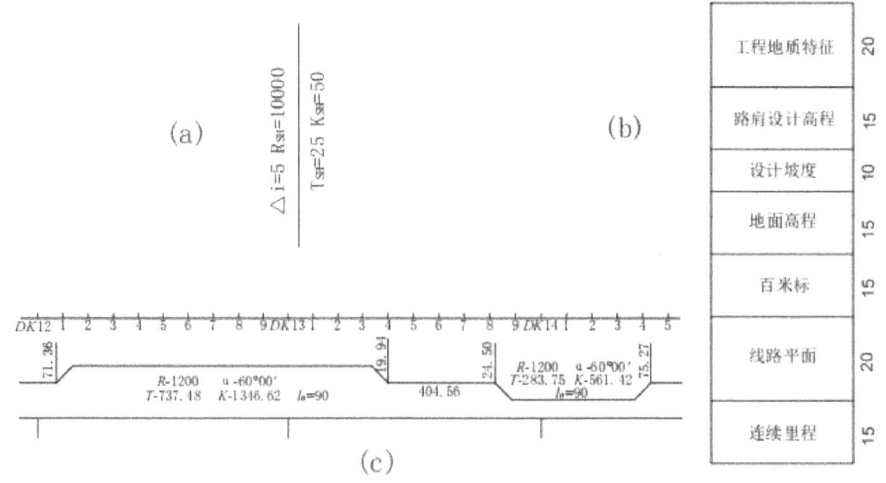

图 3-36　竖曲线、标题栏和线路平面

思考题

1. 线路平、纵断面设计满足的基本要求？
2. 直线设计的原则？
3. 线路平面的组成和设计步骤？
4. 两相邻曲线间的夹直线长度是从哪几方面考虑的？客货共线、设计速度为120km/h，两相邻曲线间的夹直线长度是多少？
5. 有缓和曲线的曲线主要要素、主要点有哪些，如何计算？
6. 最小曲线半径考虑哪几方面，客运专线速度200km/h，最小、最大、最适宜的曲线半径为多少？
7. 曲线超高设置方法，我国采用哪种方法？
8. 曲线半径选用的原则？
9. 我国客货共线铁路的实设超高允许值取多少？欠超高和过超高值是多少？
10. 我国缓和曲线采用的类型？当速度120km/h，曲线半径900m时，缓和曲线应取多少？
11. 限界分为哪些限界？车辆和建筑限界最宽的部分是多少？
13. 什么是限制坡度？我国高速客运专线最大坡度宜选择在什么范围？
14. 三级铁路、电力牵引、山区线路的限制坡度是多少？
15. 最小200m坡段采用的条件是什么？
16. 我国客货共线和高速客运专线设计的最大段坡长为多少？
17. 我国各级铁路设置竖曲线的条件是什么？
18. 最大坡度的折减包括哪些？
19. 写出曲线地段的最大坡度折减公式。
20. 简述桥涵路段的纵断面设计要求。
21. 简述隧道路段的线路纵断面要求。
22. 简述站坪坡度规范要求。

计算题

1. 已知某铁路曲线交点JD里程为DK6+243.5，转向角为25.6°，曲线半径为2000m，缓和曲线长为60m。求：
(1) 曲线的主要要素；(2) 主要点的里程。
2. 已知：客货共线二级铁路，电力牵引，限制坡度12‰，设计时速120km/h，近期货物列

车长度 650m，平面示意如下图。请设计线路的纵断面。

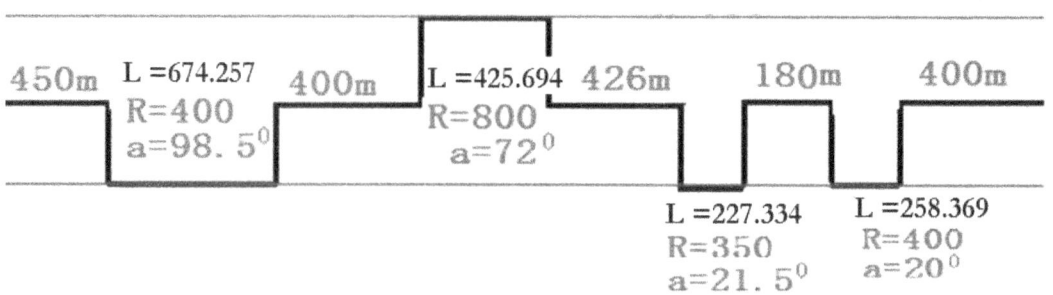

第四章　铁路定线

教学目标

知识目标
1. 熟悉选线的方法和步骤。
2. 掌握紧坡地段、缓坡地段定线方法。
3. 熟悉主要自然条件下定线要点。
4. 熟悉复杂地质条件定线及桥隧涵与道路交叉要点。

能力目标
1. 熟练运用选线方法和步骤。
2. 根据地形图可达到紧坡地段、缓坡地段定线的能力。
3. 合理确定线路通过主要自然条件、复杂条件线路位置，合理设置桥隧涵及道路交叉。

铁路定线是铁路设计人员，根据地面实际起伏状态，在地形图上选择线路基本走向，确定线路空间位置的一系列工作总称。其主要任务包括：线路走向多方案选择，选用线路主要技术标准，绕避行经地区的各种限制等，从而满足工程条件和运营条件以及政治、经济、国防、社会发展等方面的需要。铁路定线关系着：

（1）铁路线路两侧各种建筑物的分布。

（2）铁路上各种设施、设备的定位及选型。

（3）决定着工程、运营所耗费的资金、材料、劳动力及土地占用等。

为了做好铁路定线工作，必须尽可能多搜集资料，以减小工程勘测和实际调查的工作量。需要搜集的主要资料包括：

（1）各种比例尺的地形图，卫星图片、航拍图片以及以往的勘测资料。

（2）客货运量调查、统计、分析、预测等经济资料。

（3）相邻线路的主要技术标准、平面图、纵断面图等，以及客货运量设计、施工、运营等相关资料。

（4）线路行经地区的地质、水文、气候等自然条件方面的资料。

（5）线路行经地区的城镇、工矿、交通、水利建设分布和规划资料等。

第一节　铁路选线基本原则

一、影响铁路线路定线的自然条件

影响铁路定线的因素包括政治因素、经济因素、社会因素、自然因素等。而自然因素是影响铁路定线的主要因素。自然因素包括行经地区的地形、地质、水文、土壤、植物、气候以及建筑物、文物等。

（一）地形

地面起伏形态是决定线路走向，并在很大程度上影响铁路主要技术标准的重要因素。根据地面相对高差、地面倾斜度以及平整度等，可将地形分为平原地区、丘陵地区和山岭地区三类。

1. 平原地区

平原地区的特点，如图 4-1(a) 所示。

（1）地面平坦、无明显起伏。

（2）地面自然坡度在 3 度以内。

（3）河流顺直，地形开阔。

（4）纵断面坡度平缓或有起伏。

2. 丘陵地区

丘陵地区根据丘陵的严重程度，分为微丘地区和重丘地区。

（1）微丘地区的特点，如图 4-1(b) 所示。

① 地形起伏不大，地面自然坡度在 20 度以下。

② 相对高差在 100m 以下。

③ 对线路设计一般不影响。

（2）重丘地区的特点，如图 4-1(c) 所示。

① 连绵起伏，具有深谷、较高的分水岭，地面自然坡度在 20 度以上。

② 相对高差在 100m 以上。

③ 对线路纵断面设计影响较大。

3. 山岭地区

山岭地区的特点，如图 4-1(d) 所示。

（1）地形复杂，有山脊、陡峻山坡、悬崖、峡谷、深沟等，高原地区有侵蚀的深沟，分水岭明显且绵延较长等。

(2) 地面自然坡度多在20度上。

(a) 平原地区

(b) 微丘地区

(c) 重丘地区

(d) 山岭地区

图 4-1　平原地区、丘陵地区和山岭地区

(二) 气候

气候情况直接或间接影响着地表水的数量。当地表水丰富情况下，地下水位偏高，大气降水量和降水强度相对就大，地面泥泞期、冬季积雪和冰冻期就较长，在一定程度上限制或影响施工方法的使用和施工工期等。

(三) 水文

水文地质情况决定了排水结构物的数量和大小，水文地质情况决定了含水层的厚度和位置。当含水层厚、位置浅，一定程度上会增加地基、路基岩层坍塌的可能性。

(四) 地质构造

地质构造决定地基及路基岩层的稳定性。滑坍、崩塌和碎落地质，一定程度上增加施工难度和筑路材料质量标准的要求。

（五）土壤

土壤是路基的主要材料，土壤含砂量、含石量、黏性等直接影响路基的形状、尺寸以及路基结构形式。

（六）植物

植物覆盖影响暴雨径流、水土流失程度，并在一定程度上影响路基土壤的水理和热理状况。

综上所述，所有的自然情况相互联系、相互制约，并处于不断变化过程。因此，铁路选线设计时要细致调查、实地考察，充分考虑自然之间相互联系、相互制约的条件，预测自然条件变化对铁路线路的影响，确保设计出的铁路线路坚固稳定、运输畅通无阻。

二、铁路选线的一般原则

线路是铁路的骨架，它的优劣直接关系到铁路本身的功能和在路网中作用的发挥。选线要综合考虑政治、经济、社会和自然条件，合理处理好各因素方面的关系，做到所选线路技术可行、经济合理、环境适应、景观协调。

（1）多方案比选。在铁路设计的各个阶段，应运用各种先进手段对线路方案进行深入、细致地研究，在多方案论证、比选的基础上，选定最优线路方案。

（2）经济效益好、有利于施工养护。线路设计应在保证行车安全、平顺和舒适的前提下，做到工程量最小、造价最低、运营费最省、经济效益最好，并有利于施工和养护工作。在工程量增加不大时，应尽量采用较高的技术指标，也不应不顾工程大小，片面追求高指标。

（3）少占良田或经济林。选线时注意同农田基本建设相配合，做到少占良田，尽量不占高产田、经济作物田或穿过经济林等。

（4）保护生态、环境适应、景观协调。线路通过名胜、风景、古迹地区时，应注意自然状态、人工构造物应与周围环境、景观协调，处理好历史文物遗址，保护好生态。

（5）减小不良地质地带的穿越。选线时应对工程地质和水文地质进行深入勘察，弄清它们对铁路工程的影响，对严重不良的地质路段，如：滑坡、崩塌、泥石流、岩溶、泥沼、沙漠、常年冻土等地带要慎重对待，尽量绕避或选择合适的位置经过，缩小穿越的范围，采取必要的工程措施等。

（6）保护环境。选线时应重视环境保护，注意不要因铁路修建、运营所产生的环境影响和污染。

铁路选线时，不同等级的铁路会有不同侧重。高速客运专线铁路重点应该在起点、终点、中间控制点、快速直达等问题上，选线时应注意。

（1）不要偏离主方向过远，尽可能多连接一些城镇。高速客运专线铁路选线时，尽量不要偏离主方向过远,尽可能多连接一些城镇,为地方经济服务。

(2) 避免高填、深挖和长路堑等路基工程。尽可能地避免高填、深挖和长路堑等路基工程,减少工程量,降低工程造价等。

(3) 绕避洪水、河流冲刷、雨量和强度大,历时长的地区。对受洪水影响大或河流冲刷严重的地段或降雨量大、强度高、历时长的区域,客运专线线路应予以绕避。无法绕避时,应采用高架桥通过或选用其他适宜的工程处理措施通过。

三、选线的方法和步骤

铁路选线包括外业勘测和内业定线两大工作,这两大工作相互补充、相互影响。外业勘测是内业定线的主要依据,内业定线又指导下一阶段的外业勘测。为了做好选线工作,必须综合考虑多方面的因素逐步接近,分阶段进行,做到精设计、多方案比选。从内容上讲,从粗到细、从整体到局部。从工作内容上讲,从带到线、逐步接近,直到确定线路的具体位置。铁路选线设计需要按走向选择、带状选线和详细定线三步骤进行。

(一) 走向选择

走向选择,主要是解决起止点以及主要经济据点的问题。此项工作通常选在小比例尺地形图上,较大面积范围内找出各种可能,收集各种可能方案的有关资料,进行初评、比较,确定有价值的方案。然后,进行现场勘察,再进行比较、分析,确定最佳方案。当地形复杂或范围比较大时,现场勘察可以通过航拍遥感技术进行。

(二) 带状选线

在线路方向基本确定的基础上,按地形、地质、水文等按自然条件选定局部控制点,连接这些控制点,即形成线路带,在线路带范围内定线称带状选线,也称窄带定线。带状选线主要工作是通过技术经济比选,确定细部控制点的取舍。

(三) 详细定线

经过前两步工作,线路已显雏形。详细定线是根据线路的主要技术标准,结合有关地形、地质以及相关条件,在有利的定线带内进行平面、纵断面、横断面综合设计,定出线路中心具体位置的工作。

第二节 走向选择

选定铁路线路的基本走向是铁路线路设计中最根本的问题。线路走向是否合理,不仅关系着铁路本身工程投资和运输效率的发挥,而且影响着设计线路在铁路网中作用的发挥,即是否满足国家政治、经济、国防等需要和长远利益。

走向选择的原则是:尽量通过资源丰富、工业发达、客货流大的地方或城镇。这些必须经过的地方或城镇,称之为"经济据点"或"交通中心点"。把这些"据点"连接成折线,就是我们可供选择的线路走向。

由于城镇位置、资源分布、工业布局不同,所以在带状选线时还要对这些"据点"进行取舍。由于这些"据点"间的自然条件不同,两"据点"间的线路走向也不尽相同。

如图 4-2 所示。假设 A、B、C 三点属主要经济据点,线路必须经过点,若将三点连接起来,即为航空线。若按航空线路设计,则线路最短,但经过了不良地质地段,多次往返河流两岸,还要翻越山岭(或长隧道通过),而且工程量大、投资费用高,线路质量差、隐患大。为了降低工程造价,节约运营成本和消除隐患,可根据自然条件选择有利地点通过。如 AB 间,南线方案 AGEB 和北线方案 ADFB,这两种方案均增加了两个交点,展长了线路,合理绕过了不良地质地段,但相比较而言,南线方案展线较长,且两次通过河流,需要修建两座大桥,所以北线方案优于南线方案;再如 BC 间,南线方案 BHC 和北线方案 BIC,选择了 H 和 I 垭口通过,虽然展长了线路,但减缓了线路坡度、缩短了隧道的长度等,至于哪一方案最优,还需要进行详细的技术经济比较确定。这些 G、E、D、F、H、I 点均称为控制点,AGEB、ADFB 和 BHC、BIC 折线均称为航空折线。

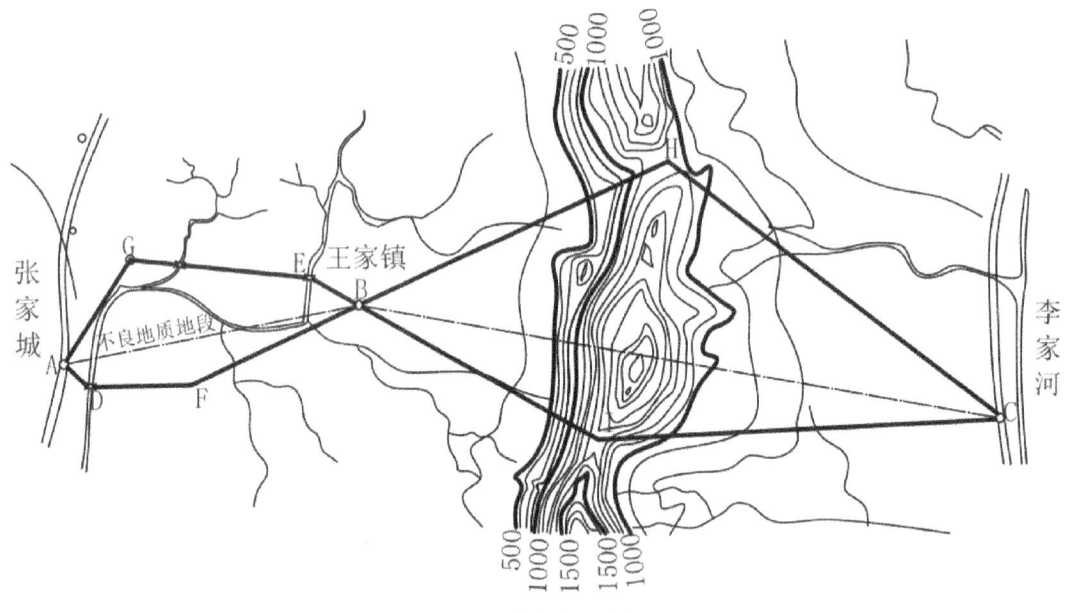

图 4-2 线路走向选择

一、影响线路走向的主要因素

影响线路走向的因素很多,主要有:

1. 设计线路的意义与所经地区经济建设的配合

从国家战略、社会需要、经济发展角度考虑,主干铁路线路应力求顺直、减少运距和时间。服务于地方铁路线路尽量靠近城镇、工矿区,以满足当地客货运输需要。

走向的选择还应与路网规划和所经地区建设规划相配合。大城市还要合理选择接轨站和接轨方向,合理选择车站位置,配合当地经济建设,减少折角运输。要考虑当地其他交通体系的合理衔接。要满足国家政治、经济以及国防要求。如:郑州市规划了郑东新区和郑州航空港经济综合实验区建设规划,铁路部门就选择了郑州东站和郑州南站。

2. 设计线路的经济效益和运量要求

选择线路走向应尽可能经过更多工矿和经济中心城市,为当地方经济建设服务。进一步加快国家经济的发展,扩大运量、增加收入,提高铁路的经济效益。

3. 自然条件

地形、地质、水文、气候等自然条件决定线路的工程难易程度和运营质量,直接影响线路的基础走向。对严重不良地区、缺水地区、高烈度地区以及高大山岭、困难峡谷等自然障碍,选线时考虑绕避。必须经过时,通过论证,选择影响最小地段或采取必要措施。

4. 主要技术标准和施工条件

主要技术标准在一定程度上影响线路走向。如:同样的运输任务,采用大功率机车,则可以采用最大坡度,使线中接近短直方向。

施工期限、施工技术对困难山区的铁路走向选择具有重大影响。如由于工期和技术条件限制,修建成昆铁路线时,就放弃了经济指标较好的长隧道方案。

所以,线路设计时,应全面考虑各种因素,考虑各种因素相互影响,多方案比较,优中选优,才能得到较理想的线路走向。

二、线路走向选择的要点

线路走向的选择,主要是选定各级重要控制点,即"经济据点"。由于线路从一个经济据点到下一个经济据点,往往需要跨越山脉、江河等自然障碍,因此,不同地形、地质、江河跨越点,不同经济需要、城镇、工矿和站点、桥址的选择等都将会影响线路的走向。

(一)经济定线的影响

线路的走向是一条连接重要政治中心、经济中心的折线。所以,在铁路选线前,要对设计线路所服务的区域内的政治、经济、资源分布及工矿企业分布进行调查,从技术经济角度出发,概略确定线路的走向以及车站的分布等,即为经济定线。

从技术经济角度确定线路的走向,设计线路的运输性质对线路走向的确定有着重要影响。设计线路的运输性质是指直达运输、地方运输和客货运比重等。

直达运输为主。则线路力求短直,对一些小型经济可能不再绕行经过,以减少运输费用和运输时间。

地方运输为主的铁路,则力求满足地方需要。对于客运量大的铁路线,重点要放在满足客运需要和提高行车速度方面。对货运量大的铁路,尽量通过货运生产基地,对于货运很大的铁路线,应选择运营指标高、运输成本低的短、平、直的线路方案。

例如,襄渝铁路(襄阳—重庆),东起湖北襄阳,西至重庆,如图4-3所示。1968年4月修建,1979年12月建成,全长837km。当时考虑在陕西境内规划新建一个1.5Mt规模的钢铁厂,矿石由柞水供应;在四川达县规划建设一个2.5Mt的炼油厂,原油从焦支线、襄渝线运输进厂;在湖北境内沿线规划有建材、机械制造、化工、军工等工业。所以,铁路规划设计运量:近期12Mt,远期17Mt。但是,5年后最大运量4.5Mt,仅为近期设计运量的38%。其原因是,原来规划的工厂和工业布点没有兑现或规划能力没有充分发挥。

从这一实例可以看出,经济对线路的走向有着重要影响,往往运量大、经济效益好的方案更容易被采用。当预测运量偏大,设计线路标准偏高,结果是运量不足、设备闲置、经济效益差,不能充分发挥铁路线路的运输能力;反之,当预测运量偏小,设计线路标准偏低,结果是运量过剩、设备不足,不能满足社会运输需要。所以,经济预测、线路标准确定一定要真实、可靠,符合国民经济和社会发展的需要。

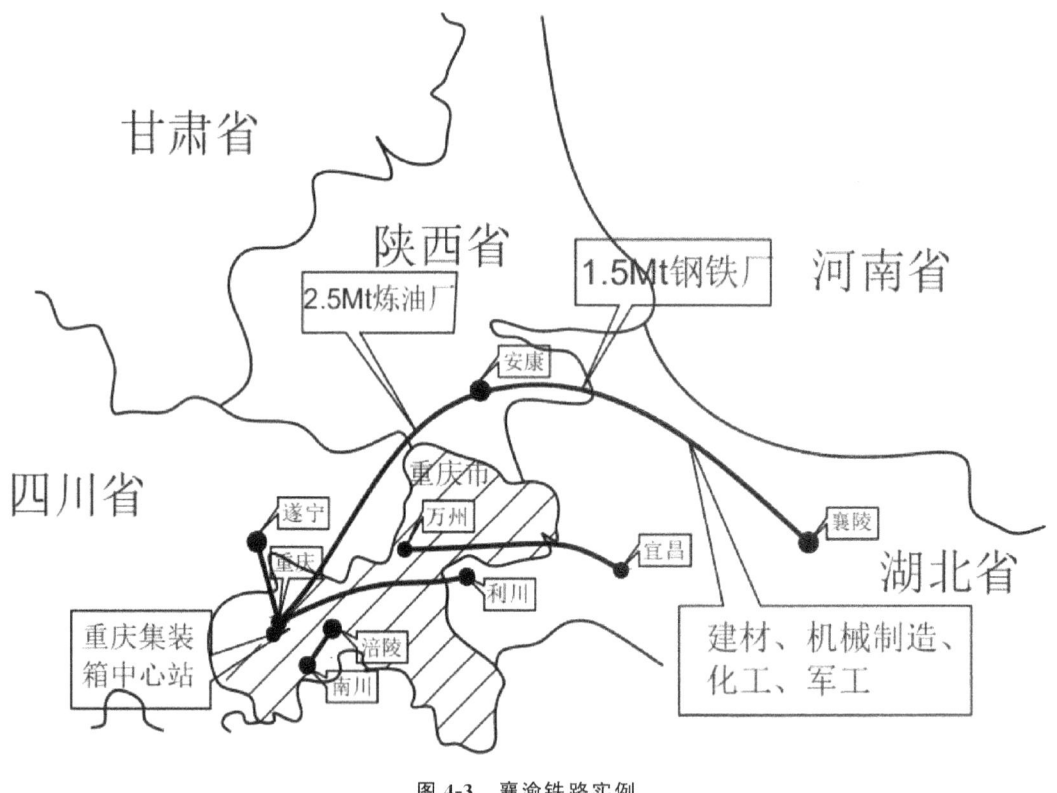

图 4-3 襄渝铁路实例

(二)通过重要城镇定线

铁路定线不仅是铁路本身的问题,还是地区国民经济发展的主要组成部分,它既联结国家的政治、经济、国防和文化中心,还连接着城乡、港口和工矿企业。因此,一条铁路干线,一般都应尽可能通过较大城镇。

例如,成昆铁路,起于成都止于昆明,全长 1096km,为国防三线建设重点工程,1958 年 7 月动工,1970 年 7 月 1 日运营。

成昆铁路线穿越地质大断裂带,设计难度之大和工程之艰巨,前所未有。沿线山势陡峭,奇峰耸立,深涧密布,沟壑纵横,地形和地质极为复杂,素有"地质博物馆"之称。它的修筑,为人类在复杂山区建设高标准铁路创造了成功范例,堪称世界筑路史上的奇迹。成昆铁路、美国阿波罗计划带回的月球岩石、苏联第一颗人造地球卫星,被联合国称为"象征二十世纪人类征服自然的三大奇迹"。

当时设计人员经过方案研究和外业勘察,提出东线、中线和西线三大方案,如图 4-4 所示。

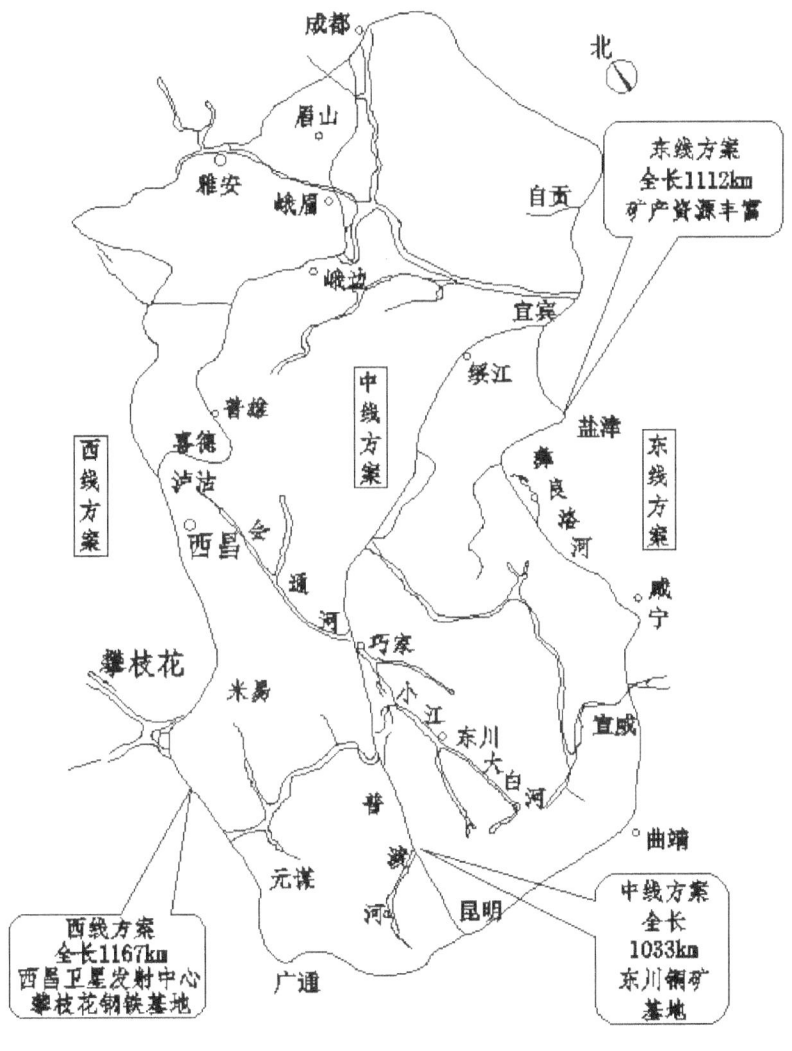

图 4-4 成昆铁路实例

东线方案:在成渝线内江站接轨,经自贡、宜宾、盐津、彝良、威宁,越乌蒙山,经宣威、曲靖到达昆明,全长1112km。

中线方案:自内江站接轨,经自贡、宜宾、绥江、巧家,沿普渡河、东川至昆明,全长1033km。

西线方案:在成都接轨,经眉山、峨眉、峨边、普雄,穿越小凉山,经喜德、泸沽、西昌、薄坝、米易、攀枝花、元谋、广通至昆明,全长1167km。

宜宾、盐津、曲靖决定了东线方案,矿产资源丰富;绥江、东川,特别是东川铜矿生产基地决定了中线方案;乐山、峨眉、西昌、攀枝花等国防据点决定了西线方案。为了适应国家对峨眉、西昌(卫星发射基地)和攀枝花(钢铁生产基地)建设与发展的需要,成昆铁路最终选择了线路最长的西线方案。

再如,京沪高铁,我国"四纵(京沪、京广深港、京哈、杭福深专线)四横(沪昆、沪汉蓉、徐兰专线、青太专线)"中"一纵",是中国成立以来里程长、投资大、标准最高的高速铁路。2008年4月18日开工,2011年6月30日通车,全长1318km,纵贯北京、天津、上海三大直辖市,如图4-5所示。

图4-5 京沪高速铁路实例

京沪高速铁路,徐州至南京段取直方案。本方案,可缩短线路长度23.8km,节省投资9

亿。但是,蚌埠现有到发旅客 800 多万人/年,预计年运量 1800 万人/年。最后,线路走向选择了经过蚌埠城市。如图 4-6(a)所示。

京沪高速铁路,临邑方案和德州方案比较,临邑方案线路短直、平面条件好,跨越既有公路或铁路少,施工难度小,能节省投资 14 亿。德州方案线路长度增加了 20.89 公里,跨越既有公路或铁路多,施工难度大,增加投资 14 亿。德州方案距津浦(天津——浦口)铁路近,德州目前客流量达 48 万人/年,预测到 2020 年达 510 万人/年,对吸引客流和德州经济发展有利。所以,最后选择了德州方案。如图 4-6(b)所示。

京沪高速铁路,行经镇江既有车站方案。本方案,虽然增加线路长度 12km,增加投资 2 亿。但是,镇江年运输量 2000 万人/年。所以选择了行经镇江既有车站。如图 4-6(c)所示。

(三) 通过工矿企业点的定线

设计线吸引范围内,如有大的工矿企业时,如何合理地联结各个工矿企业据点,使其与铁路线路走向相结合,也是铁路选线定线的重要影响因素。

例如,京沪高速,徐州至固镇间宿州取舍方案。宿州是一座煤城,煤炭运量比较大,当地政府也一再要求,希望京沪高速铁路能绕经宿州,经过宿州需要增加线路 12km。但是,高速铁路以客运为主,宿州货运量大,客流量不大,客流增长和发展的空间较小,故舍掉行经宿州方案,取直行经固镇县。如图 4-7 所示。

(四) 交通走廊选择

经济发达地区的城市,城市建设已具规模,各种人工建筑密集,交通设施纵横交错,线路走向应与城市规划相配合,尽可能沿交通走廊布线,以便与其他交通设施共用空间,减少拆迁和征地。经济发达地区的城市与中心城市之间,通常已形成或规划了多个交通走廊,交通走廊的选择应与车站分布、控制点引线、路网连接等因素相配合。

例如,沪杭城际铁路选线中,虹桥车站选定。在上海至杭州间已形成和规划的交通走廊有申——苏——浙——皖高速公路、申——嘉——湖——杭高速公路、沪——杭高速公路、杭——浦高速公路、320 国道以及既有沪——杭铁路线等。若引入上海南站,则沿沪杭高速公路与既有沪杭铁路通道是最顺直的走向。但是,当上海综合交通枢纽设于上海虹桥机场后,虹桥机场便成为城际铁路的必经点。如图 4-8 所示。

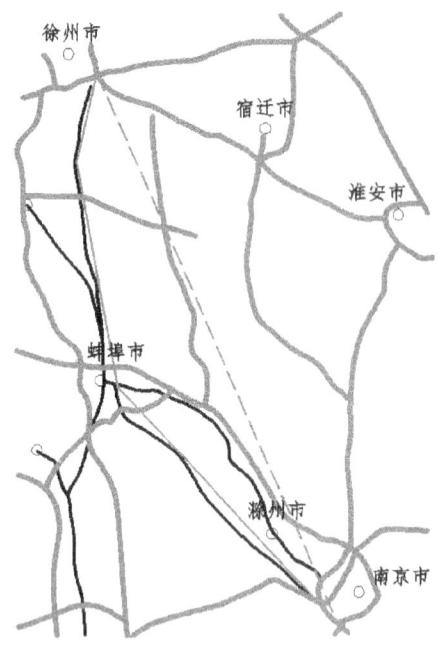

(a)徐州至南京段取直方向

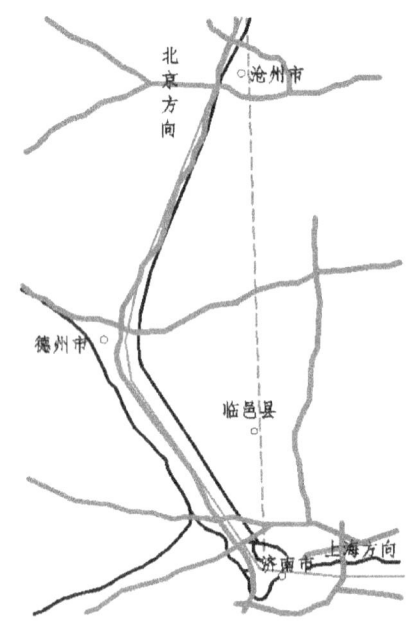

(b)临邑方案和德州方案比较

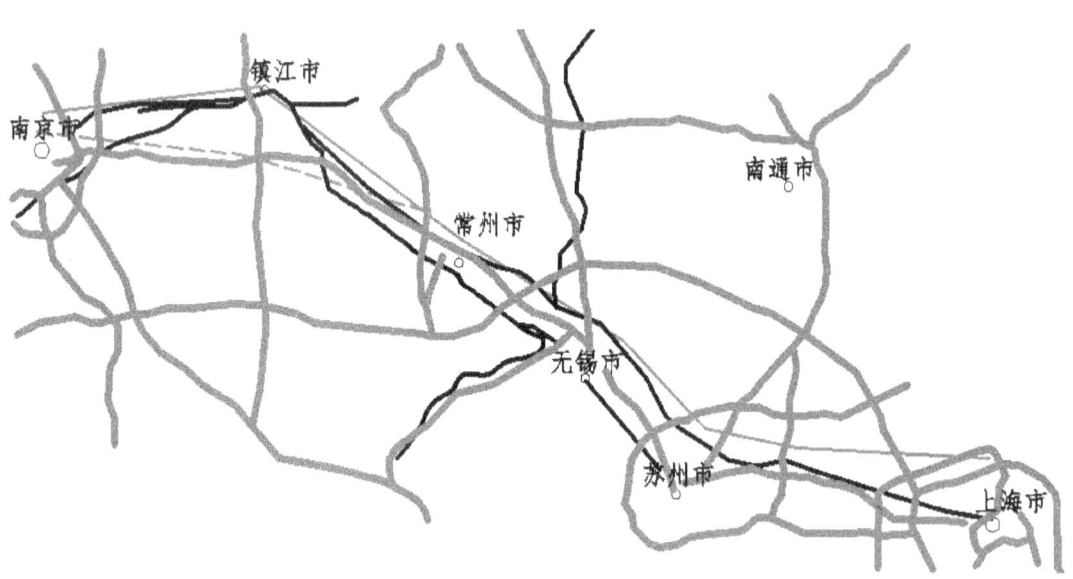

(c)行经镇江既有车站方案

图 4-6 京沪高速铁路重要城镇定线实例

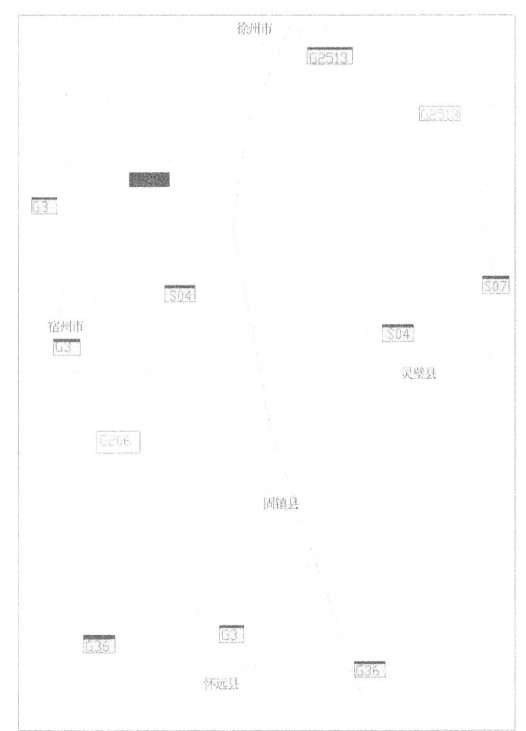
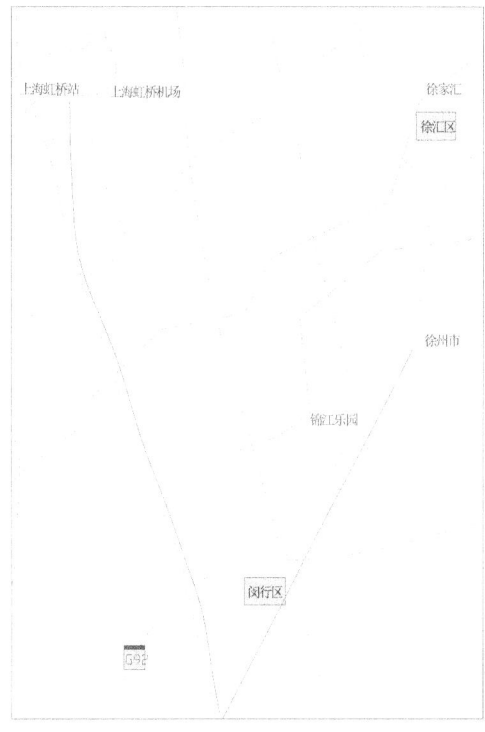

图 4-7　京沪高铁行经宿州方案取舍　　　　图 4-8　交通走廊上海虹桥车站选定

(五) 中间站站址的影响

铁路线路设计起终点和重要据点之间分布着大量的中间站,中间站的站址选择是影响线路走向的重要因素。

例如,成昆铁路自成都车站起与成渝铁路分线后,经城东工业区,原可直下青龙场,但为了设置成都南站而绕至城南,虽然线路展长了一些,但有利于工业建设和客货运输。如图 4-9(a)所示。

再如,成昆铁路昆明站,原线路自羊方凹起顺山边经城北直达碧鸡关,为避免妨碍市区与工业区之间的联系和发展,改走城南,经滇池与市区之间通过,解决了通过滇池软土路基的问题,也满足了城市规划和工业布局的要求。如图 4-9(b)所示。

高速铁路中间站分布广,客流大,是高速铁路为地方服务,服务地方经济的重要窗口,其沿线的经济据点(控制点),对线路的走向影响十分明显。

例如,京沪高速铁路徐州至上海间的镇江站。原来有两个方案,一是经过镇江南站,可以充分发挥既有铁路线路和既有车站的作用,但离市区较远,镇江需要配套与车站相适应的基础,增加城市建设投资。结合镇江发展规划,最后选择第二方案镇江高铁站,镇江高铁站离市比较近,旅客乘车方便,城市配套设施完善。如图 4-9(c)所示。

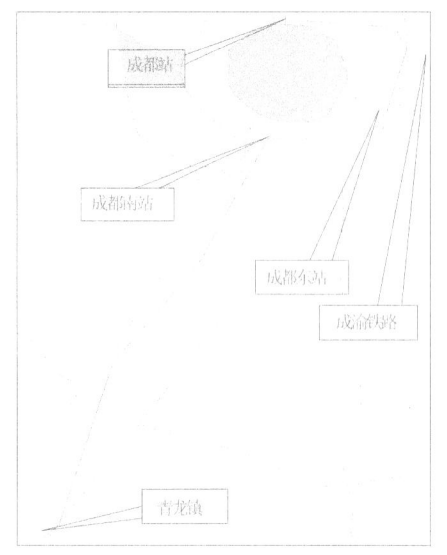 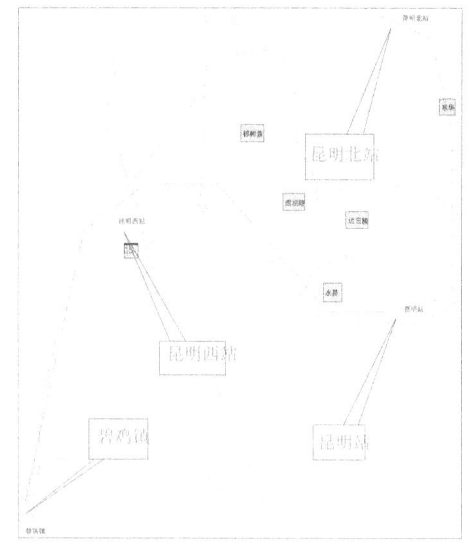

（a）成昆铁路自成都车站　　　　　　（b）成昆铁路昆明站

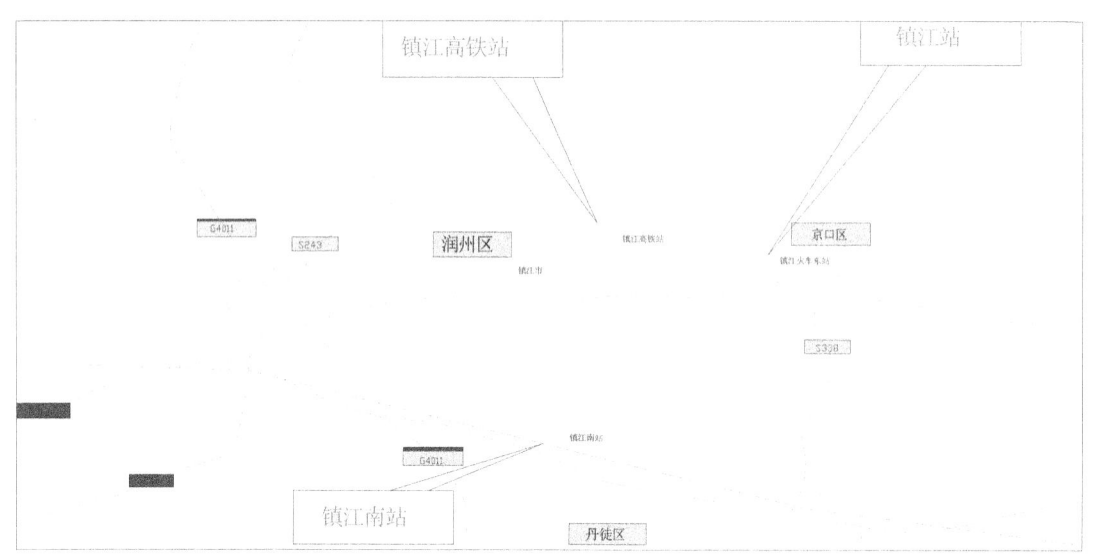

（c）京沪高铁镇江站

图 4-9　中间站站址的影响

（六）长大复杂桥址选定

长大复杂桥址选择原则是：

(1) 河流顺直、河床稳定。
(2) 河道冲刷、淤泥沉积少。
(3) 浅滩不多，地质较好，并力求垂直河道。
(4) 大桥控制线路走向，小桥服从线路走向。

例如，京沪高铁引入济南枢纽的方案主要受黄河桥位和高速站位的控制。综合分析，有利的桥位方案有两处，一处是曹家圈黄河大桥和沃口桥之间的王家庄新建黄河大桥配套新建设高铁站(本线方案)。再一处是沃口桥上游 80m 处建黄河桥引入济南站方案(东线方案)。

如图 4-10 所示。东线方案线路较长，工程投资大，施工对运营的干扰严重，尽管旅客换乘方便，但优势不明显。西线方案除旅客换乘不方便外，其他各方面均有优势，且西线方案与城市规划结合较好，经过徐州附近的张庄机场，因此，推荐采用西线方案。

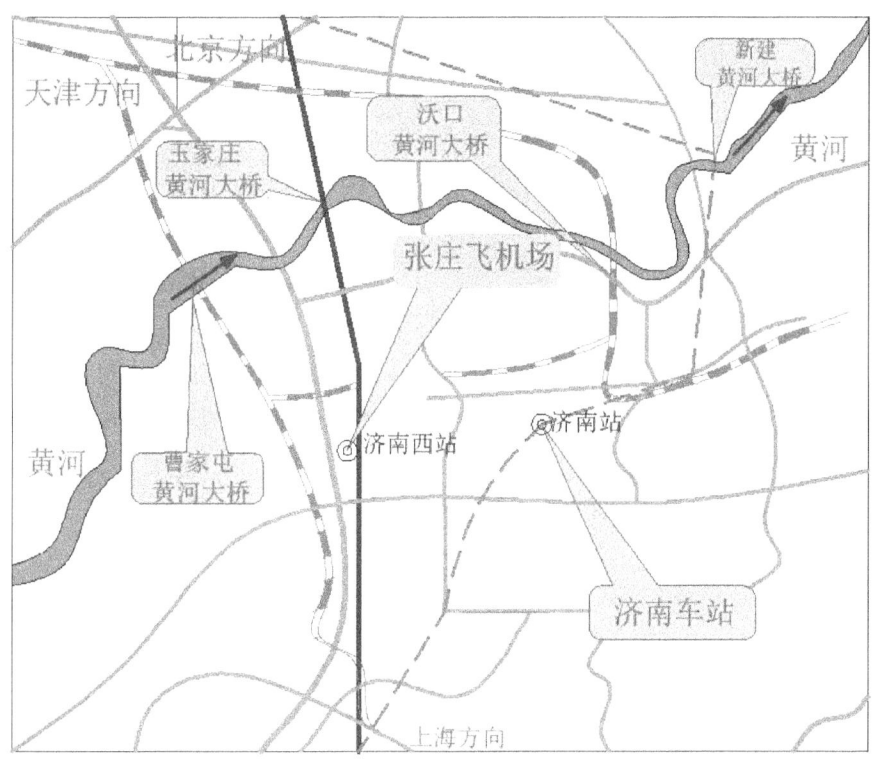

图 4-10　长大复杂桥址选线

（七）沿河越岭线位选定

山区铁路一般都是从一条河的流域跨过分水岭进入另一条河的流域。因此，越岭选线与河谷选择是山区选线的两个重要组成部分。在线路基本走向的主要据点之间，不同的越岭线位，往往导致线路局部走向不同，选线时，应对所有可能通过的垭口、河谷进行同精度比较的基础上，确定重要据点间的线路局部走向。

(八)地质条件的影响

图 4-11 严重不良地质实例

线路方向的选定与沿线地质条件的关系密切。我国地域辽阔,地质条件复杂,当遇到有危害线路的严重不良地质地段,如滑坡、岩堆、崩塌、泥石流等,如图 4-11 所示。一般应尽量绕避,若无法绕避或穿越比绕避更合理时,则应采用彻底根治、不留后患的可靠措施。但处理地质病害,必然会造成工程造价的大幅增加。

第三节　定线的基本方法

地形条件对线路位置影响很大,特别是地面平均坡度的不同,定线方法也有区别。

(1) 缓坡地段。当设计采用的最大坡度大于地面平均自然坡度(即 $i_{max} > i_{dm}$)时,称为缓坡地段。缓坡地段的特点是:地面坡度相对平缓,线路走向基本不受高程的限制,主要矛盾是平面障碍的绕避方面,线路设计一般按短直方向定线。

(2) 紧坡地段。当设计采用的最大坡度小于或等于地面平均自然坡度(即 $i_{max} \leq i_{dm}$)时,称为紧坡地段。紧坡地段的特点是:地面坡度相对较陡,线路走向的主要矛盾是受高程的限制必须进行线路展线,以达到预定的高程。

一、紧坡地段定线

（一）紧坡地段定线要点

1. 用足最大坡度适当留有余地

当线路遇到巨大高程障碍时（如分水岭），若按短直方向定线，则达不到预定高度，或出现较长的隧道。为了使线路能达到预定高程，争取使线路不至额外展长，常常需要在适当留有余地的基础上用足最大坡度，结合地形情况将线路适当展长，此过程称之为展线。

2. 一般不采用反向坡必要时采用架桥或隧道

展线地段若无特殊原因，一般不采用反向坡度，以免增加为克服高度引起的线路不必要的展长，同时增加线路运营支出。必要时，可采用架桥或隧道通过。

3. 尽量从困难地段向平易地段引线

因为垭口附近地形困难，展线不易，一般情况下从预定越岭隧道洞口处开始，向山下平易地段引线较为合适。当受到山脚控制点（如高桥）控制时，也可以由山脚向垭口方向定线。

（二）展线的基本方式

为了克服巨大高程差需要迂回展线时，应根据需要展长线路的长度，结合地形和地质条件，用直线和曲线组合成各种形式将线路展长。展线的方式有套线法、灯泡线法和螺旋线法三种。

1. 套线法

当沿河谷定线时，遇到主河谷自然度大于最大坡度，而侧谷又比较开阔时，常常在侧谷内采用套线法进行展线，如图 4-12 所示。套线法的特征：

（1）主河谷自然度大于最大坡度。
（2）侧谷比较开阔。
（3）由三个曲线组成，每一曲线的偏角均不大于 180°。

2. 灯泡线法

在谷口比较狭窄的侧谷内，仍采用套线法展线，往往需要在谷口修建隧道或深路堑，从而增加工程量。为了更好地适应狭窄谷口地形，可以采用灯泡线法展线方式进行展线，如图 4-13 所示。灯泡线法的特征：

（1）主河谷自然度大于最大坡度。
（2）谷口比较狭窄，谷内较为开阔。
（3）由三个或三个以上曲线组成，最大曲线偏角大于 180°，但小于 360°。

3. 螺旋线法

在地形特别困难的条件下，线路可以迂回 360°呈环状，称为螺旋线法。在上下线交叉处，可以用跨线桥或隧道通过（桥梁螺旋线和隧道螺旋线）。如图 4-14 所示。螺旋线法的特征：

(1) 主河谷自然度大于最大坡度。
(2) 侧谷地形特别困难。
(3) 由多个曲线组成,线路迂回呈360°环状。
(4) 需要跨线桥或隧道穿越。

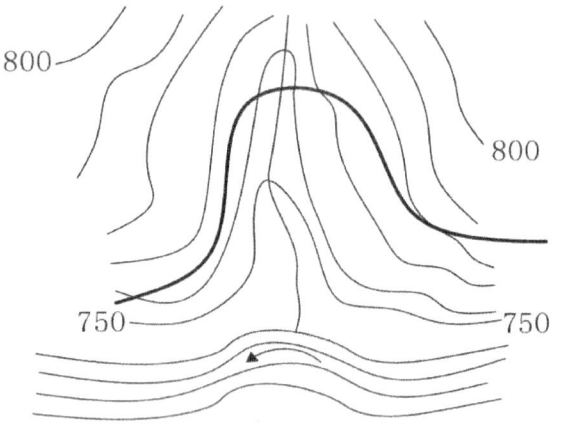

图 4-12　套线法展线方式

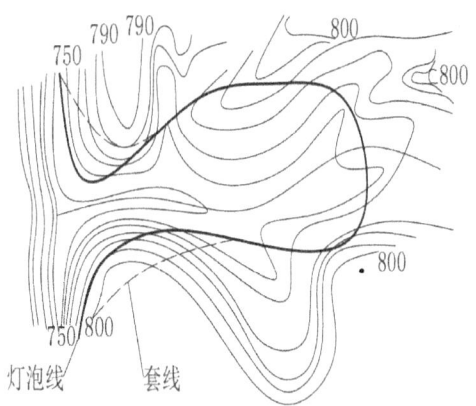

图 4-13　灯泡线法展线方式

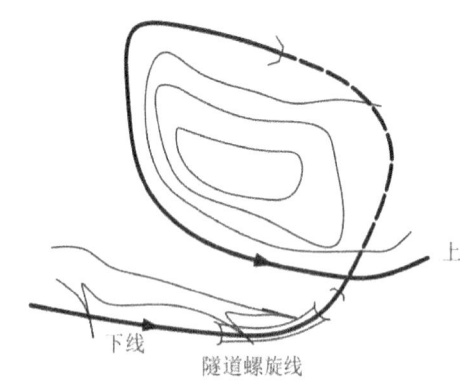

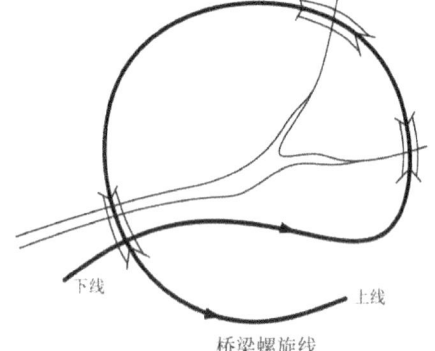

图 4-14　螺旋线法展线方式

（三）定线的基本步骤

在紧坡地段定线,确定线路的概略位置与局部走向,可用导向线法。导向线法就是既用足最大坡度,又在导向线与等高线交点处寻求填挖为零的一条折线。

导向线法是利用脚规在小比例尺图上,按以下步骤确定出来。

1. 计算导线长

根据地形图上相邻两等高线的高程差 Δh（等高距）、地形图的比例 K 以及定线坡度 i_d 等,计算出线路上升（下降）需要的引线距离 Δl,即导线长,也称定线步距。

$$\Delta l = \frac{\Delta h}{i_d} \Big/ K \quad (\text{mm}) \qquad (4-1)$$

式中 Δh ——地形图上相邻两等高线的高程差即等高距(mm)。

K ——地形图的比例。

Δl ——导线长,或定线步距(mm)。

i_d ——为定线坡度(‰)。定线坡度为曲线和隧道坡度折减后的平均值,视地形、地质困难程度可取 $0.95 i_{max} \sim 0.85 i_{max}$。

2. 确定导向线的起点

参照纵断面图,在地形图上选择比较合适的车站位置,从紧坡地段的车站中心向展线的前进方向量绘出大于半个站坪长度的直线段(最好与等高线重合或平行,直线段尽头与等高线相交),作为导向线的起点(或预定的其他控制点)。

3. 量绘导向线

圆规两脚开度 Δl,一脚放在导向线起点的等高线上,另一脚放在相邻的另一条等高线上,截取导线长(定线步距),第一段导向线产生。再以第一段导向线末端为起点,依次重复前进至终点,如图 4-15(a)所示。终点可以是控制点,也可能是缓坡地段或车站。终点若为车站,要考虑大于半个站坪长度的直线段。

导向线是一条折线,仅表示线路的概略走向,为了定出线路平面位置,还须以导向线为基础,在符合线路规范和有关规定的前提下,圆滑、顺直地绘出线路平面图。

4. 顺直线路

列车不可能沿着曲折的导向线运行,所以必须顺直线路。顺直线路就是将接近一条直线的多个导向线归并为一条直线,形成较少的几条长直线折线,如图 4-15(b)所示。长直线相交处即为交点(JD),每一个交点将要对应一条曲线。

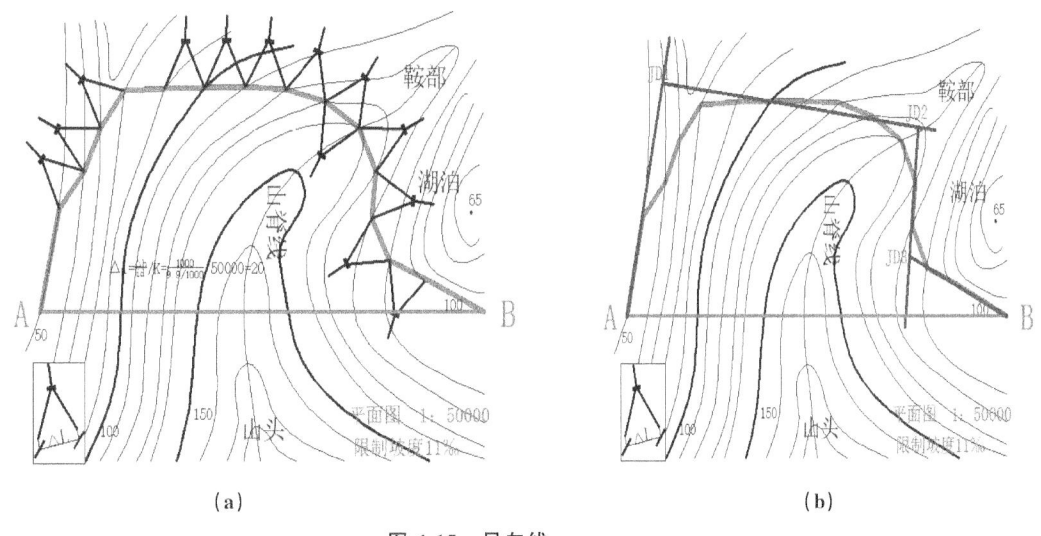

图 4-15 导向线

5. 量测转向角 α,选配曲线半径 R 和缓和曲线长 l_0

利用直角三角形,tan(正切)反函数计算出转向角的大小。根据曲线半径和缓和曲线长度选配原则,选择曲线半径和缓和曲线长度。

6. 计算曲线要素

根据曲线要素公式,分别计算出切线长 T(3-10)、曲线长 L(3-11)、外矢距 E(3-12)、切曲差 q(3-13)等曲线要素。

7. 量取交点里程,计算曲线上主要点里程

第一个交点的里程 JD_1 直接量取,乘以地图的比例可得。第一个曲线上的主要点里程 ZH_1、HY_1、QZ_1、YH_1、HZ_1,分别用,式 3-14~3-19 计算。

第二个交点的里程 JD_2 为:第一个交点的里程 JD_1 加上第一和第二个交点之间的距离 D_{12},再减去第一个曲线的切曲差 q_1。即:

$$JD_2 = JD_1 + D_{12} - q_1 \qquad (4-2)$$

8. 平面图相关要素的标注

加粗线路中心线、公里标、百米标标注,桥、隧、车站、道口等标注等。

绘制导线时,应注意以下三点:

(1) 导向线应绕避不良地质地段,并使导向线趋向前方的控制点或车站。

(2) 当圆规两脚开度(定线步距)小于等高线平距时,表示定线坡度大于地面自然坡度,线路不受高程控制,即可根据线路短直方向引线。遇到等高线平距小于定线步距时,再断续绘制下一地段的导向线。

(3) 线路跨越沟谷,需要设置桥或涵时,导向线不必降至沟底,可直接引线至对岸;如线路穿过山咀,要开挖隧道时,导向线不必升至山脊,可直接引线路过山咀。

二、缓坡地段定线

在缓坡地段定线,因地形平缓,不受地面高程限制,所以在定线时以航空线为主导方向,既要力争线路顺直,又要节省工程投资。所以,在定线时应注意以下几点:

(1) 绕避障碍时,应尽早绕避,减小偏角。如图 4-16 所示,两个绕避障碍物方案。方案一,线路长度短、偏角小、曲线数目少;方案二,线路长度长、偏角大、曲线数目多。所以,绕避障碍时,应尽早绕避,应尽早从一个障碍引向另一个障碍,不仅可以减少线路长度、减少总偏角,还可以减少线路上曲线的数目。

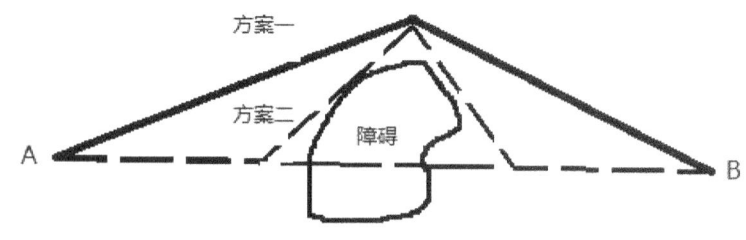

图 4-16 绕避障碍物

(2) 绕避障碍时,交点应正对障碍物。线路绕避山咀、跨越沟谷或其他障碍物时,必须

使曲线交点正对主要障碍物,障碍物在曲线的内侧,并使其偏角最小。

如图 4-17 所示。方案一,交点正对主要障碍,纵断面图的地面线起伏较小,填挖方工程量较少,且大致相等;方案二,交点未正对主要障碍,纵断面图的地面线起伏较大,填挖方工程量较大,且相差较大。

(3) 曲线半径尽量采用大半径。设置曲线必须是确有障碍存在,曲线半径应结合地形,尽量采用较大的曲线半径。平原地区的展线系数约为 1.1,丘陵地区的展线系数约为 1.2~1.3。

(4) 坡段长度要大于等于列车长度,尽量采用无害坡度。无害坡度是指无须制动的坡度,坡段长度要尽量大于等于列车长度。

(5) 小范围绕避高程障碍时,可进行多方案比选。

(6) 车站尽量不偏离航空线,并设在凸形或平坦地段。

车站设置应不偏离线路短直方向,并争取把车站设在凸形或地势平坦开阔地段,以减少工程量。

如图 4-18 所示。甲站设计高程 600m,前方约 9.3km 处设乙站,其合理设计高程为 608m,两站之间为平缓地段。设计人员给出了三套方案。

方案一,甲站出发 6650m 平坡,中间 2000m 采用 4‰ 的坡度,快到乙站时采用 650m 平坡。

方案二,甲站出发 650m 平坡,中间 8000m 采用 1‰ 的坡度,快到乙站时采用 650m 平坡。

方案三,甲站出发 650m 平坡,中间 2000m 采用 4‰ 的坡度,最后采用 6650m 平坡。

这三套方案的线路长度和工程量都很接近,但就列车出站加速和进站减速条件而言,不论甲站或乙站,均以方案一最为有利。所以,应按方案一的纵断面来考虑线路的平面位置,这样定线可以改善列车运行条件。

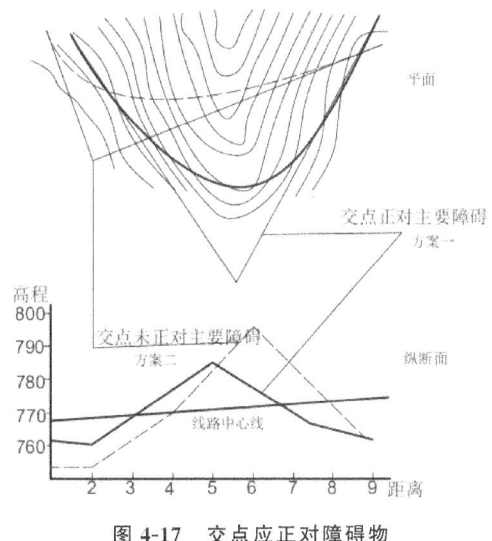

图 4-17 交点应正对障碍物

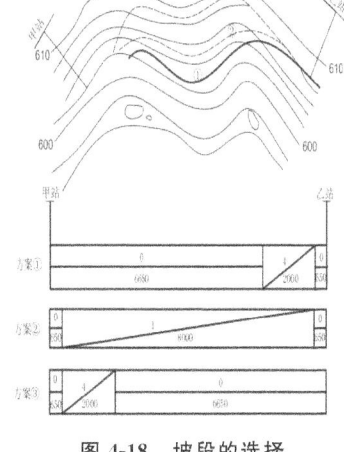

图 4-18 坡段的选择

三、横断面定线

在横坡较陡和不良地质地段定线时,有时从纵断面上看,填挖高度并不大,平面也比较合理,但是从横断面上看,则可能出现很大的工程量,或者线路处于地质条件十分不利的位置。因此,定线工作不仅要使线路的平面和纵断面合理,同时,还要使横断面也合理。这就需要我们在初步定出纵断面以后,还要从横断面上分析定线的合理性。

(1) 首先,找出控制线路位置的横断面。在横坡较陡地段,不良地质地段,河岸冲刷严重地段,以及有代表性的百米标处,绘制出横断面图。

(2) 根据各控制断面原设计路肩标高,确定线路中心在横断面上可以左右移动的合理范围。

如图 4-19(a) 所示。可以看出原定线路中线的坡角已伸入河流中,显然不合理,所以,需要从横断面图上分析出线路中心可以左右移动的合理范围 P～Q。

(3) 将横断面图上左右可以移动的边缘点 P、Q 点,按合理的比例移到平面图上,连接这些各边缘点,即可得到在平面图上线路可能移动的合理范围。如图 4-19(b) 所示。

(4) 在平面图上线路可能移动的范围内,重新设计线路平面位置,即得到平、纵、横三个断面上均比较合理的线路中心线位置。

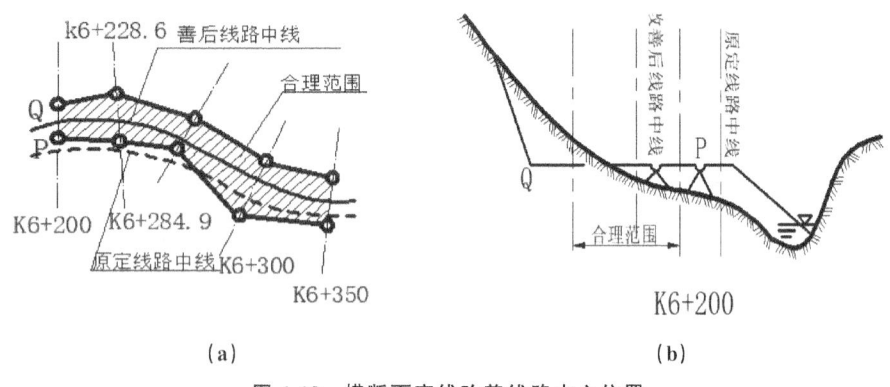

图 4-19 横断面定线改善线路中心位置

四、改善线路平面、纵断面的方法

对初步设计的线路平面和纵断面进行分析,找出存在的问题及解决办法,进行局部修改和完善。小的改动需要经验,大的改动需要经济技术比较。在设计过程中,平、纵、横断面三者相互影响、相互制约,对其中一视图进行修改,均应检查其他二视图的合理性,以求设计的协调一致。

(1) 改变线路坡度、坡段组合或中心线的标高。当原坡度设计不当,造成局部地段出现大量的填方或挖方工程量时,可改变线路坡度、坡段组合,如图 4-20(a) 所示,或改变线路中心线的标高,如图 4-20(b) 所示。

(2) 扭转切线改变线路平面位置。当原设计坡度不宜改动,但在纵断面图上看填挖方高度由一端向另一端逐渐增大到不合理程度时,可根据具体情况扭转切线改变线路平面位置。如图4-21(a)所示,将 B_0 点移至 B 点;如图4-21(b)所示,将 A_0 点移至 A 点,同时 B_0 点移至 B 点。

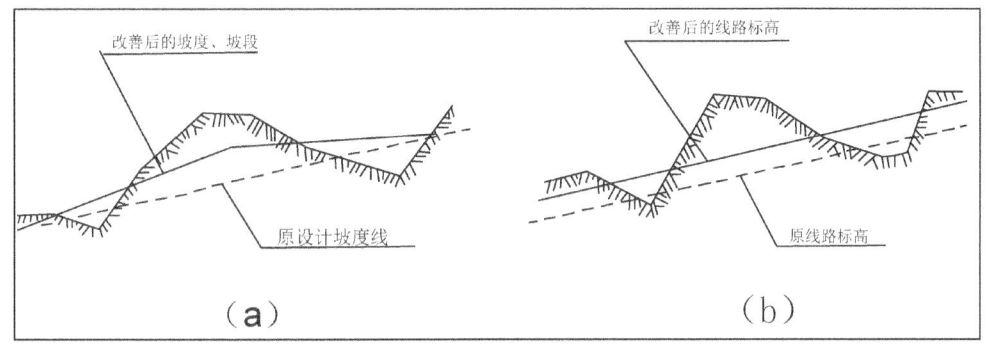

图 4-20 改变线路坡度、坡段组合或中心线的标高

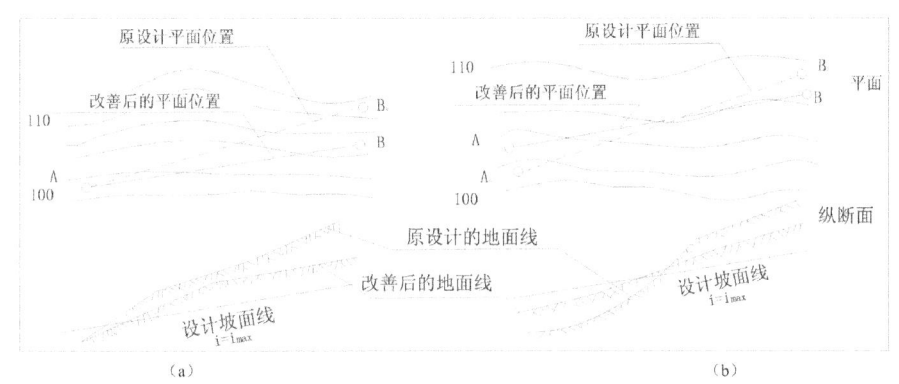

图 4-21 扭转切线改变线路平面位置

(3) 增设曲线或改变曲线半径。当原坡度设计合理,而在纵断面图上填挖方高度由两端向中间逐渐增大到不合理程度时,可将直线改为曲线,或改变曲线半径大小以减小中间的填挖方高度。如图4-22(a)所示直线改为曲线,减少较大的挖方量;如图4-22(b)所示改变曲线半径大小,减少大量的填方量。

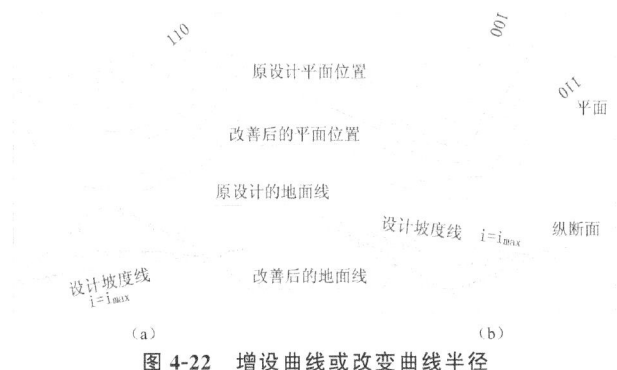

图 4-22 增设曲线或改变曲线半径

（4）改动交点位置或转角

当平面曲线和切线配合不当而引起工程量增加时，应重新调整偏角和配置曲线，以减小工程量。如图 4-23 所示，初定线路位置右侧填方量太大不合理，经过研分析，将线路往低处移动在减小右侧填方量的同时，还可有效减少左侧挖方量。为此，将 JD_1 移至 JD_2 位置，改变了转角和曲线半径的大小。

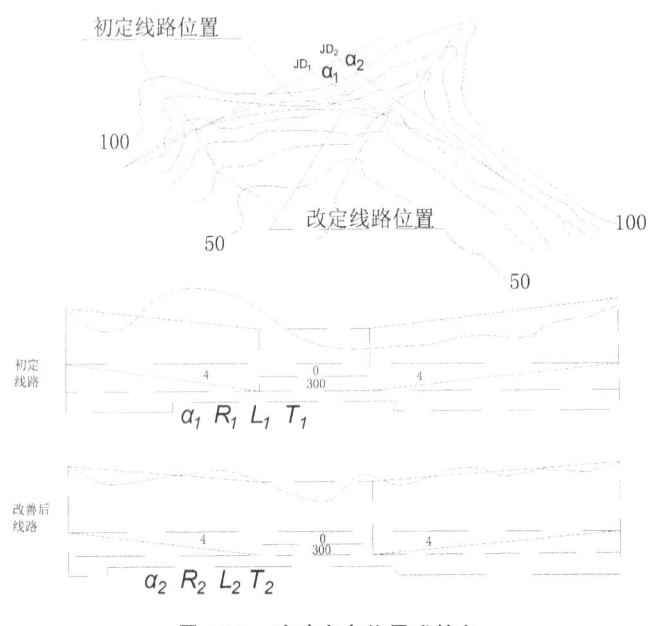

图 4-23　改动交点位置或转角

第四节　主要自然条件下定线

平原地区、丘陵地区、河谷地区以及越岭地段的地形各有特点，所以在定线时重点会有不同，着重解决的问题也不同。

一、平原、丘陵地区定线

平原、丘陵地区相对高差不大，地形相对比较平坦，一般情况下工农业比较发达，占地及拆迁问题比较突出，地质条件相对比较简单。因此，在平原、丘陵地区定线时，应着重处理好以下几个问题。

（一）处理好线路顺直与设置曲线的关系

在平原、丘陵地区定线，一般不受高程限制，应按航空折线定线，除必要绕避障碍物和必须行经地区外,尽量使铁路线路顺直。所以,在铁路定线时,首先把线路总方向内所必须经过的经济据点、中心城镇、工矿企业、文物景区等作为大的控制点。然后在大控制点间确定行经地区或需要绕避的障碍,从而建立起一系列中间控制点。

1. 线路尽量顺直或连折线的原则

定线时应遵循控制点间尽量顺直,或连折线的原则,当绕避障碍物及设置曲线时,必须有充分理由。

2. 设置曲线时,坚持小偏角、大半径原则

当绕避障碍物必须设置曲线时,在不引起工程量显著增加的前提下,尽量采用较小偏角、较大半径,以便缩短线路长度,并取得较好的运营条件。

(二) 正确处理好铁路与行经地区的关系

平原、丘陵地区城镇密集,工农业发达,交通道路、电力管线纵横交错。所以,在定线时,要正确处理好铁路与行经地区的关系。

1. 尽量减少拆迁和占用良田

选定线路位置时,尽量减少大型拆迁和良田的占用,线路宜靠近山坡,并尽可能减少现有道路、沟渠、电力及通信线路、管道系统的改移。

2. 车站分布应结合城镇规划

设置车站(特别是大型客、货车站)分布时,应结合地方城镇建设规划,既要方便地方客货运输,也要充分发挥铁路运营效率。车站设置不宜过密,也不宜过分迂回线路。客运专线宜沿城市布线,有利于吸引客流。货运专线宜靠近大型工矿企业,货运量大的地区布线。客货共线应二者兼顾。

3. 布置好道口、立交桥和涵洞

在确保铁路运行安全的基础上,为方便当地交通互不影响,要认真布置好沿线各类道口、立交桥或涵洞。有条件时,可加大排洪桥或涵的原有孔径,可兼作立交桥或涵洞使用。

(三) 处理好水文条件对线路的要求

平原和低缓丘陵地区的土壤水文条件差,特别是河网湖区、地势低平、地下水位高地区,易受到洪水泛滥危害。所以在选线时:

(1) 应尽可能沿接近分水岭的地势较高处布线。

(2) 绕避面积较大的湖塘、泥沼和洼地。

(3) 必须穿越时,选择最窄、最浅、基底平缓的地方通过,或高架桥穿越。

(4) 线路高程应高出地下水位规定的值。

(四) 处理好线路与桥位的关系

铁路沿线有很多大大小小的桥梁,要正确处理好线路与桥位的关系。

1. 大桥桥位控制线路走向

大桥桥位常常成为线路的控制点,大桥桥址应结合线路走向,选在主流集中、河槽稳定和基础较好的河段。当线路通过泛洪区时,桥梁、路基应有足够的高度,以免被洪水淹没。跨河桥梁孔径不宜压缩,路基应有足够的高度,并做好导流与路基防护工程。一般情况下,桥梁中线应尽可能与洪水的主流流向正交,桥梁和引道最好都在直线上。

2. 小桥涵位置服从于线路

线路的走向不受小桥、涵洞的位置控制,即小桥、涵洞可以选在线路的任何位置。遇到斜交过大或河沟过于弯曲时,可采取改变河道措施或调整线路位置,以调整桥梁轴线与河水流向的夹角,减小施工难度和工程投资。

3. 桥涵设置要确保农田灌溉、排洪排涝需要

线路不得影响农田灌溉和排洪排涝需要,线路经过的低洼地段,虽无明显的水道,亦应设置排涝桥涵。桥涵的设置应结合交通情况,有条件时宜将排洪排涝桥涵加大孔径,以利于农村交通运输。对于运输量大、运输繁忙或需要行驶高速列车的线路,一般应设立交桥取代平交道口。

(五)处理好车站和城镇、工矿企业的关系

平原、丘陵地区的车站,应尽量靠近城镇和较大的居民点、工矿企业,不宜片面强调区间通过能力的均衡性。在地形允许的条件下,应将车站设在起伏不大的凸形纵断面顶部,以利于列车起动加速、加速进站停车需要。

二、河谷地区定线

沿河谷而行的线路称为河谷线,沿河谷定线具有以下优点:

(1) 河谷纵向为单向坡,可避免线路出现逆坡,特别是在紧坡地段,可利用支流侧谷进行展线。

(2) 多数城镇位于开阔的河谷阶地,线路通过阶地,便于设置车站,可更好地为地方经济服务,方便职工的物质、文化生活。

河谷定线的主要问题是流水的垂直侵蚀。只要河流有很小的弯曲,在凹岸一侧往往形成陡崖峭壁,而凸岸的一侧形成伸出的缓坡山咀,造成河曲以及冲积物堆积的河漫滩,如图4-24 所示。沿河谷定线需要着重解决好河谷、岸侧和线路位置的选择。

(一)河谷选择

山区主河流以及支流的终端,都与山岭的垭口相连,往往有几条不同的河谷通向各个越岭垭口。为了选出合理的线路走向,要认真分析研究水系的分布,考虑以下几方面,综合选择线路行经的河谷。

(1) 优先考虑接近线路短直方向的越岭垭口和垭口两侧的河谷。

图 4-24 河谷地区

(2) 尽量利用与线路走向基本一致的河谷。
(3) 选择两岸开阔、地质条件好、纵坡及岸坡较平缓的河谷。
(4) 选用河谷纵坡接近或小于限制坡度的河谷。

(二) 岸侧选择

地形、地质、水文、农田水利和城镇建设分布情况是影响岸侧选择的主要因素。岸侧选择应结合地形、地质、水文、农田水利及城镇分布情况，选择有利岸侧定线。但是，有利的岸侧不会始终在一侧，应注意选择有利地点跨河改变岸侧。

1. 地质条件

河流两岸的地质条件常为岸侧选择的决定因素。

线路应选择在横坡较缓、山体稳固的河岸一侧。当线路遇到不良地质，如滑坡、崩坍、岩堆等，应通过跨河绕避、隧道绕避与整治措施的经济比较来确定岸侧。

2. 地形条件

当河谷两岸地质条件较好或差异不大时，线路应选在地形平坦顺直、支沟较少和不受水流冲刷一岸阶地。当需要展线时，应选择在支沟较开阔，利于展线的一岸阶地。

3. 农田水利

河谷遇到引灌渠道与线路平行，两岸地形、地质条件接近时，宜各走一岸，避免干扰。当必须选择在同一岸时，线路位置最好设于灌渠上方。

4. 城镇建设

线路一般应选择在居民和工矿企业较多、经济较发达的一岸，使铁路便于地方经济服务。但为了避免大量拆迁和不妨碍城镇发展等原因，也可能需要绕避。应根据具体情况，征求地方意见，慎重取舍。当线路与公路频繁干扰，可改移公路或分设两岸。

（三）线路位置选择

河谷定线，线路位置相差几十米或几米，就会对铁路的安全和工程量带来较大的不同。

（1）定线时，若遇到河谷较开阔、横坡较缓、地质良好时，理想的线路位置为不受洪水冲刷的阶地。

（2）定线时，若遇到河谷较宽、山坡不稳定地段时，线路位置应选择在靠河一侧，必要时做一些路堤防冲刷工程。

（3）定线时，若遇到河谷狭窄、横坡较陡、地质不良时，应进行避开山坡和外移建桥方案比选，确定线路的位置。

（4）河谷十分弯曲时，可根据山咀或河湾的实际情况，采取沿河绕行或取直方案。

三、越岭地段定线

山岭是具有陡峭的山坡、沟谷和明显分水线的绵延较长的高地。垭口是该绵延高地上的马鞍形低地。当线路需要从某一水系(河谷)转入另一水系(河谷)时，必须穿越分水岭。越岭地区高程障碍大、地质条件复杂、工程量大而集中，不仅需要展线，而且对线路走向、主要技术标准、工程数量和运营条件等影响很大。所以，需要大面积选线，认真研究，寻找合理的越岭线路方案。

越岭线路通常由岭顶长隧道(或深路堑)、沿分水岭两侧河谷向下游引线，以及谷底桥梁(或高路堤)三部分组成，如图4-25所示。理想的越岭线路位置是：两侧展线少、主要技术标准和地质条件都较好的位置。

越岭定线主要解决越岭垭口、越岭高程和越岭引线等三个问题。

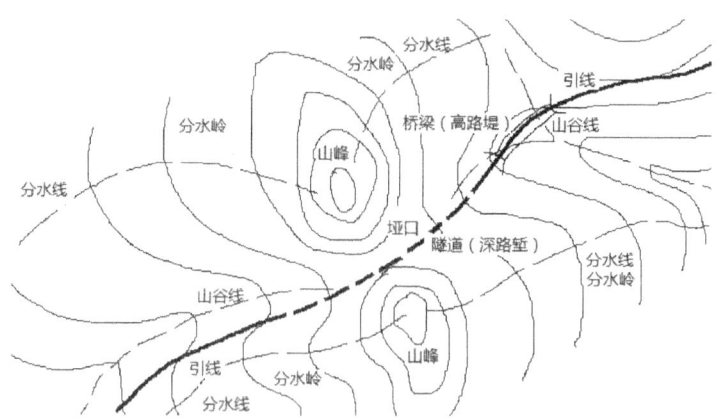

图4-25 越岭线路由长隧道(或深路堑)、引线、桥梁(高路堤)组成

（一）越岭垭口选择

垭口是越岭线路的控制点，垭口选择应坚持"短直、低薄、条件好"的原则。

1. 选择高程较低，靠近线路短直方向的垭口

在大面积选线中，首先应找出高程较低的垭口。低高程垭口克服高度小，可以缩短线路长度，还可以采用较平缓的坡度，节省投资、降低运营成本。但是，在选线实际工作中，常常高程低的垭口偏离短直方向较远，而高程较高的垭口距离短直方向近，这就需要展线或经济技术比较确定。

2. 选择山体相对较薄的垭口

垭口山体薄，有利于缩短越岭隧道的长度，或者能够降低越岭高程。当垭口高程高而山体较薄时，设置较长的越岭隧道，可使线路短直或减缓最大设计坡度。

3. 选择地质条件较好的垭口

垭口往往是地质条件比较薄弱的地带，当越岭线路难以避开严重不良地质地段垭口时，则应另选择地质条件较好的垭口，或以长隧道方案避开地质条件不良的垭口。

4. 选择引线条件较好的垭口

垭口选择时，应充分考虑河谷两侧的引线条件。定线时河谷要开阔、纵坡平缓，河谷方向与航空线方向基本一致；引线的地质条件较好，不良地质易于绕避等。

（二）越岭高程选择

越岭垭口一般都需要用隧道通过，所以，越岭的选择，实质上是越岭隧道高程和长度的选择。一般情况下，越岭高程越高隧道愈短，两端的引线愈长，工程费用愈少；越岭高程愈低隧道愈长，两端的引线愈短，虽然工程费用增高，但对运营有利。

越岭隧道的合理高程与长度，除取决于垭口的高程外，还与地面的自然坡度、地质条件、设计运量、限制坡度以及隧道施工技术水平有关。

垭口两侧地面坡度多为上陡下缓，故选择隧道高程多以地面坡度陡缓过渡部分作为研究基础。有时，隧道高程过高，隧道长度缩短有限；有时，高程过低，则隧道急剧增长，且可能受洞口洪水位控制。在满足技术条件下，需要经济比较确定。

设计线的运量大，而限制坡度小时，宜采用高程低的长隧道方案；反之，设计线的运量小，而限制坡度较大时，宜采用高程高的短隧道方案。

隧道施工技术水平也是越岭高程选择的重要因素。解放初期，由于受隧道施工技术水平的限制，一般越岭隧道的长度控制在 2km 左右。改革开放后，随着施工技术水平的不断提高，新材料、新工艺、新结构、新技术日新月异，我国隧道施工技术有了飞跃的发展。20 世纪 80 年代，京广铁路南段修建第二线，对坪石乐昌间沿武水峡谷的一线路段裁弯取直，选定了长达 14.3km 的大瑶山双线隧道，是我国特长隧道施工技术的新发展，为今后在越岭地区选线时合理选用高程低、坡度缓、运营条件好的长隧道方案提供了范例。2007 年 1 月 20 日，历时四年零九个月，中国技术人员创造了一项世界之最，使中国南北分界线秦岭天堑变通途，秦岭终南山隧道开通，全长 18.4km，分上、下行双洞设计。隧道长度截至 2008 年底是世界第二，中国第一，被称为"神州第一长隧""中国第一长隧"。它横穿秦岭山脉，最深处距山顶 1600m。

(三) 越岭引线定线

越岭引线定线时,应注意以下几点。

(1) 结合地形合理选择最大坡度。结合地形条件合理选择最大坡度。越岭地区高差大,为避免大量人工展线,除应研究低高程的长隧道越岭方案外,还应与采用较陡坡度(多机或大功率机车牵引)的方案进行技术经济比较。

(2) 从垭口往两侧定线。为了能控制合理的展线长度,应从垭口往两侧(从高处向低处)定线,以避免展线不足或过长。由于垭口两侧自然坡度上陡下缓,在上游应尽量利用支沟侧谷合理展线,使线路尽早降入主河沟的开阔台地。

(3 合理选用最小曲线半径。垭口附近,地形困难,在有充分依据条件下,引线可合理选用符合全线标准的最小曲线半径。

第五节　复杂地质条件下定线

工程地质条件是决定线路走向和具体位置的重要依据,对铁路建筑物的稳定性和经济合理性有着决定的影响,在铁路选线中必须高度重视。当线路行径不良地质地段时,要了解该区域地质的详细情况,深入调查研究,针对不良地质现象的规模、成因、发展态势以及对铁路的危害、整治难易程度等,根据地质构造特征,经过经济比较,慎重研究线路方案,确定采用绕避还是整治的措施通过。

我国幅员辽阔,地质条件复杂。常见的不良地质现象有滑坡、崩塌、岩堆、溶岩、泥石流、冲沟、软土、沼泽、沙漠、盐渍土、永冻土、地震及水库地区等。

一、滑坡地区定线

滑坡是山坡上的土体在重力作用下,沿山坡向下滑动的一种现象,如图 4-26(a)所示。滑坡的发生大多数情况下与地面水及地下水的作用有关。

滑坡地区定线,应充分掌握工程地质和水文地质情况,查明滑动层的位置和形状,判明滑坡的稳定性情况。线路最好绕避滑坡区域,如无法绕避时,应对以下五种方案进行比选。

(1) 线路尽可能从滑坡体的上方,以不填不挖或浅路堑通过。

(2) 以低路堤方式,从滑坡体的下方通过。

(3) 在滑动面以下,以隧道方式通过。

(4) 滑动层不太厚的滑坡地段,可采用大跨度高架桥的形式通过。

(5) 滑坡面积和深度均不大时,可清除全部滑动体,将路基置于稳定的土体上等。

线路从滑坡地区通过时,应采取上锚下挡、置天沟、整治地表水等治理措施。

二、岩堆地区定线

岩堆是指陡峻山坡上风化严重的岩层,风化破碎后在重力作用下滚滑到山脚下,形成锥体堆积,如图 4-26(b)所示。

线路经过岩堆地段时,应查明岩堆的深度、面积以及稳定程度。定线时,应设法绕避活动和不稳定的岩堆,若必须通过时,应采用低路堤方案,且加强路基支挡防护。

三、泥石流地区定线

山区河流河谷纵坡较陡,山洪暴发时夹带大量泥石由山口涌出成为固体流,称为泥石流,如图 4-26(c)所示。泥石流的发生可能掩埋线路,冲毁桥梁,中断行车等。

泥石流地段定线,线路应设在泥石淤积的上方以大跨度桥梁通过,并在线路上游流道内修建节流坝进行节流。从长远出发,应采取封山育林、水土保持的根本措施。

四、冲沟地区定线

冲沟是指黄土地区,因黄土结构特点,受水流冲刷后,被切割成深而范围大的冲沟,其深度可达几十米,如图 4-26(d)所示。

图 4-26 滑坡、岩堆、泥石流、冲沟地区特征

线路经过分水岭时,应注意有无活动冲沟的不稳定地段。定线时,应设法避开冲沟地段。如果冲沟地段分布很广,不易完全绕避时,应采取沟内筑堤并用不透水层加固或桥梁的方式通过,防止冲沟继续扩大,保证线路路基的稳定。

五、喀斯特地区定线

在石灰岩地区常有严重的漏斗孔穴,即所谓的"喀斯特",如图 4-27(a)所示。由于这种陷穴现象是由地下水流溶解作用而形成的,所以对线路是十分危险的。

当线路经过喀斯特地区时,应设法绕避。由于溶解地段范围较大,无法绕避而必须通过时,应从溶解陷穴较轻地方通过,并采取必要的治理措施。

六、沼泽地区定线

地面上一年中大部分时间有着过饱和水分的地段,称为沼泽,如图 4-27(b)所示。沼泽按其所处的位置高低不同可分为高地沼泽、低地沼泽。

高地沼泽常出现在分水岭上,一般是由于不透水地面,再加上大气降水所形成的。这种沼泽深度不大,所以对铁路线路不会产生严重影响。

低地沼泽的水源是地下水,多由有生植物的湖沼及旧河床所构成。此种沼泽大多深度大,有时还有地下水流。低地沼泽通常不能作为铁路线路路基的基底。

当线路经过沼泽地段,特别是低地沼泽地段时,应使线路在沼泽最窄浅地段通过,并且选用沼泽地没有横向坡度或坡度不超过 1∶20 的地段通过。淤泥厚度不大时,一般采用通过方案比绕避方案更为经济,但淤泥厚度较大时,应进行通过方案与绕避方案的比选。

七、永冻土地区定线

在地面以下某一深度中,可能在相当长的时间内保持零下的温度,此种现象称为"永冻土",如图 4-27(c)所示。在永冻地区定线,应综合分析永冻土层土壤的种类、融冻层的湿度、永冻层的含水程度及深度等条件。

(1)定线时,应尽量避开高湿度土层地带,使铁路线路从地势较高的平缓山坡通过。

(2)永冻层含水越多,对修建线路越不利,尤其对设置车站影响更大。因此,尽量绕避含水多的永冻地带。若绕避困难时,应利用较厚的草皮保温层,以使冰层不致融化。

(3)对线路影响最大的是永冻层的深度。定线方案应考虑保持永冻层的自然状态,以便利用其作为线路的基底。线路不宜以路堑的形式通过永冻层。若必须以路堑的形式通过时,应以展开式路堑为宜,并有草皮、植被覆盖等保温层进行保温。

(4)沿永冻地区的山谷或山坡定线时,最好选择太阳光较多、融冻层温度变化较小的向南或向西的斜坡。

八、沙漠地区定线

沙漠和半沙漠地区气候的主要特征就是大风和一年四季温度的变化,如图 4-27(d)所示。在沙漠和半沙漠地区定线,应考试尽量减少沙埋的危险。

(1) 沙漠地区定线,应使线路顺着主要风向进行,同时应首先选用风沙较轻的地段。

(2) 只要不破坏原覆盖层,线路可以从固定沙丘上通过。

(3) 线路从半固定沙丘上通过时,可用临时防护措施稳固沙丘,通车后再种植防沙林带。

(4) 通过沙丘地段的线路,应尽可能采用路堑,避免采用路堤通过。

(5) 线路应与主导风向平行或成较小角度。线路尽量少用曲线,以免积沙。应尽量绕避活动沙丘,必须通过时,要慎重研究防护办法。

(a)　　　　　　　　　　　　(b)

(c)　　　　　　　　　　　　(d)

图 4-27　喀斯特、沼泽、永冻、沙漠地区特征

九、高烈度地震地区定线

地震是地壳运动现象,分为巨震和微震。巨震为人们所感觉,或称感震;微震则必须用仪器观测到。依据地震的强弱分为十二级,一级最弱,十二级最强,破坏力最大。

我国甘肃、云南西部是地震激烈区,其次是新疆、安徽、四川、黑龙江、河北、台湾等地。在地震区修建铁路线路,必须考虑地震的影响。

同样的地震等线,破坏程度随地质条件、地下水饱和状态、建筑物性质等因素不同而不同。如交通设施中,首先受破坏的是桥梁,其次是高填深挖路基、隧道及其他人工建筑物等。一般情况下,高填路基越高和深挖路基越深,地震受损害越严重;密致岩石受害小,松软土壤受害大等。线路经过地震区的陡岸、冲沟、峡谷、滑坡、崩塌、岩堆、流沙等地带,或断裂层切割区,则线路工程结构的稳固不能保证。

在高烈度地震区进行线路选线时,应重视活动层、不良地质等。线路应尽量绕避大型不良地质发育地段,绕避地震及地震次生震害严重地段。必须通过时,要以抗震能力高、震后修复容易为前提,并遵守以下原则。

(1) 尽量绕避活断层,对于宽大活动断裂带,无法绕避时,应选择相对稳定的部位通过。

(2) 不在活动断层的主动盘上迂回展线,建造大型工程应尽量布置在构造被动盘上。不要在活动断裂端点或拐角处建造高大桥梁、隧道和高填深挖路基等难以修复的大型建筑物等。

(3) 当线路必须穿过活动断层时,应从隧道结构以有利于救援为前提选择合理位置通过,避免隧道群,分开修建双线隧道,隧道口应避开崩塌、滑坡、错落等不良地质发育地段和单薄的山脊、孤立山头等不利地段,应贯彻"早进晚出"的原则。

(4) 线路应尽量绕避断裂束,必要时,不要建造高大桥梁、隧道和高填深挖等大型工程。

(5) 采用路基工程时,尽量选择在非液化土层较窄的地段通过。

(6) 陡坡或半山坡上,不宜修筑路堤或半路堤。

(7) 通过泥石流发育区时,从避免地震诱发泥石流出发,选择合理的平面位置和高程通过。

(8) 绕避地震诱发次生地质灾害地段,绕避不稳定斜坡、松散堆积层、悬崖深谷和高耸孤立山丘等地段。

十、水库地区定线

水库地区的选线,除线路高程必须保证至少高出水库最高水位 0.5m(加波浪侵袭高度)以上外,还应考虑水库坍岸、淤积、地下水壅升和水库建设规划等四个问题。水库地区特征如图 4-28 所示。

1. 水库坍岸

新建水库,因为风浪冲击、水流侵蚀和水位涨落等原因引起库岸坍塌。定线时应尽量绕避可能产生坍岸的地段,当不能绕避时,则应对可能发生坍岸的岸坡采取防护和加固措施,确保铁路线路安全。

2. 水库淤积

水库回水范围内,因为水流受阻流速变缓,导致大量泥沙淤积,特别是含沙量大的河流,淤积速度快,回水区内水位上升较高。因此,跨越回水区的线路,应相应提高设计高程,以保证必要的路肩高度和桥下净空。

图 4-28 水库地区特征

3. 地下水壅升

水库蓄水后,地下水壅升,造成湿陷、翻浆、沼泽等,诱发滑坡、崩坍等不良地质发生,也有可能使建筑物基底承载力降低,从而使建筑物产生变形而遭到破坏。因此,大水库区选线,应考虑地下水位壅升后的影响。

4. 水库建设规划

要正确处理好铁路选线和地方水库建设规划之间的关系。当线路建设通过远期水库建设规划时,应取得地方有关方面的同意,可暂按无水库影响进行选线。当水库建设计划已落实的情况下,宜配合水库建设的要求进行选线。

当线路从水库堤坝下游穿过时,为避免危及铁路安全,线路应尽可能远离坝址或协商加固堤坝,以免集中冲刷引起河槽变形而危及铁路安全。

第六节　桥、隧、涵与道路交叉

铁路线路沿线两侧分布大量桥梁、隧道和涵洞等建筑物。一般情况下,特大桥和长隧道影响线路的走向,而大部分桥、隧、涵随线路而布置。为了保证这些建筑物的安全和经济合理,根据地形、地质和水文情况,有时也需要将线路做局部移动。

一、桥涵地段

在铁路沿线,由于跨越江河、线路排水、农田灌溉等原因,需要修建如桥梁、涵洞、明渠、高架水槽等跨越或过水建筑物。有时,为了少占农田、利于交通,用旱桥代替高路堤,用立交桥代替平交道口等。铁路线路选线时力求与桥涵分布、桥址选择相配合。

1. 桥涵分布

桥涵分布应从以下几点考虑。

(1) 大桥和特大桥,应根据江河位置选择桥位,定线服从桥位。

(2) 中、小桥和涵洞的分布,应服从线路的走向。

(3) 原则上每个自然水流应设一座桥梁或涵洞,两桥涵合并,需进行比选。

(4) 即使平坦地区,也应每相隔一定距离设一桥或涵,用以排除地表水。

(5) 桥涵分布,应与线路平面、纵断面结合,力争不改变或少改变现有的农田灌溉系统。

2. 桥址选择

桥址的选择应考虑与线路方向偏离程度、水文和地貌、工程地质条件和架桥与弃渣等方面。

(1) 与最短线路方向偏离的程度。

与最短线路方向偏离程度越小,桥址具有明显的特点。因此,有条件时,应尽量使桥址选择在与最短线路方向偏离较小的地方,特别是运量大、等级高的铁路线路。

(2) 水文和地貌条件。

① 桥址尽可能地选择在河床稳定、河道顺直和水流顺畅的河段,尽量避开水流紊乱、流向多变、河床宽度急剧变化等冲淤作用复杂的河段。

② 桥位最好选择在河床较窄的河段,避开沙洲、古河道和河汊位置。

③ 桥位避免设在较大支流汇合处,容易被流水与失控放的木筏、木材堵塞处,以及冲淤变化剧烈的山前河流、沟谷出口处。

④ 桥位尽可能与河槽、河谷正交,必须斜交时,应尽量减小斜交的角度,以利于排洪和缩短桥长。

(3) 工程地质条件。

桥址的地质条件,不仅影响基础类型、桥式、桥跨,而且影响桥梁造价、难易程度和运营安全。桥址应尽量选择在基岩埋藏浅、岩性坚硬、整体性好、倾斜度不大的地段。尽量避免断层、岩溶、滑坡等不良地质地段。

(4) 合理选用大跨度高桥以改善线路。

大跨度桥梁对复杂地形、复杂地质是较理想的选择。桥高则线路顺直,桥低则须展长线路。采用大跨度桥梁可避开不良地质,可以减少线路展线。

(5) 架桥与弃渣考虑。

在桥隧毗连地段,线路平、纵断面设计应与桥式方案选择综合考虑,如采用架桥机架设桥梁时,线路平、纵断面设计和隧道洞门的位置应考虑架桥机架设桥梁的安全与便利。决定高程时,除应满足桥下净空高程外,还应注意隧道施工弃渣的影响。

(6) 涵洞处的路基条件。

① 涵洞附近路肩设计高程应比规定洪水的设计水位加上壅水高度后,至少再高出0.5m。

② 为了改善洞身受力状况,涵洞顶上应有一定厚度的填土,以保证涵洞结构条件所需的最小路堤高度。

各种孔径涵洞对应流量和涵前积水与结构条件所需最小路堤高度,可从桥涵水文计算的有关手册中查得。

当纵断面设计的路堤填土高程不能同时满足上述两项要求时,可采用以下措施。

① 在满足设计流量要求下,改用填土高度较小的涵洞类型。

② 加大孔径降低积水高度,或孔径不变,增加孔数。

③ 出口较深或纵坡较陡时,可适当挖低沟底。

④ 改变纵断面坡度提高路肩设计高程,或改动线路平面位置降低涵洞处地面高度等。

二、隧道地段

采用隧道是克服高程障碍、降低越岭高程、缩短线路长度和绕避不良地质的重要措施。合理设置隧道是提高选线设计质量的重要环节。

线路翻越分水岭,在垭口修建隧道,称越岭隧道。沿河傍山定线,或要求裁弯取直,或绕避不良地质而修建隧道,称傍山隧道。

1. 隧道位置的选择

越岭隧道的位置和高程选择,在前节已做介绍。傍山隧道的位置选择,应注意以下几个问题。

(1) 埋藏较浅时,线路宜向内移,避免隧道偏压力过大。

(2) 避开岩堆、滑坡等不良地质,以及河岸冲刷、水库坍岸范围。

(3) 结合地形、地质情况,适当裁弯取直和沿河绕行两方案进行经济比较。

(4) 决定线路平面位置和高程时,要充分注意隧道施工期间弃渣、排水和便道运输之间的相互干扰,尽量减少对现有水利、道路设施的影响等。

2. 隧道洞口位置的选择

隧道洞口是隧道的薄弱环节,处理不当易产生各种病害,危及行车安全。隧道位置定线,应通过技术经济比较,认真选择洞口位置。

(1) 选择洞口应贯彻"早进洞,晚出洞"原则。避免片面追求缩短隧道长度,忽视洞口边坡稳定的做法。

不宜用深路堑压缩隧道长度,以免洞口边坡、仰坡开挖过高。一般情况下,边坡、仰坡开挖高度不宜超过15m～20m。围岩较差时不宜超过10m～15m,围岩较好时也不宜超过

20m～25m。

不应将洞口设在沟心,应选在河谷一侧。否则,不但工程地质条件差,且施工排水和弃渣较困难。

(2) 洞口尽可能设在山体稳定、地质条件好的地段,以保证洞口安全。否则应修建挡护工程或延伸洞口,增建明洞。

(3) 洞口宜设在线路与等高线正交或接近正交处。如采用斜交,需要修建斜交洞门或一小段明洞。

三、线路与道路交叉

当铁路与公路相交时,为保证行车和人身安全,应设置平交道口或立体交叉。立体交叉的形式应根据铁路设计速度、性质、等级、运输量、地形条件、安全要求以及经济与社会效益等因素确定。一般情况下,应优先考虑设置立体交叉,减少平交道口。

1. 立体交叉的设置条件

(1) 客运专线与公路交叉时,必须设置立体交叉。

(2) 客货共线与高速公路,一级公路和城市道路中的快速路交叉时,必须设置立体交叉。

(3) 一级客货共线与其他道路,铁路与二级公路,设计时速大于120km列车铁路段与其他道路,应结合地形设置立体交叉。

2. 立体交叉的建筑限界

(1) 铁路限界要符合国家标准。

(2) 跨越客运专线的公路立交桥,桥下净高不小于7.25m。

(3) 铁路跨公路、乡村道路的铁路立交桥,要符合公路、乡村道路的相关规定,铁路立交桥下乡村道路净空要求见表4-1。

表4-1 铁路立交桥下乡村道路净空要求

道路种类	汽车或大型农机	机耕和畜力车	人力车、人行通道
净宽(m)	5.0	4.0	2.0
净高(m)	4.5	3.0	2.5

3. 道口设置条件

(1) 道口设置应确保瞭望距离,见表4-2。线间距等于5m的双线铁路道口中,机动车驾驶员侧向最小瞭望距离应另加50m。

表4-2 道口最小瞭望视距

铁路设计速度(km/h)	火车司机最小瞭望视距(m)	机动车司机侧向最小瞭望视距(m)
100	850	340
80	850	270

(2) 道口不得设在车站内、线路曲线段、道岔、桥头和隧道口附近。

(3) 道口间距不应小于2km。

(4) 铁路与道路平面交叉宜为正交,斜交时角度应小于 45 度。

思考题

1. 影响铁路定线的自然因素包括哪些?
2. 铁路选线的一般原则是什么?影响线路走向的主要因素有哪些?
3. 什么是经济据点,线路走向选择的关键是什么?
4. 长大复杂桥址选择原则是什么?
5. 紧坡地段定线要点是什么?
6. 展线方式有哪些?简述定线的基本步骤。
7. 改善线路平面、纵断面的方法有哪几种方法?
8. 越岭地段定线时越岭垭口的选择原则和要点是什么?
9. 水库地区定线需要解决好哪几个问题?
10. 桥涵分布和桥址选择应从哪些方面考虑?
11. 隧道位置的选择应考虑哪些方面?
12. 隧道洞口位置的选择应考虑哪些方面?

第五章　车站设计

教学目标

知识目标
1. 熟悉会让站、越行站、中间站的组成与布置形式。
2. 熟悉会让站、越行站、中间站的分布。
3. 熟悉车站的分布与接轨条件。

能力目标
1. 合理设置会让站、越行站和中间站的分布。
2. 能合理设计会让站、越行站和中间站的布置形式与设施组成。
3. 能合理确定线路的接轨点和接轨方向。

车站是铁路运输最基本的生产单位,各种客、货运输业务和技术作业都是通过车站来实现的,它集中了客货运输业务和技术作业有关的各项设备和设施。

车站的主要任务是:旅客的乘降、货物的装卸以及运输过程中和交付、保管等工作。为了完成这些任务而对应的技术作业主要包括:接发列车、会让、越行、列车的解体、编组、司乘人员更换等工作。

根据车站所担负的运输任务大小和在铁路运输中的地位不同,客运专线铁路可分为特大、大、中、小型车站;客货共线铁路可分为特等、Ⅰ等、Ⅱ等、Ⅲ等、Ⅳ等、Ⅴ等车站。

根据车站的技术作业及作业性质的不同,客运专线铁路可分为越行站、中间站和始发站;客货共线铁路可分为会让站、越行站、中间站、区段站和编组站。

第一节　会让站、越行站

一、会让站

单线铁路线上,主要办理反向列车交会、避让的车站称为会让站。会让站主要业务有列车的到发、会车、让车以及少量的客货运业务,其主要设施有到发线、通信信号、旅客乘降所以及技术作业办公室等,其布置形式有横列式和纵列式两种。

(一)横列式会让站

横列式会让站是将到发线横向排列的车站。横列式会让站具有车站站坪长度短,工程投资相对较少,车站值班人员对两端咽喉地段有较好的瞭望条件,便于管理,较灵活地使用到发线,站场布局相对紧凑等特点,如图5-1图所示。

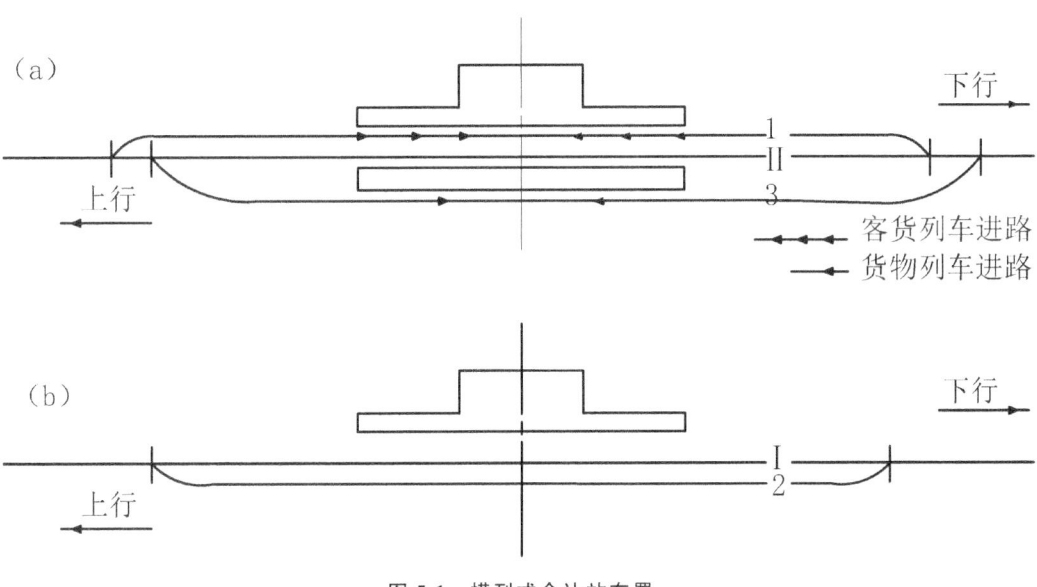

图 5-1 横列式会让站布置

(二)纵列式会让站

纵列式会让站是将到发线纵向排列的车站。纵列式会让站具有不停车会让、便于超长列车会让、站坪宽度小,适应地形狭窄地段等特点,如图5-2所示。但是,纵列式会让站站坪长度长,摘挂调车作业走行线路长,道岔分散,不便管理等缺点。因此,一般只在地形相对狭窄又需要提高通过能力的区间或在组织不停车会让及超长车运行的区段采用。

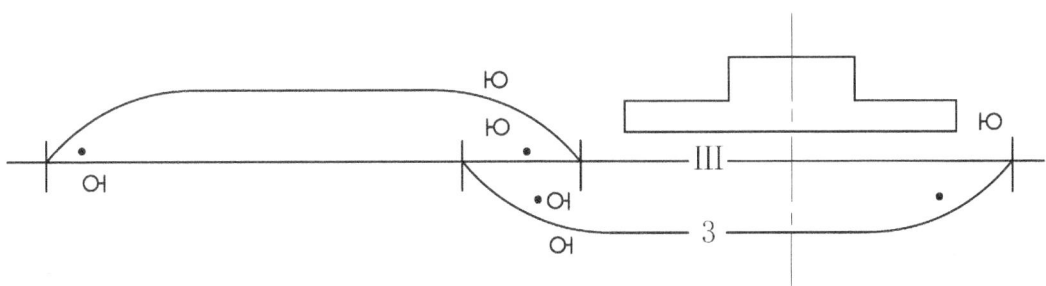

图 5-2 纵列式会让站布置

(三)会让站布置条件

(1)会让站宜设两条到发线,使车站具有三交会线路。

(2)当行量较小时可设一条到发线,但设置一条到发线的车站不得连续布置超过两个,如图 5-1(b)。

(3)布置一条到发线的车站,到发线就布置在运转室对侧,便于值班人员不跨线接发列车,同时办理正线列车通过作业。

(4)会让站一般不设中间站台,若有旅客乘降需要,且远期发展较快,可设中间站台,其位置应设在旅客站房对侧到发线及正线之间,如图 5-1(a)。

二、越行站

主要办理同向列车越行业务的车站称为越行站。越行站主要业务有正线各种列车通过、到发线停车待避、必要反方向列车转线或少量客货运业务等。其主要设施有到发线、通信信号、旅客乘降以及技术作业办公室等。越行站一般采用横列式布置,如图 5-3 所示。

横列式越行站优点是站坪长度短、工程费用小、节省定员、管理方便、到发线使用灵活、站场布置紧凑等。

(1)越行站一般应设两条到发线,分设于正线两侧,以便双向列车同时待避,如图 5-3(a)。困难条件下,客货共线铁路可设一条到发线,设于两正线中间,如图 5-3(b)。

(2)越行站两端咽喉处应设两条"八"字形渡线。困难条件下两端可设一条渡线,并应预留第二条渡线位置。

(3)渡线应朝向运转室。交叉渡线维修养护不便,一般仅在站坪长度受限时采用。

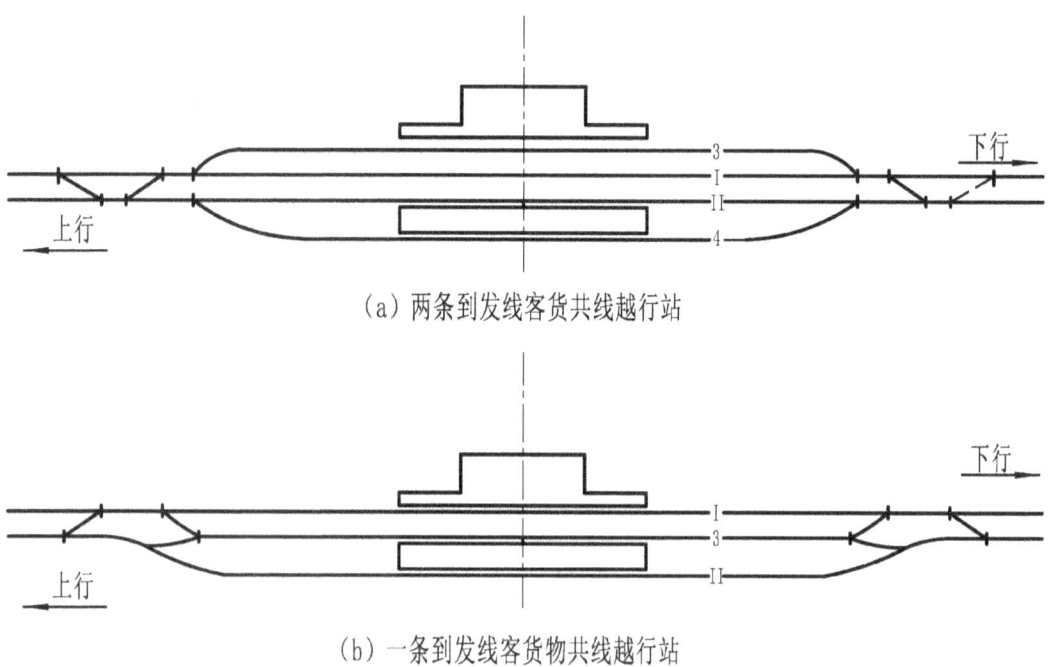

(a)两条到发线客货共线越行站

(b)一条到发线客货物共线越行站

图 5-3 越行站布置

第二节　中间站

铁路线路上中间站的数量占大多数,做好中间站的设计,对完成铁路运输加强城乡联系有着十分重要的意义。所以,必须了解中间站的任务、作业内容以及车站的各项设施和设备。

一、中间站的作业和布置

(一) 中间站的作业

中间站的作业分为商务作业和技术作业两种。

1. 商务作业

中间站的商务作业主要有:出售客票、旅客乘降,行李包裹的收发、保管和货物承运、保管、交付等。

2. 技术作业

中间站的技术作业主要有:列车会让、越行和通过,列车摘挂、零担列车的调车,整车取送、装卸作业等。补机中间站或始发站,还要进行补机摘挂、待班、机车转向和整备以及反方向转线等作业。

(二) 中间站的布置

中间站一般都是横列式布置,如图 5-4 所示。

1. 站台编号

无论单线车站还是双线车站,站台的编号均是基本站台(紧靠站房的站台)为 1 号站台,其他依次向外排序,即:2 号站台、3 号站台等。

2. 股道编号

(1) 股道编号,正线用罗马数字,到发线用阿拉伯数编号。

(2) 单线车站股道编号是从基本站台(1 号站台)的一侧依次向外排序。如图 5-4(a)所示,即:1 股道、2 股道、3 股道等。

(3) 双线车站股道编号是以正线为界,靠近基本站台(1 号站台)一侧用单号,离开基本站台(1 号站台)一侧用双号,如图 5-4(b)所示。即:靠近主站台(1 号站台)一侧依次为 1 股道、3 股道、5 股道等,远离主站台(1 号站台)一侧依次为 2 股道、4 股道、6 股道等。

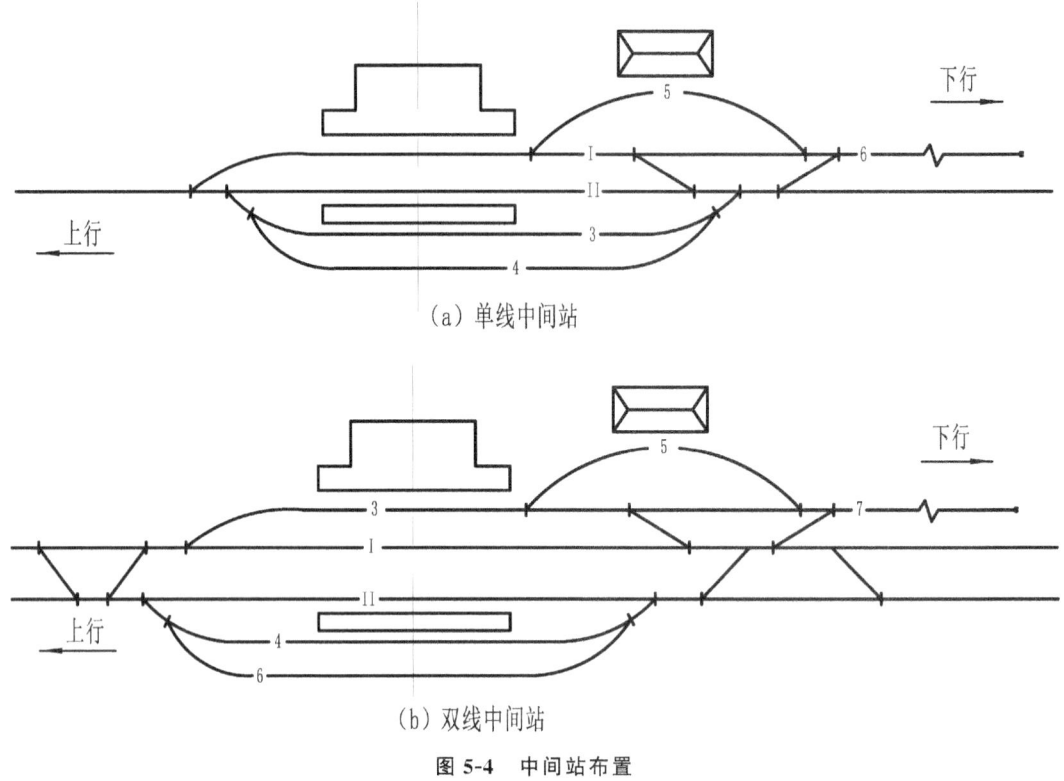

(a) 单线中间站

(b) 双线中间站

图 5-4 中间站布置

二、中间站的主要设施

根据作业工作的要求,中间站的主要设施应有客运设施、货运设备以及车站内各种作业线路等。

(一) 客运设施

客运设施主要有旅客站房、站台、平交道及跨线设施等。

1. 旅客站房

旅客站房一般设在靠近城乡居民区的一侧,并尽可能设在站场中部,以便旅客乘降。旅客站房突出部分的外墙至站台边缘距离一般在 8m~20m 之间。困难条件下不小于基本站台的宽度。

旅客站房的地面高度一般与基本站台同一高度或相差很小。困难条件下,应保证值班员瞭望条件。

旅客站房的规模,由同一时间内(8~10 分钟)旅客最高聚集人数决定。最高聚集人数分为 50~400 人、400~2000 人、2000~10 000 人、10 000 人以上四级,一般采用定型设计分为特大、大、中、小型站房。

2.旅客站台

旅客站台分为基本站台和中间站台两种。紧靠站房的站台为基本站台,其他为中间站台。

旅客站台的长度一般为300m～550m,客流小,旅客列车短时,可适当缩短。

旅客站台的宽度以最大一次上下旅客人数、行包、邮件运输工具的类型以及站台建筑物、设备尺寸而定。一般情况下,基本站台靠近站房的地方不小于6m,其他地方不小于4m;中间站台单线铁路不小于4m,双线铁路不小于5m。

旅客站台的高度分为低站台和高站台两种。邻靠正线及通行超限的站台一般采用低站台,低站台一般高出轨面300mm～500mm;其他站台均可以采用高站台,旅客站台采用高站台一般高出轨面1250mm。货物高站台一般高出轨面1100mm。

站台为了排水需要,一般采用向站台边缘倾斜2‰的坡度。

3.平交道及跨线设施

客货共线铁路的中间站台之间,在到发线两端应设一处或两处平交道口,方便旅客上下车跨线通行,其宽度不小于20.5m。客运专线或较多旅客乘降人数的大型中间站,可根据需要修建跨线天桥或地下通道等。

(二)货运设备

客货共线铁路或货运专线的货运设备主要包括:货场、货物站台、仓库、货物线、装卸机具及办公室等。

1.货场

中间站的货场位置应按货物集散方向、运量、地形地质条件以及地方规划合理选定。大多数情况下,货场宜选在站房的同侧,困难条件下必须设在对侧时,应有安全方便的通道。货场布置形式通常有通过式、尽头式和混合式三种,如图5-5所示。

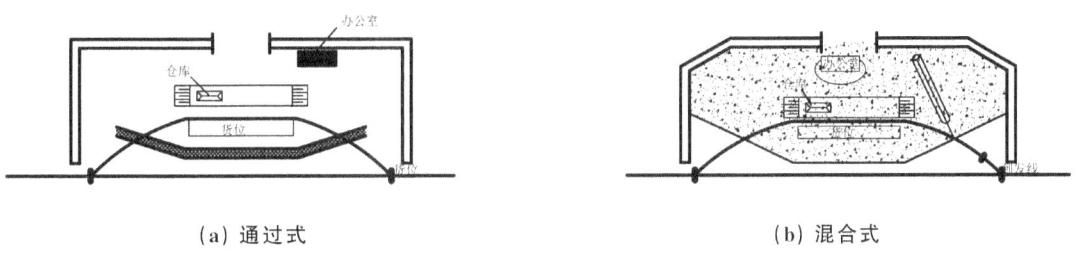

图5-5 中间站货场平面

2.货物站台

货物站台通常采用高出轨面1.1m,有利货物装卸的高站台。

货物站台的宽度按有仓库时,仓库宽度加两边过道尺寸设计,仓库宽度按9、12、15、18m进行设计,过道尺寸有铁路线一侧按3.5～4m,没有铁路线的一侧按2.5～3m设计。

无仓库露天货场,人工作业宽度按12～15m,机械作业宽度适当加宽进行设计,如图5-6所示。

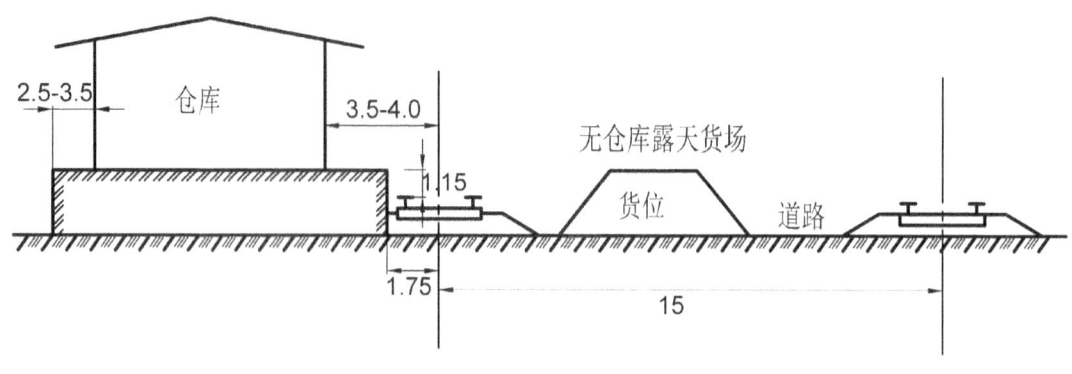

图 5-6 中间站货场纵断面

3. 货物仓库

中间站的货物仓库一般设在基本站台上靠站房附近,当货物较少时,可与站房内的行包房合并。

(三) 车站线路

中间站的线路设备除正线外,还包括到发线、牵出线、货物线、安全线、避难线、专用线等。

1. 到发线

到发线是车站用于接发旅客列车或货物列车的线路。

到发线数量应根据运量及运输性质确定。客货共线单线铁路中间站一般采用两股到发线;货物作业量大的中间站可视情况设 3 股以上到发线;双线铁路中间站一般设 2~3 股到发线,分别配置在上、下行正线两侧;大型的中间站,如给水站、补机摘挂甩挂站、技术检查站、枢纽前方接轨站等,到发线可酌情增加。

2. 牵出线

牵出线是为货场各装卸地点挑选车辆、牵出转线、摘挂甩挂等调车作业及货物取送而设置的车站线路。牵出线的设置应根据区间正线、行车密度、车站调车作业量以及货场设置等因素确定。调车作业、摘挂甩挂作业,行车密度大的中间站,应设专用的牵出线进行调车作业。

3. 货物线

货物线是为了办理货物的装卸而铺设的铁路线路。货物线的布置形式有通过式、尽头式和混合式。

货物线的有效长度按货运量、取送车间隔时间确定,但最短不能短于 5 辆车长,即不小于 70m。当线间有装卸作业时,线间距应不小于 15m,无装卸作业时,线间距不小于 6.5m。

4. 安全线

安全线是进路隔开设备之一,是为了防止岔线或站线上的机车车辆,未经开通进路而与正线上的机车车辆发生冲突事故而设置的。

专用线、支线等岔线与正线或到发线衔接处,以及进站信号机外制动距离内向进站方向超过 6‰ 坡度时需要设置安全线,如图 5-7 所示。

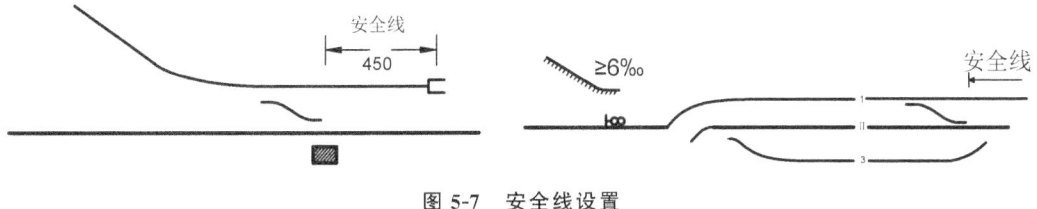

图 5-7 安全线设置

接轨处受地形条件限制,或岔线进站方向为平道或上坡道时,可用脱轨器代替安全线,如图 5-8 所示。

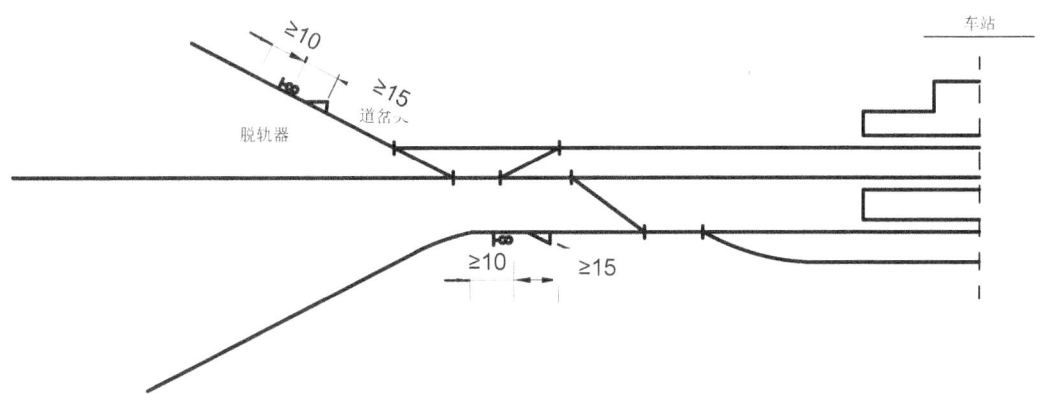

图 5-8 脱轨器代替安全线

5. 避难线

为防止在列车陡长的下坡道上,因制动装置失灵发生事故而设置的避难线。区间线路平均坡度大于或等于 15‰ 时,才会考虑在相邻两车站站坪以外设计避难线。

避难线有尽端式、环形及砂道等类型。由于尽端式避难线具有结构简单,施工、维修方便等优点,所以我国几乎全采用尽端式避难线。

避难线的长度和坡度需要根据失控列车进入避难线的速度来确定。避难线纵断面常由逐渐加大的短坡道组成,相邻坡段坡度变化率不大于 15‰,末端最大坡度不得大于 100‰。为了确保失控列车在避难线末端停车,一般要在避难线末端 30~50m 范围内,铺上砂道增加阻力。

6. 专用线和道岔

专用线是指由企业或者其他单位管理的,与国家铁路或者其他铁路线路接轨的岔线。专用线接轨时,应考虑送取方便,减少对站内行车和调车作业的干扰。

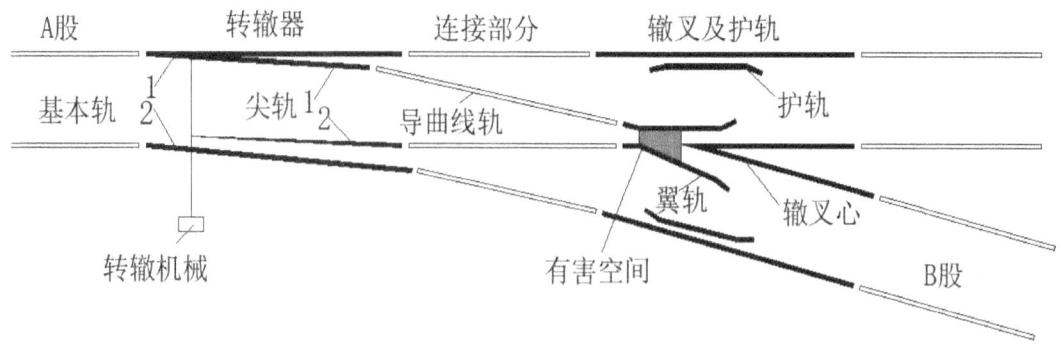

图 5-9 单开道岔的组成

道岔是机车车辆从一股道转入另一股道的线路连接设备,是轨道的薄弱环节之一。常用的道岔有单开道岔如图 5-9 所示、对称道岔如图 5-10 所示、三开道岔如图 5-11 所示、交分道岔如图 5-12 所示四种。道岔主要由尖轨、导曲线轨、翼轨、转辙器、辙叉心、护轨及连接部分组成。

道岔编号:由上行列车到达一端开始用双号顺序编号,然后以下行列车到达一端开始用单号顺序编号,如图 5-13 所示。

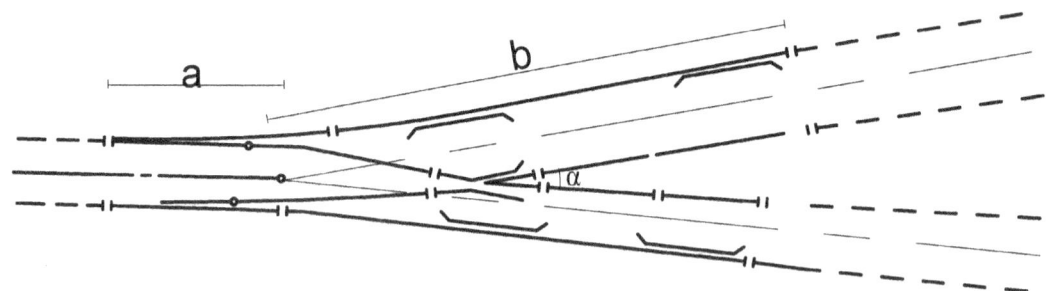

a 表示道岔前长　　b 表示道岔后长　　α 表示辙叉角

图 5-10 单开对称道岔

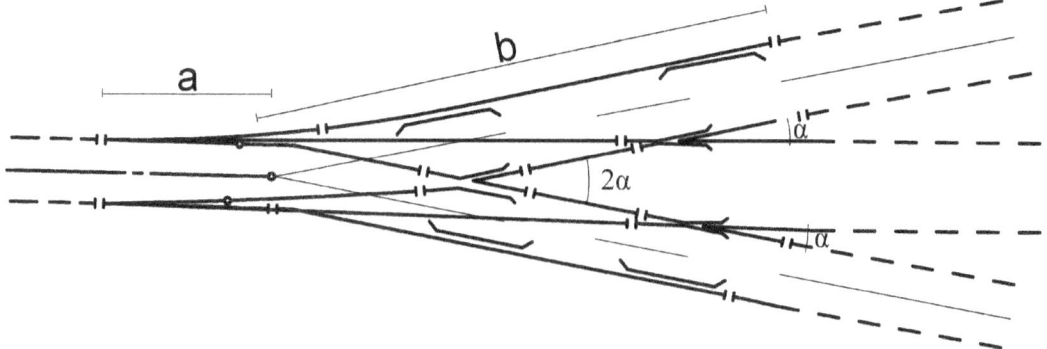

图 5-11 三开道岔

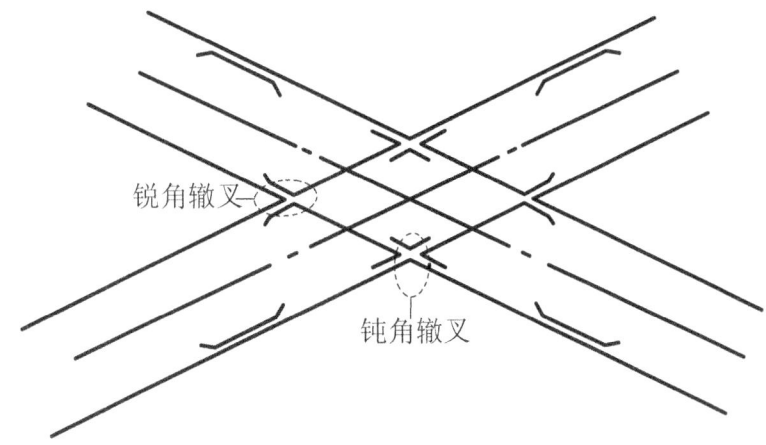

图 5-12 交分道岔

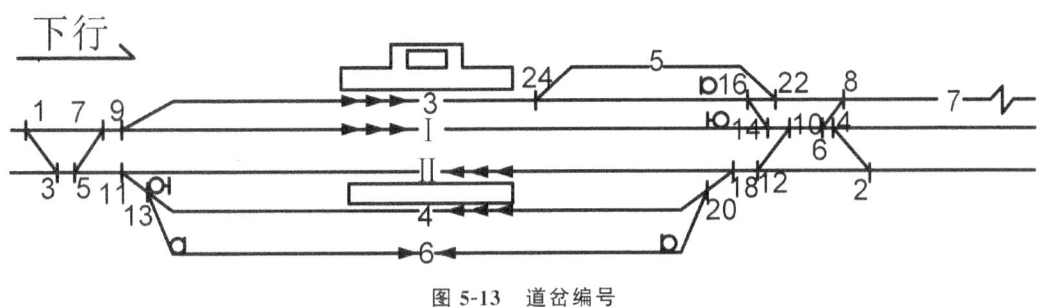

图 5-13 道岔编号

第三节　车站分布与接轨

车站是铁路运输的基本生产单位,它集中了与运输有关的各项技术设备。车站的分布和选址应在满足运输需要的前提下,结合地形、地质、工程难易度以及接轨条件,方便地方客货运等因素,综合考虑、比选确定的。

一、客货共线铁路车站分布

客货共线铁路车站分布,应结合机车交路情况,先设计区段站的分布,然后,在保证通过能力的基础上,结合纸上定线,再确定中间站、会让站和越行站的分布。

（一）区段站的布分

区段站是客货共线铁路的重要作业站点,区段站的分布对客货共线铁路线路方向选择、工程造价、运营条件以及机车运用效率有很大影响。区段站分布应主要从以下四个方面考虑。

1. 车站接轨基础

区段站将有一定数量的其他铁路线路接入,为了满足其他铁路线路接入条件,区段站应结合路网布局,相邻铁路的机务段的布置以及接轨的基本条件综合比选确定。

2. 城镇、工矿企业分布

区段站应尽量靠近大城镇或工矿企业,配合城镇发展规划,在满足客货运集散需要的基础上,尽量改善铁路员工的生产、生活条件。

3. 地形、地质以及便废条件

区段站应设在地形平坦、地质条件好的地方,尽量少占农田,特别是高产田和经济林等,并便于排"三废"(废气、废水、废渣)或水源、电源方便的地方。

4. 摘挂、补给的需要

区段站应与列车换车、甩车、摘挂、补给等地点相结合,以减少列车改编、补机整备等设备的投资。

(二) 中间站、会让站或越行站分布

客货共线铁路的会让站、越行站和中间站的目的是为了保证铁路线路的必要通过能力,并为沿线城乡客货运服务。这类车站规模小、数量多、分布广,对沿线工作、农业生产、居民物质运输以及工程投资有很大影响。

(1) 必须满足国家年运输能力和客车对数要求。

(2) 会让站和越行站应按通过能力要求及货物列车行走时分标准分布,新建双线货物列车单方向站间运行时分,见表5-1。

(3) 中间站应根据日均客货运量,结合该地区其他运输方式的发展情况合理分布,并与城市或地区规划相协调,满足技术作业要求。

(4) 应结合地形、地质、水文和铁路运营条件考虑。

(5) 应考虑站间通过能力的均衡性。

$$j = \sum_{i=1}^{n} \frac{T_i}{nT_{\max}} \qquad (5-1)$$

式中 j——均衡系数。

T_i——第 i 个站间运行图周期(min)。

$T_{\max}$——控制站间运行图周期(min)。

(6) 新建铁路近期为单线铁路,因设站引起巨大工程时,经技术比较,可设为双线,按双线铁路建车站。

(7) 站间距不宜小于8km,双线不宜小于15km。

(8) 分期开设的车站,应根据地方运输需要确定。改建线路,在通过能力允许的情况下,宜关闭作业量小的车站。

表 5-1　新建双线货物列车单方向站间运行时分(min)

旅客列车行车速度(km/h)	>160 以及	>120—≤160		≤120		
列车对数(对/d)	—	≤30	>30	≤20	21—40	>40
电力机车	20	25	20	30	25	20
内燃机车	25	40	35	45	40	—

二、客运专线铁路车站分布

客运专线铁路车站分布,应结合沿线城市分布情况,先设计始发列车作业的大型站,然后,结合线路平面的定线情况,设计中型站和小型站的分布。

(一) 客运专线站间距

各国客运专线的站间距差别较大。如:日本东海道干线平均站间距 34.3km,最长站间距为 68.06km。我国京沪高铁宁沪段,城市多,站间距 40km,徐宁段,城市少,站间距 66km,全线平均站间距 55km。

根据我国的城市分布情况,包括越行站,平均站间距 30~50km 是比较合理的。

(二) 客运专线中间站分布

1. 大型中间站分布

大型中间站主要办理大量高、中速列车始发终到、停站到发、行车通过、转线换挂、转车换车等工作业务和技术作业,相对规模较大。有停车库、机车、车辆维修所、车务段、机务段、乘务段等设施配备。所以,客运专线上的大型中间站,一般设于具有较大客运业务的铁路枢纽和直辖市、省会等所在地的城市。

2. 一般中间站分布

为尽量吸引沿线大小城市的客流,一般中间站应结合沿线的省辖市、县城或县辖市,客流量年均达 200 万人左右的城市进行分布。

三、接轨

设计线与既有线的接轨方案是影响线路局部走向的重要因素,关系到整个路网规划、运输效率、工程投资等问题。接轨方案主要解决接轨点和接轨方向两个问题。

(一) 接轨点的选择

影响接轨点的主要因素。

1. 路网规划

一般情况下,国家主要干线接轨点,在铁路建设规划中就已明确确定,选线设计时综合考虑。一般或次要线路的接轨点,要充分征求各地市各部门的建议或意见,合理考虑确定。

2. 线路走向

线路走向与主要客货流方向相互影响,设计时应综合考虑。

3. 主要客货流方向

综合考虑主要城镇、工农业基地、水陆联运点、原材料产地和消费地区等联系。确保客货流方向顺直、运程短。尽量采用运输集中、运量最大方向。

4. 既有区段站的分布及当地的接轨条件

接轨站应力求选在既有线的区段站上,尽量减少列车编组设备、机务设备的投入,改善运营和管理条件。

(二)接轨方向的选择

选择接轨方向,就是解决从接轨站的哪一端引入的问题。

1. 主要客流方向

接轨方向应力求减少客货流的折角运输,减少运营成本和时间。

2. 城市规划与新线引入条件

新线引入,一般不宜接接轨于编组站,应在枢纽站前方适当车站上接轨,新线引入要符合当地城市规划,尽量减少居民房屋以及城市建设等工程拆迁。

 思考题

1. 根据车站技术作业及作业性质不同,客运专线、客货共线铁路车站如何划分?
2. 车站的布置形式有哪两种?
3. 中间站的主要作业有哪些?中间站的站台、股道是如何编号的?
4. 货场布置形式通常有哪几种?
5. 常用的道岔有哪些?单开道岔主要由哪些部分组成的?
6. 中间站通过能力的均衡性如何计算?
7. 影响接轨点选择的主要因素有哪些?
8. 选择接轨方向主要考虑哪些因素?

第六章 方案技术经济评价

教学目标

知识目标
1. 熟悉经济评价的经济、技术指标。
2. 掌握经济评价的基础数据计算。
3. 掌握经济比较的方法。
4. 熟悉综合评价的必要性和评价方法。

能力目标
1. 能合理确定方案比较的经济和技术指标。
2. 达到准确计算经济基础数据,根据经济比较方法进行方案比较。
3. 能综合评价各方案的优劣。

第一节 概 述

一、方案技术经济评价的主要任务

铁路选线设计的总体目标是以较低的投资,实现所要求的运输能力。同时,减少污染、美化环境、方便民众、运营条件好,工程费用和运营费用低,具有良好的社会效益和经济效益。

方案技术经济的主要任务,就是为实现这一总体目标,在铁路选线设计中,对根据实际情况提出的各种可能线路或有价值方案进行筛选、计算、分析、对比等技术经济比较,从中选出最佳方案。

二、方案技术经济评价的指标

在铁路选线中,通常从技术特征、工程条件、运营条件和经济效益等方面对各种有价值方案进行技术经济方面评价。评价的指标有技术指标和经济指标。

(一) 技术指标

技术指标反映线路技术特征,对线路工程条件和运营条件具有重要影响的指标。技术指标包括工程技术指标和运营技术指标。

1. 工程技术指标

工程技术指标包括:线路长度、展线系数、由线数量与长度、最小半径、最大坡度、不良地段数和长度、车站数、填挖方量、占地亩数、桥隧数量与长度、工期和劳动力投入等。

2. 运营技术指标

运营技术指标包括:运营长度、控制区间、往返时分、拔起高程、通过能力、牵引吨数、输送能力、旅行速度、机车和车辆数、乘务组数、燃料与能量消耗等。

(二) 经济指标

经济指标包括:工程建设投资、运营费、换算年费、净现值、内部收益率、投资回收期等。

1. 工程建设投资

工程建设投资是指工程项目建设的全部费用(固定投资),反映建设期内投入资金的量。工程建设投资包括工程费、工程建设其他费、预备费等。工程费包括机车车辆购置费和土建工程、安装工程费;工程建设其他费包括土地使用费、工程管理费、勘察设计费、工程保险费等;预备费包括涨价预备费和基本预备费。

2. 运营费

运营费是指运营期间发生的费用(流运资金),一定程度反映运营条件的优劣。运营费包括与行车量有关的费用和固定设备维修费。

3. 换算年费

为综合分析工程和运营两方面的经济可行性,可通过一定的折算方法将工程费和运营费换算为一定时期内的平均年费用,即换算年费用。该指标综合反映本方案在建设期和运营期的费用支出情况,一般情况下,换算年费用较低者方案为优。

4. 净现值

净现值是铁路建设项目经济寿命期内,各年度现金流入和流出的差额,考虑资金时间价值折现后的总和。经济寿命期内净现值大于零,方案可行;多方案相比,净现值越高,方案越优。

5. 内部收益率

内部收益率是指经济寿命期内净现值为零时的财务内部折现率。当财务内部折现率大于社会平均折现率时,该方案可行;多方案相比,财务内部折现率越大者为优。

6. 投资回收期

投资回收期是指运营收入冲抵工程投资和运营费所需要的年限。投资回收期小于社会平均投资回收期,方案可行;多方案相比,投资回收期短者为优。投资回收期分为动态投资回收期和静态投资回收期。

三、方案规模和范围

铁路选线不同时期的各个阶段,均有不同性质、规模、范围的方案比较。按建设工程规模、范围划分,可分为网性方案、总体方案和局部方案等。按建设工程阶段、性质划分,可分为工程建设一次性投资、全寿命周期费用和综合效益等。

(一) 网性方案

网性方案是指对国民经济发展和交通网的构成有着重要影响的方案。如:线路起讫点或主要经济据点间的不同走向比较,增设二线与修建分流线之间的比较等。

(二) 总体方案

总体方案是指,虽然对国民经济发展和交通网的构成有着重要影响,但主要技术标准(限制坡度、牵引种类、机车交路等)或行经地区走向的方案比较。

(三) 局部方案

局部方案是指仅限于局部地段工程措施,包括绕经不良地质、平面障碍或高程,平、纵断面改善和小桥涵类型选择等。

(四) 工程建设一次性投资

工程建设一次性投资是指工程项目建设的一次性全部投资费用(固定投资),经济初期多从这方面考虑。在确保规模、功能满足的条件下,一次性投资最少者优。

(五) 全寿命周期费用

全寿命周期费用是指工程项目建设全寿命周期(建设期、使用期)内全部费用,在经济中期多从这方面考虑。在确保规模、功能满足的条件下,全寿命周期费用最少者优。

(六) 综合效益

综合效益包括经济效益、环境效益和社会效益。在经济高度发达时期,建设项目主体将会从这方面考虑,使建设项目实现经济效益、环境效益和社会效益,即综合效益最大化。

第二节 经济比较基础数据

一、铁路建设总投资

铁路建设总投资是指某铁路线建设花费的全部费用,包括工程建设投资(固定资产)和运营费(铺底流动资金)两大部分。

建设工程投资包括工程费、工程建设其他费、预备费、建设期利息及生产方向调节税五部分;运营费包括与行车量有关的费用和固定设备维修费两部分。

工程费包括机车车辆及工器具购置费、工程建设及安装工程费两部分;建设工程其他费包括土地使用费、与建设有关的费用、未来生产和经营费三部分;预备费包括基本预备费、涨价预备费两部分,如图 6-1 所示。

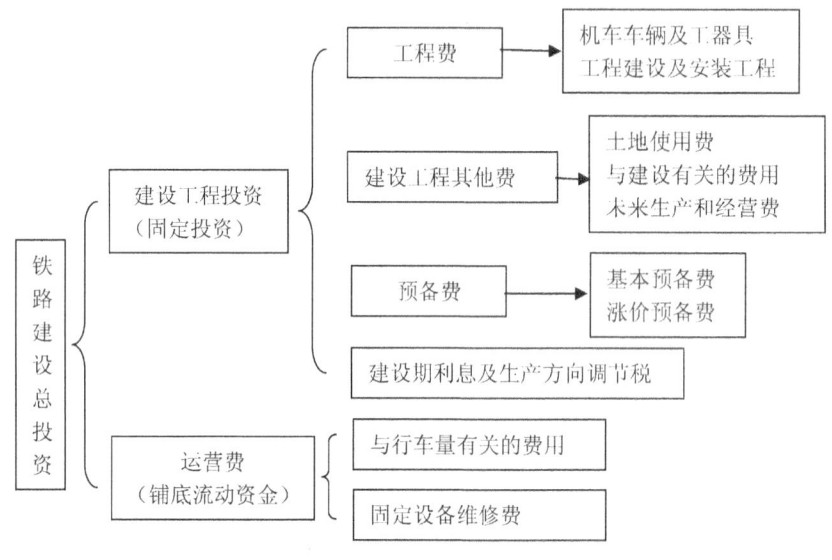

图 6-1 铁路建设总投资组成

二、经济基础数据计算

(一)机车车辆及工器具购置费

影响机车车辆购置费的因素较多,计算比较复杂,下面介绍简化计算。

1. 机车购置费

$$A_{JC} = N \times \alpha_{JC} \quad (万元) \tag{6-1}$$

式中 A_{JC}——机车购置费(万元)，不同型号机车另外计算。

N——昼夜通过列车对数(对/d)。

α_{JC}——机车单价(万元/台)。

2. 车辆购置费

$$A_{CL} = 2N \times M \times \alpha_{CL} \times (1+\gamma_{CL}) \quad (万元) \tag{6-2}$$

式中 A_{CL}——车辆购置费(万元)，不同型号车辆另外计算。

M——一列车编组的车辆数(辆)。

α_{CL}——车辆单价(万元/辆)。

N——昼夜通过列车对数，高速动车每天运营时间按 18h 计算(对/d)。

γ_{CL}——车辆检修备用系数，货车 0.23、客车 0.16、动车 0.16。

3. 工器具及生产家具购置费

工器具及生产家具包括不够固定资产标准的设备、仪器、模具、器具、生产家具和备品备件等。其购置费等于机车车辆购置费乘以定额费率。

(二) 工程建设及安装工程费

工程建设及安装工程费包括拆迁工程费、路基工程费、桥涵工程费、隧道工程费、轨道工程费、通信及信号工程费、供电工程费、房屋工程费等。

1. 拆迁工程费

拆迁工程费包括建筑物拆迁、道路改移、通信电力线路迁移等，可分项统计工程量计算拆迁工程费。

2. 路基工程费

路基工程费包括土石方工程费和挡土墙护坡工程费。

(1) 土石方工程费等于土石方工程量乘以土石方综合单价。

$$f_1' = \sum (P_{填} \times V_{填} + P_{挖} \times V_{挖}) \quad (万元) \tag{6-3}$$

式中 $V_{挖}$、$V_{填}$——分别为全线路基挖方和填方的总体积(m^3)。

$P_{挖}$、$P_{填}$——路基挖方和填方综合单价(万元/m^3)。

土石方数量计算方法有平均距离法、平均断面法、体积公式法。下面介绍平均断面法（路基宽度按 5.4m）。

路基断面的面积根据路基中心填挖高 H 和路基边坡值 i_d 等进行计算，单线路基断面如图 6-2 所示。相邻两断面之间的填方（或挖方）为相邻两断面面积平均值乘以相邻两断面之间的距离。

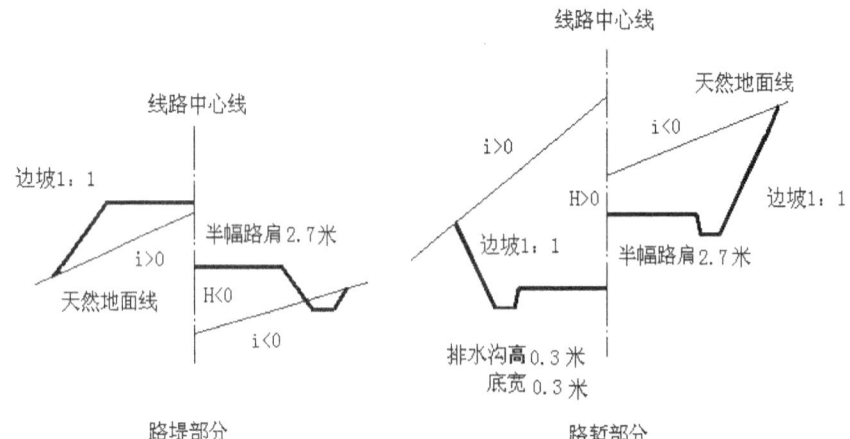

图 6-2 地面横坡取值示意图

$$V_{填(挖)} = S_i \times L_i \quad (m^3)$$

式中 S_i——线路某段两端路基断面面积平均值(m^2)。

L_i——线路某段两端路基断面间的距离(m)。

区间路基土石方计算时应判明填挖零点,应标出桥头(尾)、隧道出入口的点,分段进行计算。车站到发线以内,曲线地段应注意路基断面需要加宽。土石方数量计算见表 6-1。

表 6-1 土石方数量计算表

公里标及加标	高度(m)		断面积(m^2)		平均面积(m^2)		距离(m)	土石方量(m^3)		备注
	填方	挖方	填方	挖方	填方	挖方		填方	挖方	
1	2	3	4	5	6	7	8	9	10	11
合计										

(2) 挡土墙护坡工程费等于正线长度乘以挡土墙的工程数量,再乘以挡土墙的综合单价。

$$f_1'' = (L_{ZX} \times V_{1d} \times P_{1d})/10^4 \quad (万元) \quad (6-4)$$

式中 L_{ZX}——扣除桥梁、隧道的正线长度(km)。

V_{1d}——挡土墙的工程数量(m^3),一般采用平均值 98.4 m^3/km。

P_{1d}——挡土墙的综合单价(万元/m^3)。

(3) 路基工程费为:

$$f_1 = f_1' + {}_1f_1'' \quad (万元) \quad (6-5)$$

3. 桥涵工程费

桥涵工程费包括桥梁工程费和涵洞工程费。

(1) 桥梁工程费分别按大桥、中桥和小桥长度来计算。

$$f_2' = f_{DQ}' + f_{ZQ}' + f_{XQ}' = L_{DQ} \times P_{DQ} + L_{ZQ} \times P_{ZQ} + L_{XQ} \times P_{XQ} \quad （万元） \quad (6-6)$$

式中 L_{DQ}、L_{ZQ}、L_{XQ}——大桥、中桥和小桥的长度(m)。

P_{DQ}、P_{ZQ}、P_{XQ}——大桥、中桥和小桥的每米综合单价(万元/m)。

(2) 涵洞工程费按均摊在每正线公里上的涵洞延米数计算。

$$f_2'' = L_{ZX} \times L_H \times P_H \quad （万元） \quad (6-7)$$

式中 L_{ZX}——扣除桥梁、隧道的正线长度(km)。

L_H——均摊到正线每公里的涵洞长度，一般可按60m/km计算。

P_H——涵洞每米综合单价(万元/m)。

(3) 桥涵工程费：

$$f_2 = f_2' +_1 f_2'' （万元） \quad (6-8)$$

4. 隧道工程费

隧道工程费按隧道的长度进行计算。

$$f_3 = L_{ZX} \times P_{SD} （万元） \quad (6-9)$$

式中 P_{SD}——每公理隧道综合单价(万元/km)。

5. 轨道工程费

轨道工程费按正线长度计算。

$$f_4 = L_{ZX} \times P_{GD} （万元） \quad (6-10)$$

式中 P_{SD}——每公里轨道综合单价(万元/km)。

L_{ZX}——正线的长度(不扣除桥隧的长度)(km)。

6. 通信及信号工程费

通信及信号工程费包括通信工程费和信号工程费。通信工程费包括通信线路、设备等费用；信号工程费包括行车指挥设备、闭塞设备、联锁设备等费用。通信及信号工程费可以按正线长度或车站为单位统计工程量，分项计算。

7. 供电工程费

供电工程费包括供电线路、电源、接触网、变电所、供电段等费用，可以按正线长度或车站为单位统计工程量，分项计算。

8. 房屋工程费

包括生产及办公用房、居住及公共房屋等费用，可以按平方米统计工程量，分项计算。

(三) 建设工程其他费

建设工程其他费按其内容可分为土地使用费、与建设有关的费用和未来生产、经营费三大类。

1. 土地使用费

土地使用费是指按照《中华人民共和国土地管理法》规定,建设工程项目征用土地或租用土地应支付的费用。土地使用费包括土地使用权转让费、拆迁补偿、就业安置费、附着物青苗补偿费等,可按综合单价计算。

$$f_5 = \sum L_{PD} \times S_{PD} \times P_{TD} \quad (万元) \tag{6-11}$$

式中 L_{PD}——某一坡段的长度(km)。

S_{PD}——设计坡度每公里对应的土地亩数(亩/km),见表 6-2。

P_{TD}——土地综合单价(万元/亩)。

表 6-2 不同坡度每公里对应的土地亩数(亩/km)

设计坡度(‰)	6 及以下	6—9	9—12	12 以上
S_D(亩/km)	77.0	74.0	71.0	70.0

2. 与建设有关的费用

与建设有关的费用包括建设管理费、可行性研究费、研究试验费、勘察设计费、环境影响评价费、劳动安全卫生费、场地准备及临时设施费、引进技术和进口设备其他费、工程保险费、特殊设备安全监督检验费、市政公用设施建设及绿化补偿费等。均以工程建设投资中的工程费为基数,按一定费率计算。

3. 未来生产和经营费

未来生产和经营费包括联合试运转费、生产准备费以及办公和生活家具购置费等。联合试运转费为联合运转费用支出减去联合试运转收入;生产准备费以及办公和生活家具购置费,按定员人数乘以相应的费用指标计算。

(四) 预备费

预备费包括基本预备费和涨价预备费。

1. 基本预备费

基本预备费是指建设工程项目实施中可能发生难以预料的费用支出,需要预先预留的费用,又称不可预见费。主要指变更工程中可能增加的工程费用。

$$基本预备费=(工程费+工程建设其他费)\times 基本预备费率(万元) \tag{6-12}$$

2. 涨价预备费

涨价预备费是指建设工程项目在建设期内,由于价格等变化而引起投资增加,需要事先预留的费用。涨价预备费以工程费为基数,根据建设期限、价格上涨指数进行计算。

$$PC = \sum_{t=1}^{n} I_t \left[(1+f)^t - 1\right] \quad (万元) \tag{6-13}$$

式中 PC——涨价预备费(万元)。

I_t——第 t 年的工程费(万元)。

f_t——建设期价格上涨指数。

n——建设期(年)。

(五) 建设期利息及生产方向调节税

1. 建设期利息

建设期利息是指项目借款在建设期内发生并计入固定资产的利息。为简化计算,在编制投资估算时,通常假定借款均在每年年中支付使用,借款第一年按半年计息,其余各年份按全年计息。

$$各年利息 = (年初本息累计 + 本年借款额/2) \times 年利率(万元) \qquad (6-14)$$

【例6-1】某新建项目,建设期为3年,共向银行贷款1300万元,期中第1年300万元,第2年600万元,第3年400万元,年利率6%,计算建设期利息。

【解】

第1年应计利息 $= \frac{1}{2} \times 300 \times 6\% = 9$ 万元

第2年应计利息 $= (300 + 9 + \frac{1}{2} \times 600) \times 6\% = 36.54$ 万元

第3年应计利息 $= (300 + 9 + 600 + 36.54 + \frac{1}{2} \times 400) \times 6\% = 68.73$ 万元

建设期利息总和 $= 9 + 36.54 + 68.73 = 114.27$ 万元。

2. 生产方向调节税

生产方向调节税是指,为了贯彻国家产业政策,控制投资规模,引导投资方向,调整投资结构,加强重点建设,促进国民经济持续、稳定、协调发展,国家对急需、鼓励、限制投资的项目实行差别税率。差别税率包括基本建设项目投资和更新改造项目投资两大类。

(1) 基本建设项目投资适用税率:

① 对国家急需发展的项目投资。如农业、林业、水利、能源、交通、通信、原材料、科教、地质、勘探、矿山开采等基础产业和薄弱环节的部门项目投资,适用零税率,予以优惠扶持照顾的政策。

② 对国家鼓励发展但受能源、交通等制约的项目投资。如钢铁、化工、石油化工、水泥等部分重要原材料,以及一些重要机械、电子、轻工工业和新型建材等项目投资,实行5%的轻税政策。

③ 对城乡个人修建住宅和职工住宅(包括商品房住宅的建设投资),分别实行从优化低政策。为了改善职工、农民居住条件,配合住房制度改革,对城乡个人修建、购买住宅的投资实行零税率;对单位修建、购买一般性住宅投资,实行5%的低税率;对单位用公款修建、购买高标准独门独院、别墅式住宅投资,实行30%的高税率。

④ 对楼堂馆所以及国家严格限制发展的项目投资,加以30%的重税。

⑤ 对不属于上述四类的其他项目投资,实行中等税负政策,税率为15%。对基本建设投资项目按经济规模设置差别税率,在适用税率上予以鼓励。反之,则予以限制。

(2) 更新改造项目投资适用税率:

为了鼓励企事业单位进行设备更新和技术改造,促进技术进步、体现基本建设从严,更新改造从宽的政策精神,对国家急需发展的项目投资(与基本建设项目投资相同),给予优惠扶持,适用零税率;对除此以外的更新改造项目投资,一律按建筑工程投资额征收 10% 的投资方向调节税。

(六) 与行车量有关的费用

建设工程项目前期工作的有关费用计算要求精度不高时,可用列车公里法计算与行车量有关的运营费用,因该法是以均衡速度为基础,所以,与行车量有关的费用由列车走行费和列车起停附加费用两部分组成。

1. 列车走行费

(1) 货物列车单向一次走行费:

$$\varepsilon_1 = \sum(e_i \times l_i) + 0.0105 \sum \alpha \times (P+G) \times a \times 10^{-4} \quad (元/列) \quad (6-14)$$

式中 P、Q——机车、牵引质量(t)。

e_i——各种坡度每列车公里走行费(元/km·列)。

l_i——各种坡度相应的坡段长度(km)。

$\sum \alpha$——单方向牵引坡地段曲线转角总和(°)。

a——每吨公里机械功能耗综合费用(元/t·km),韶山 1 机车 0.53,韶山 3 机车 0.55,韶山 4 机车 0.54,东风机车 0.75 等。

(2) 年走行费:

$$f_6' = 365 \times (N_H + \eta \times H_K) \times \sum \varepsilon_1 \times 10^{-4} (万元/a) \quad (6-15)$$

式中 N_H、H_K——一昼夜货物列车、旅客列车通过的对数(对/d)。

η——旅客列车走行费的换算系数。

$\sum e_1$——每对货物列车往、返一次走行费和(元/列)。

2. 列车起停附加费

$$f_6'' = 365 \times e_{qt} \times K_{qt} \times (N_H + \eta \times H_K) \times 10^{-4} (万元/a) \quad (6-15)$$

式中 e_{qt}——货物列车起停一次的附加费(元/次),可查有关手册。

K_{qt}——货物列车往返该区段的平均起停次数。

3. 与行车量有关的费用

$$f_6 = f_6' + f_6'' (万元/a) \quad (6-16)$$

(七) 固定设备维修费

固定设备维修费包括正线维修费、站线维修费、车站维修费、信联闭和通信设备维修费以及供电设备维修费等。部分简化可按下式计算。

$$f_7 = [L_{ZX} \times (e_{ZX} + e_{XL}) + N_{CH} \times e_{CH} + L_{DF} \times e_{DF}] \times 10^{-4} (万元/a) \qquad (6-17)$$

式中 L_{ZX}、N_{CH}、L_{DF}——正线长度(km)、车站数目(个)、到发线长度(km)。

e_{ZX}、e_{XL}——正线、信联闭及通信等维修费(元/km.a)。

e_{CH}、e_{DF}——车站、到发线维修费(元/km.a)。

第三节 经济评价方法

一、经济效益评价方法分类

(一) 按评价指标分类

经济效益评价按评价指标分为最小费用法和费用收益评价法两类。最小费用法包括总成本(投资)费用法、年换算费用法和差额投资偿还期法等。费用收益评价法包括投资回收期法、净现值法和内部收益率法等。

(二) 按时间因素分类

经济效益评价按时间因素分为静态法和动态法两种。

二、经济效益评价方法

(一) 静态法

经济效益评价静态法,是指货币额所代表的资金价值不随时间变化而变化,如总成本(投资)费用法、年换算费用法、差额投资偿还期法和静态投资回收期法等。

静态法虽不能反映建设期资金占用的经济损失,也不能确切计算提前投产的经济效益,但静态法略去了时间因素,简化了计算过程,方案比选相对明了、快捷,适合于多方案比选中淘汰明显不合理的建设方案。

1. 总成本(投资)费用法

铁路线路长度、建设期、寿命周期基本相同的方案进行比较时,可采用总成本(投资)费用法。总成本(投资)费用包括投资总额以及建设项目全寿命周期内的各种费用(主要指年运营费用)。总成本(投资)费用最小的方案为最优方案。总成本(投资)费用计算式为:

$$K_t = C_t + \sum_{t=1}^{n} E_{it} \qquad (6-18)$$

式中 K_i——i 方案总成本（投资）费用。

C_i——i 方案总投资。

E_{it}——i 方案计算期内第 t 年的运营费用。

n——i 方案的计算期年数。

2. 年换算费用法

寿命周期有差异的方案，可将总成本（投资）费用平摊到运营期（偿还期）换算为年换算费用，年换算费用最小的方案为最优方案，计算式为：

$$A_i = \frac{C_i}{T_i} + E_i \tag{6-19}$$

式中 A_i——i 方案年换算费用。

C_i——i 方案总投资。

E_i——i 方案运营期（偿还期）内各年的平均运营费用。

T_i——i 方案的运营期（偿还期）。

3. 差额投资偿还期法

投资费用多而年运营费少或投资费用小而年运营费多时，可用差额投资偿还期法。这种方法的原理是，投资较多的方案每年节省的运营费来补偿该方案多投入的投资，补偿所需的年数。若差额投资偿还期小于基准偿还期 $T_基$，则投资大的方案有利。计算公式为：

$$T = \frac{C_1 - C_2}{E_2 - E_1} \quad (年) \tag{6-20}$$

式中 T——差额投资偿还期（年）。

C_1、C_2——为方案 1,2 的投资额。

E_1、E_2——为方案 1,2 的年运营费。

判别方法：当 $T > T_基$ 时，方案 2 有利；$T < T_基$ 时，方案 1 有利。

若，考虑到铁路通车后运量是逐年增长的，年运营费也将逐年变化。为体现这一特点，差额投资偿还期可按下式解算：

$$C_1 - C_2 = \sum_{t=1}^{T}(E_{2t} - E_{1t}) \tag{6-21}$$

式中 E_{1t}、E_{2t}——为方案 1,2 第 t 年的运营费。

4. 静态投资回收期法

投资回收期是指项目净收益回收项目投资所需要的时间，一般以年为单位，并从项目建设开始年份算起（若从项目投产开始年份算起，应予以说明）。投资回收期，一般借助项目现金流量表进行计算，计算项目现金流量表中累计现金流由负值变为零时的时点。

$$p_i = 累计现金流量出现正值的年份数 -1 + \frac{上年累计净现金流量绝对值}{当年净现金流量} \tag{6-22}$$

判别标准：项目方案投资回收期小于基准投资回收期，则方案可行；在基准投资回收期内,投资回收期短的方案优。

【例 6-2】某公司有两个项目方案可供选择,现金流量见表 6-3。若公司要求项目投入资金必须两年内收回,应选择哪个项目方案。

表 6-3 某公司投资项目方案现金流量表(万元)

年　份	0	1	2	3
项目方案 1 现金流	-6000	3200	2800	1200
项目方案 2 现金流	-4000	2000	960	2400

【解】

项目方案 1 累计净现金流量计算见表 6-4。该项目方案累计现金流在第 2 年末为零。所以,项目方案 1 的投资回收期为 2 年。

表 6-4 项目方案 1 现金流量累计计算表(万元)

年　份	0	1	2	3
项目方案 1 现金流	-6000	3200	2800	1200
累计净现金流量	-6000	-2800	0	1200

表 6-5 项目方案 2 现金流量累计计算表(万元)

年　份	0	1	2	3
项目方案 2 现金流	-4000	2000	960	2400
累计净现金流量	-4000	-2000	-1040	1360

项目方案 1 累计净现金流量计算见表 6-5。该项目方案累计现金流在第 3 年由负值变为正值。所以,项目方案 2 的投资回收期为:

$$p_2 = 3 - 1 + \frac{1040}{1360} = 2.76 \text{年}$$

因此,两个项目方案投资回收期均小于 3 年,两项目方案均可行,但项目方案 1 最优。

(二) 动态法

经济效益评价动态法,是指货币额所代表的资金价值随时间变化而变化,如投资回收期法、净现值法和内部收益率法等。

动态法考虑了资金的时间价值,是将不同时间的费用(投资)及效益折算成同一基准时间的价值进行比较,计算过程十分繁琐,但能正确反映方案的经济效益,体现了经济社会的价值规律。

1. 动态投资回收期法

动态投资回收期法,考虑了资金的时间价值。判别方法和静态投资回收期判别方法一样。项目方案投资回收期小于基准投资回收期,方案可行;在基准投资回收期内,投资回收期短的方案优。

【例 6-3】仍以例 6-2 为例,若折现率为 10%,计算两项目方案动态回收期,并判定哪个方案优。

【解】

项目方案 1 累计净现值见表 6-6,动态投资回收期为:

$$p_1 = 3-1+\frac{776.86}{901.58} = 2.86 \text{年}$$

项目方案 2 累计净现值见表 6-7,动态投资回收期为:

$$p_2 = 3-1+\frac{1388.43}{1803.16} = 2.76 \text{年}$$

项目方案 1 和项目方案 2 的动态回收期均在 3 年之内,均可行,但项目方案 2 最优。

表 6-6 项目方案 1 累计净现值计算表(万元)

年 份	0	1	2	3
项目方案 1 现金流	-6000	3200	2800	1200
净现值(i=10%)	-6000	2909.09	2314.05	901.58
累计净现值	-6000	-3090.91	-776.86	124.72

表 6-7 项目方案 2 累计净现值计算表(万元)

年 份	0	1	2	3
项目方案 2 现金流	-4000	2000	960	2400
净现值(i=10%)	-4000	1818.18	793.39	1803.16
累计净现值	-4000	-2181.82	-1388.43	414.73

2. 净现值法

净现值法,是多方案按设定的折现率 i,在整个项目计算期内,各年份净现金流量的净现值之和进行比较。计算期内净现值大于零的方案可行,可行方案中净现值大的方案优。计算式为:

$$FNPV = \sum_{t=1}^{n}[(CI+CO)_t(1+i_c)^{-t}] \quad (6-23)$$

式中 $FNPV$——净现值。

CI、CO——现金流入、现金流出(现金流入、现金流出,为现金流量)。

n——计算期年数。

i_c——设定的折现率。

以例 6-3 为例,若计算期为 3 年,则项目方案 1 三年内的净现值和为 124.72 万元,项目方案 2 三年的净现值和为 414.73 万元,两项目方案的净现值均大于零,所以两项目方案均可行,但两项目方案相比,项目方案 2 更优。

3. 内部收益率法

内部收益率法是用在计算期内,各年净现值累计等于零时的折现率(内部收益率)进行比较。判别方法:项目方案内部收益率大于基准折现率时,项目可行;可行多方案中,内部收益率大者优。计算式为:

$$\sum_{t=1}^{n}[(CI-CO)_t(1+i)^{-t}] = 0 \quad (6-24)$$

式中 i——财务内部收益率,其他符号同上。

【6-4】再以例 6-3 为例,若计算期为 3 年,基准折现率为 $i_c=10\%$。试计算项目方案 1 和项目方案 2 财务内部收益率,并判定哪个方案优。

【解】
项目方案 1 和项目方案 2 三年内净现值见表 6-8。

表 6-8 项目方案 1 和项目方案 2 净现值计算表(万元)

年 份		0	1	2	3
项目方案 1	现金流	−6000	3200	2800	1200
	净现值	$-6000/(1+i)^0$	$3200/(1+i)^1$	$2800/(1+i)^2$	$1200/(1+i)^3$
项目方案 2	现金流	−4000	2000	960	2400
	净现值	$-4000/(1+i)^0$	$2000/(1+i)^1$	$960/(1+i)^2$	$2400/(1+i)^3$

$$-6000/(1+i)^0+3200/(1+i)^1+2800/(1+i)^2+1200/(1+i)^3=0$$

项目方案 1 内部收益率为 $i=11.3\%$

$$-4000/(1+i)^0+2000/(1+i)^1+960/(1+i)^2+2400/(1+i)^3=0$$

项目方案 2 内部收益率为 $i=15.6\%$

项目方案 1 和项目方案 2 的内部收益率均大于 10%,两项目方案均可行,但项目方案 2 内部收益率大,相对于项目方案 1 更优。

4. 差额内部收益率法

差额内部收益率法,是以差额投资内部收益率作为评价指标的经济比较方法,是两个方案各年度净现金流量差额的现值之和等于零时的折现,与基准折现进行比较。当差额内部收益率大于基准折现时,投资大的方案优;反之,投资小的方案优。计算式为:

$$\sum_{t=1}^{n}[(CI-CO)_{2t}-(CI-CO)_{1t}](1+i)^{-t}=0 \quad (6-25)$$

式中 i——差额内部收益率,其他符号同上。

【6-5】某新线项目建设有两个方案,两方案现金流量见表 6-9,计算期为 5 年,基准折现率为 $i_c=15\%$。试计算两个方案的差额内部收益率,并分析应选择哪个方案。

表 6-9 某新线项目建设两方案现金流表(万元)

方 案	项 目	0 年	1 年	2 年	3 年	4 年	5 年
项目方案 A	现金流出	9500					
	现金流入		2843	2843	2843	2843	2843
项目方案 B	现金流出	7000					
	现金流入		2088	2088	2088	2088	2088
A−B	现金流量差	−2500	755	755	755	755	755

【解】
根据表 6-9 中的现金流量差,按式 6-25 得出

$$-2500/(1+i)^0+755/(1+i)^1+755/(1+i)^2+755/(1+i)^3+755/(1+i)^4+755/(1+i)^5=0$$

即 $-2500+755\dfrac{(1+i)^5-1}{(1+i)^5}=0$

两项目方案差额内部收益率为 $i=15.52\%$，大于基准折现率，所以，投资大的方案优，即项目方案 A 优。

第四节　综合评价

一、综合评价的必要性

铁路新线建设项目十分复杂，主要表现在三个方面。
(1) 涉及因素复杂，导致建设项目目标的实现受多重因素影响和制约。
(2) 投资效果可能体现在多方面，如技术效果(质量效果、节能降耗效果等)，经济效果(投资成本、财务效益等)，社会和环境效果(当地经济发展、扩大就业、提高生活质量、改善劳动条件、减少污染等)。
(3) 政治和国防效果等。为了对建设项目涉及因素、产生的效果和社会环境影响进行全面的分析评价，有必要对建设项目的各种方案进行系统研究。

二、综合评价的目的

综合评价的目的主要表现在两个方面。
(1) 在各方面、各层次分析和评价的基础上，谋求建设项目整体优化，而非强调某一指标或几项指标最优。
(2) 从不同角度分析评价而得出结论进行综合，得出对建设项目整体效果和影响的完美。

三、方案的综合评价

方案的综合评价，是指设计方案取得各项技术经济评价指标的基础上，结合各项指标的权重，综合评选最合理的设计方案。项目方案的综合评价需要事先确定评价指标和所对应的权重。

新建铁路线路方案技术经济综合评价常用的指标见表 6-10。

表 6-10 新建铁路线路方案技术经济综合评价

序号	指标名称		单位	权重	方案 1	方案 2
1	线路长度		km			
2	展线系数					
3	牵引吨数		t			
4	控制区间往返走行时分		min			
5	通过能力		对/d			
6	最大坡度		‰			
7	最大坡度地段长度		km			
8	线路拔起高度		m			
9	最小曲线半径		m			
10	曲线总长度		km			
11	地质不良地段总长度		km			
12	车站数		座			
13	土石方	填方	立方			
14		挖方	立方			
15	桥梁总长度		km			
16	隧道总长度		km			
17	土地使用面积		亩			
18	建设工程费		万元			
19	设计年度运营费		万元/a			
20	投资回收期		a			
21	净现值		万元			
22	内部收益率		%			
23	合计			100		

思考题

1. 方案技术经济评价时的工程技术指标有哪些?
2. 方案技术经济评价时的经济指标有哪些?
3. 建设工程投资由哪几部分组成?
4. 经济效益评价按时间因素分为哪两种?
5. 常见的经济效益评价动态法有哪些?

计算题

1. 某新建项目,建设期为 4 年,共计贷款 1500 万元,期中第 1 年 400 万元,第 2 年 400 万元,第 3 年 400 万元,第 4 年 300 万元,年利率 8%,请计算建设期利息是多少?
2. 某公司有两个项目方案可供选择,计算期 4 年,现金流量见表 6-11。若规定的折现率为12%,请计算两方案在计算期内的净现值,并判别哪个方案较优。

表6-11 某新线项目建设两方案现金流表(万元)

方 案	项 目	0年	1年	2年	3年	4年
项目方案A	现金流出	8000				
	现金流入		2800	2800	2800	2800
项目方案B	现金流出	6000				
	现金流入		2000	2000	2000	2000

第七章　既有线改建与城市轨道交通

教学目标

知识目标
1. 熟悉既有线改造及建设。
2. 熟悉第二线设计和三、四级分流设计。
3. 熟悉城市轨道交通路网规划设计。
4. 熟悉城市轨道交通线路、车站的规划设计。

能力目标
1. 能合理进行既有线改造及增设二线设计。
2. 合理进行城市轨道交通路网规划设计。
3. 能进行城市轨道交通线路走向设计、车站规划等设计。

第一节　既有线改建

随着国民经济的迅速发展和对外贸易的不断扩大,铁路客货运量也逐年大幅度地增长。因此,既有铁路的技术装备和输送能力,往往不能适应铁路现代化和运量增长的要求,需要进行技术改造,提升输送能力。同时,因时间价值和时间观念的增强,旅客对提高行车速度、节约旅行时间的要求日益增强,加之铁路面对其他运输方式的激烈竞争,为谋求铁路自身的发展,客观上也需要提高行车速度。既有线改造是铁路运输综合扩能的重大措施,应根据国民经济发展规划统筹安排。

一、既有线运输能力加强的措施

加强铁路能力的方案和时机,主要根据需要能力和现有能力的水平来确定。铁路输送能力由通过能力和牵引吨数决定,既有线运输能力的加强也应从这两方面着手。对既有铁路运输能力的加强措施,可归纳为运输组织措施、改革牵引动力、信联闭的措施和改造工程设施的措施。

（一）运输组织措施

运输组织措施基本上不增加设备、不改建工程,而是采用特殊的行车方式,发挥既有铁路潜力,以提高通过能力,通常作为既有线改建前适应运量增长的过渡措施。

1. 缩短控制区间的运行图周期

编制列车运行图时,使进入控制区间为上坡方向的列车不停车,提高其行车速度,缩短走行时分。

当既有线采用电气路签(牌)闭塞时,可把控制区间两端车站上的路签(牌)机移到扳道房内,以节省车站值班员递送路签(牌)的走路时间,缩短会车间隔时分。或者允许控制区间的路签(牌)可以直接折返使用,用以节省取送路签(牌)时间,缩短会车间隔时分。

当技术作业站相邻区间为控制区间时,若因技术作业(如给水、摘挂机车等)时间较长,增大运行图周期,可视具体情况,采用移动列车运行线的办法,缩短控制区间的运行图周期。

2. 在单线区段采用特殊运行图

(1) 不成对运行图:

当上、下行行车量不均衡时,可编制不成对运行图,使重车方向加开列车,轻车方向多余的机车附挂在回程列车上折返。如图 7-1 所示。

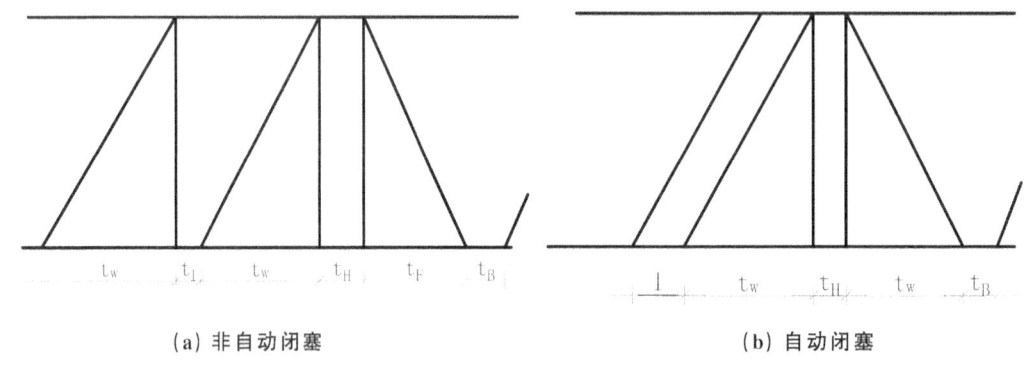

(a) 非自动闭塞　　　　　　　　(b) 自动闭塞

图 7-1　不成对运行图

(2) 追踪与部分追踪运行图:

在单线自动闭塞区段上,当中间车站的到发线数量较多,能够组织双方向追踪列车在车站上交会和越行时,可采用两列(或几列)车连续发车的追踪或部分追踪运行图,如图 7-2 所示。追踪运行图虽然可以提高通过能力,但由于列车交会停站时间加长,使区段速度降低,并需增加车站站线数量。为了克服上述缺点,实际上多采用部分追踪运行图。

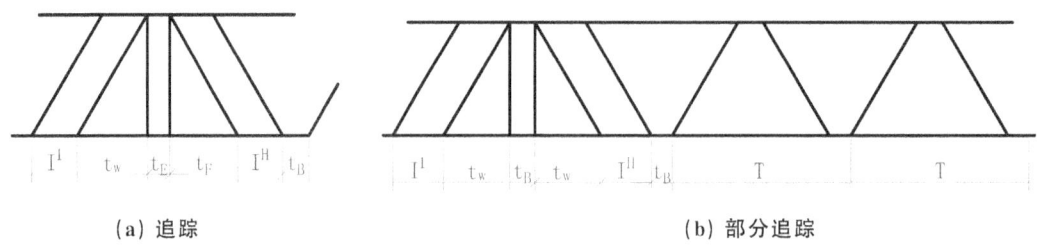

(a) 追踪　　　　　　　　(b) 部分追踪

图 7-2　追踪与部分追踪运行图

(3) 减少旅客列车扣除系数：

编制列车运行图时，若能使多数车站都要停车的普通旅客列车按货物列车运行线铺画，则可减小这些旅客列车的扣除系数，使线路通过能力有所提高。若能使旅客快车集中发车，也可减小这些旅客快车的扣除系数，提高通过能力。

(4) 采用动能闯坡、补机推送或双机牵引：

当一个区段内有个别陡而短的坡段限制了全区段的牵引吨数时，可采取适当措施。如使列车在陡坡前的车站不停车，借助司机的先进操纵技术，提高陡坡前的列车速度和爬坡时的机车牵引力，使机车能牵引较重的列车。利用动能闯过陡坡，从而能提高全区段的牵引吨数。

采用动能闯坡时，通常应使列车到达坡顶的速度不低于机车计算速度，并据此确定动能闯坡的牵引吨数，牵引吨数可用图解法确定。其方法是先假定 2~3 个牵引吨数，根据线路平纵面，分别绘出速度距离曲线，得到 2~3 个相应的坡顶速度，据此可绘出牵引吨数与坡顶速度的关系曲线，如图 7-3 所示。在曲线上，可找到与机车计算速度对应的牵引吨数，即能以机车计算速度闯过坡顶的牵引吨数。必要时，允许将坡顶速度适当降低，但一般不宜低于 15~20km/h。

若区段内个别位于车站附近的陡坡限制牵引吨数，且利用动能不能闯上坡顶时，可采用补机推送办法，以提高牵引吨数和行车速度。补机挂在列车尾部，可推送到下一车站，然后附挂在对向列车上，折回补机站；亦可将列车推送到陡坡坡顶，在区间摘钩折返。

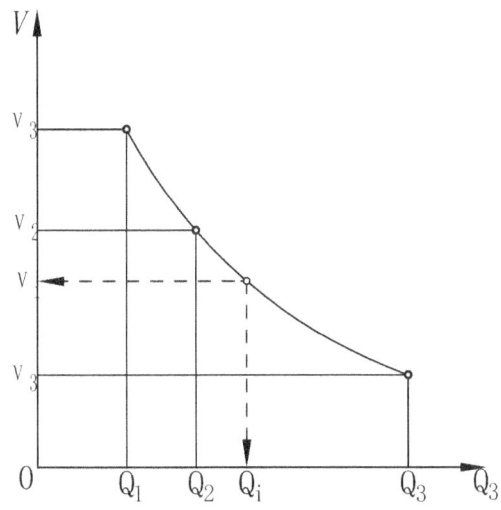

图 7-3 牵引吨数与坡顶速度关系曲线

(二) 改革牵引动力与信联闭的措施

1. 增大牵引功率的措施

增大牵引功率不但可以提高牵引吨数，并且可以提高运行速度，相应增加通过能力。牵引吨数提高后，车站到发线有效长度也要相应加长。

(1) 采用多机牵引。在一个区段内,有连续几个区间为持续陡坡,限制牵引吨数时,可在持续陡坡的路段内,采用多机牵引。这样,全区段的牵引吨数可根据其他单机牵引路段的较缓坡度来决定,从而提高全区段的牵引吨数。

(2) 采用大功率机车。在全线或个别区段内采用功率较大的机车,既能提高牵引吨数,又可提高列车运行速度,从而提高线路通过能力。

(3) 采用电力或内燃机车。电力与内燃机车牵引力大、速度高、启动与制动性能好,可大大提高牵引吨数、行车速度和输送能力。

2. 改换信联闭设备

改善信号、联锁、闭塞设备,是保证行车安全、提高通过能力、改善运输工作指标的重要措施。采用较完善的信号、联锁、闭塞装置,可使列车在车站上交会、越行的作业时间缩短,从而提高通过能力。车站间隔时间缩短后,区段速度也相应提高,可加速机车车辆周转,降低运输成本。

(三) 改建工程设施的措施

1. 增设车站或线路所

在既有单线铁路各区间通过能力不均衡的情况下,当少数控制区间的距离较长,且区间中段地形较平缓,设站不致引起巨大工程时,可考虑在这些控制区间增设车站,以缩短行车时分,提高通过能力。这种措施的投资一般不多,但效果显著。

2. 延长到发线的有效长度

增大牵引功率和减缓最大坡度,都将使牵引吨效增大,列车长度增长。当既有车站到发线长度不足时,应根据需要予以延长。延长到发线有效长度,要相应改移信号机位置,改铺咽喉区道岔与联锁设备。货物列车牵引吨数提高后,不但需要延长沿线中间站、区段站的到发线有效长度,并且需要延长有关编组站到达场、编组场、出发场的股道有效长度。

3. 削减超限坡度和减缓限制坡度的措施

为了提高牵引吨数或统一全线的牵引定数,在改建既有线时,可采用减缓最大坡度的措施。但落坡就要改线,往往造成大量废弃工程,投资巨大,干扰运营,且占用农田。因此,既有线改造设计的原则应当是力争用牵引动力来提高牵引吨数,尽量避免落坡改线,节约改建投资,加快改造进程,减少运营干扰。若既有线仅有少量较短的超过限制坡度的陡坡坡段,限制了牵引吨数的提高,采用落坡措施改建工程量不大时,可以考虑将超限坡度削减,以提高牵引吨数。

4. 增建复线及其过渡措施

增建第二线是提高铁路能力最有效的措施,但造价很高。在运量增长不快的既有线上,应采用分阶段逐期加强的措施,如向控制区间延长站线,或在控制区间修建第二线,提高全区段的通过能力,最后再过渡到全线复线。这样,既可满足近期运量增长,节省了初期投资,又能在修建第二线时,充分利用初期增建的工程,不会造成废弃。客货并重的双线铁路,绝对行车量可达120对左右。但是随着客货行车量的增大,单位运营支出亦将大幅度增加。

当旅客列车行车量达到 30~50 对时,双线的最有利行车量超过 95~110 对时,应考虑新建分流线或增加第三、四线。

5. 道口的改善与加强

随着公路运输的发展、农用机械的增多和铁路运输能力的增大,既有线的原有道口可能需要改建。应参照道路交叉的有关规定,结合线路平纵面的改建,改造道口和完善道口设施,如修建立交桥、完善预报装置和自动栏木等,以确保安全。200km/h 提速线路,全线应按全封闭、全立交进行改造。列车速度小于 200km/h 但大于 120km/h 区段的平交道口应改造为立交,确实难以改为立交桥的无人看守道口,必须改为有人看守道口。

6. 轨道加强

随着既有线的运量增长,原轨道结构一般偏弱,致使维修工作量加大,大修周期缩短,干扰正常运营。既有线加强时,应结合线路改建,根据线路年通过总质量、最高行车速度选用相应的轨道类型。例如,I 级铁路应铺设无缝线路,200km/h 提速线路应采用 60kg/m 淬火轨或微合金钢轨,应铺设跨区间无缝线。

二、既有线改建设计

既有线的改建设计,应符合国家和行业的有关标准。但因既有线的标准往往较低,而改建施工时,必须保证正常运营和行车安全,导致施工条件复杂,造价增高。为了节约资金,应尽量利用既有建筑物与设备,允许改建设计的标准较新建铁路的设计标准降低。既有线的改建,包括平面、纵断面和横断面改建。

(一)纵断面改建设计

1. 一般规定

(1)最大坡度与坡度差:

① 改建既有钱时,对局部超过限制坡度的地段,若降坡将引起困难工程,且计算检算证明列车可以利用动能以不低于机车计算速度通过的坡度,可予以保留。但既有线为双线时,不应妨碍自动闭塞的采用。

② 改建既有线的最大坡度地段,若按规定进行曲线和隧道折减将引起巨大工程时,可以保留原标准。

③ 改建既有线如有充分技术经济依据时,其相邻坡段的坡度差可保留原数值。

(2)坡段长度:

改建既有线的坡段长度,当设计速度小于等于 160km/h 的路段,在困难条件下可采用 200m;设计速度为 200km/h 的路段,最小坡段长度一般不宜小于 600m,困难条件下不应小于 400m,且连续使用时不得超过 2 个。

(3)竖曲线:

① 设计速度为 200km/h 的路段,坡度代数差大于 1‰时,须设置圆曲线形竖曲线,且竖

曲线最小长度不宜小于25m,竖曲线半径不得小于15000m。

② 设计时速不大于160km/h的路段,如既有线相邻坡段采用抛物线形竖曲线连接时,在其顶点的曲率半径不小于新线标准的条件下,可保留原有连接方式。

(4) 改建既有线纵断面设计,以轨面高程为准:

轨面高程由线路纵断面测量测出。线路纵断面测量包括水准基点、百米标和加标的高程测量。百米标与加标的高程为既有线轨面高程;在直线路段为左侧钢轨的轨面高程;在曲线路段为内轨的轨面高程。

(5) 改建纵断面的设计方案应与施工方法相结合:

一般情况下,起道高度小于50cm时,用道碴起道;起道高度为50~100cm,用渗水土壤起道;起道高度大于100cm或落道后道床厚度小于规定标准时,用抬降路基面来完成。

(6) 不宜降低轨面高程:

设计中,为了方便施工及减轻对运营的干扰,一般不采用挖切路基的办法来降低轨面高程,仅在受建筑限界与结构物构造控制,以及为消除路基病害的路段方可采用。设计中,一般也不宜降低既有线轨面高程,以免挖切道床影响正常运营。仅在个别路段,为避免改建桥隧建筑物,避免挖切路基,或为了减少线路改建工程,才允许挖切道床以降低轨面高程。道床厚度仅允许较规定标准小5cm,但最小道床厚度不得小于25cm。

2. 放大纵断面图

既有线纵断面的改建设计,要求细致准确,以保证尽可能利用既有建筑物减少改建工程,设计时应采用放大纵断面。放大纵断面图的比例尺是:高程为1:100(或1:200),以便细致地研究既有轨面高程的升降,将纵断面设计得更加经济合理。

3. 注意事项

(1) 桥涵。在道碴桥梁上,一般应按计算轨面高程来设计纵断面。通常情况下,不允许落低既有轨面高程,以避免降低墩台顶面高,导致施工困难。必要时可用道碴起道的方法提高轨面高程,这时,往往需要加高梁的边墙,以免道碴溢出。轨面抬高值一般限制在10~15cm,以免加厚道碴后影响桥梁的应力与稳定性。当抬高值较大时,需加高墩台顶面高程,施工比较困难。加高墩台顶面高程时,当加高值在0.4m以内时,一般可不进行检算,大于0.4m时应进行检算。

在明桥面桥梁上,轨面高程的变动必将引起抬降墩台顶面高程等困难工程。因此,应根据既有轨面高程设计纵断面。

在涵洞处,允许适当抬高或降低既有轨面高程。但抬高值过大时,往往需要改建涵洞的端墙与翼墙,甚至将涵洞接长。若需大量降低既有轨面高程并挖低路基时,则应保证涵洞顶到道床底面的最小填土高度。

(2) 隧道。在隧道内,当需要提高隧道净空,或削减隧道内的坡度时一般采用落道方法,以免破坏现有隧道的拱圈,但降低值以不大于0.4m为宜,以保护隧道边墙的基础。

(3) 车站站坪。车站站坪范围内正线线路的纵断面一般不宜过多的抬高或降低,以免引起站内建筑物如车站站线、咽喉区、站台、天桥、信号与给水设备等的改建。

当减缓站坪坡度、延长站坪长度、增设车站或者削减限制坡度引起站坪纵断面的改建时,应全面考虑,使整个改建工程量减至最小。

当车站正线要抬高或降低时,可用车站站线作为施工时的临时通车线路。

(4) 路基:

① 设计路肩高程。低洼地段与桥涵两侧的路肩高程,应高于百年周期洪水位加壅水高与波浪冲高的0.5m。但据此设计,往往要抬高桥梁加高路堤,引起大量改建工程。当经过充分论证后,可以用调查的历史最高洪水位,作为确定桥下净空和路肩高度的依据,以避免大量改建工程。历史上未发生水害的路段,不一定按百年周期的洪水进行改建。

② 在挡土墙、护坡路段,抬道时应考虑加宽路基后不使其填土坡脚盖过挡土墙或护坡。必要时,可用干砌片石加陡边坡。

③ 路基病害路段,如沙害、雪害,以及因毛细水上升引起的冻害或翻浆冒泥,均可考虑结合抬道来整治病害。

④ 路基基床土质不良及道床排水不畅,引起道碴囊,一般可考虑结合落道来整治病害。

⑤ 路堑路段落道时,应考虑施工时扩大路堑对行车的干扰,特别是石质路堑,需要放炮,干扰更为严重。此外尚应考虑路堑边坡的稳定与地下水位的高低。如设计的路肩高程低于地下水位,还应考虑降低地下水位的措施。

⑥ 路堤段抬道时,应考虑加宽路基对路基稳定的影响,特别是高路堤路段,更应注意。

(二) 平面改建设计

1. 曲线改建方式

既有线的平面改建,主要是曲线及其毗邻路段的改建。应根据不同的改建原因采用相应的改建方式。

(1) 线路整正。在运营过程中,一方面由于机车车辆的车轮冲撞钢轨,使曲线产生错动;另一方面由于维修时拨动线路,使曲线偏离设计位置。改建时,需要将既有曲线拨正到设计位置,如图7-4(a)所示。

(2) 提高线路标准。因铁路运量日增,行车速度日高,改建线路的设计标准也要相应提高。如既有曲线半径需要加大,缓和曲线需要加长,夹直线长度需要加长,都会引起线路的改建。图7-4(b)、(c)和(d)分别为加大曲线半径、加长缓和曲线和加长夹直线的三种图式。图7-4(e)为同向曲线间夹直线长度不够而改建为一个曲线的图式,图7-4(f)为反向曲线间夹直线长度不够,而用移动中间切线的办法以加长夹直线的图式。

(3) 线路裁弯取直改建。某段线路标准过低或绕弯过甚,改建时往往裁弯取直,另修一段新线,如图7-4(g)所示。线路上个别桥隧建筑物位置的改移,将引起附近线路的改建,如图7-4(h)所示。

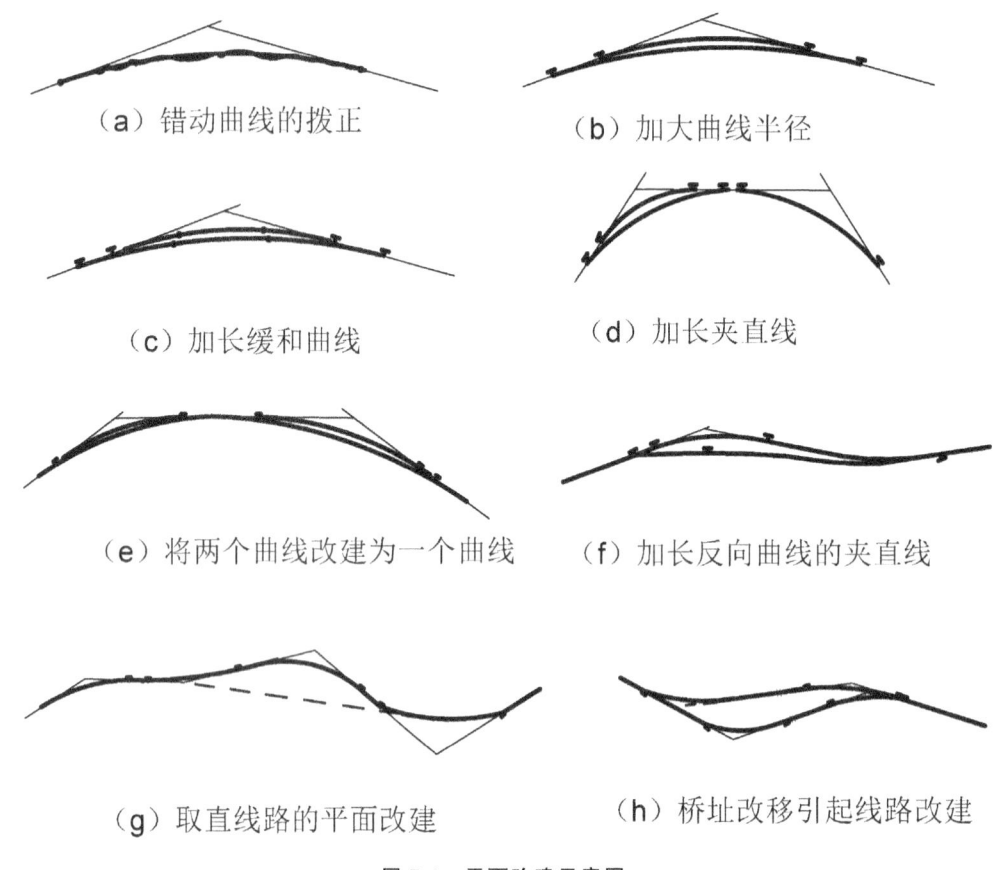

图 7-4 平面改建示意图

2. 平面改建的技术条件

(1) 曲线半径。既有线改建时,小曲线半径应根据客货列车速度,结合既有线特征和工程条件比选确定。设计时速为 200km/h 的改建地段,最小曲线半径一般 3500m,困难条件下为 2800m。既有线保留地段半径 2500m 的曲线通过速度可为 200km/h。设计时速不大于 160km/h 的路段,困难条件下,按新线标准改建将引起巨大工程小半径曲线,可经技术经济比选确定改建方案。

(2) 复曲线。改建既有线,在困难条件下,为减少改建工程,可保留原有的复曲线。

保留复曲线时,应根据两个圆曲线的曲率差是否大于临界值 K,来决定是否设置中间缓和曲线。

$$K = \frac{3.6L(b+0.5f)}{11.8v_m^3} \tag{7-1}$$

式中,L——车体长度(m),一般客车取 24m。

b——欠超高时变率(mm/s),一般取 45mm/s,困难条件下取 52.5mm/s。

f——超高时变率(mm/s),一般取 32mm/s,困难条件下取 36mm/s,特殊困难条件下取 40mm/s。

a. 当 $\left|\dfrac{1}{R_1} - \dfrac{1}{R_2}\right| \leq K$ 时,可不设中间缓和曲线。

b. 当 $\left|\dfrac{1}{R_1} - \dfrac{1}{R_2}\right| > K$ 时,要设中间缓和曲线。中间缓和曲线的长度应满足超高顺坡的要求,并根据计算确定。

(3) 缓和曲线与夹直线。缓和曲线长度若采用新线标准改建工程较大时,可采用较短的缓和曲线长度。其长度 l_0 应按实设曲线超高 h 和规定的超高顺坡率 i 计算确定。

$$l_0 = \frac{h}{i} \tag{7-2}$$

式中,h——外轨超高,曲线不限速时,$h = \dfrac{11.8 v_{JF}^2}{R}$($V_{JF}$ 为该路段均方根速度,单位 km/h),mm。i 的取值见表 7-1。

表 7-1 改建既有线和增建第二线的并行地段最大超高顺坡率

路段旅客列车设计速度(km/h)		160	140	120	100	80
最大超高顺坡率/‰	一般地段	$\dfrac{1}{10}v$		$\dfrac{1}{9}v$		
	困难地段	$\dfrac{1}{8}v$		$\dfrac{1}{7}v$		

3. 平面改建设计要点

由于选配的设计曲线半径和缓和曲线长度不同,改建既有曲线时,要影响拨距的大小和方向,因此选用设计曲线半径和缓和曲线长度时,要考虑下列因素,力争减小改建工程。

(1) 如果曲线路段有永久性桥梁、隧道等建筑物,则应尽可能使桥隧处中线不拨动,或使其拨动量控制在 5cm 以内,以免引起桥隧建筑物的改建。

(2) 如果路基一侧有挡墙、护坡或防护工程,则线路应向另一侧拨动,以免破坏原有工程。

(3) 在深路堑、高路堤路段,拨动量应力求减小,以免引起大量土石方工程。在填挖方不大的路段,即使拨动较大,土石方工程也不会很大。

(4) 如果既有线路基顶面宽度不够标准,则应向一侧拨动,以免在路基两侧进行加宽。如果路基修建在地质条件良好的斜坡上,路堤宜向斜坡上方拨动,以减少路基加宽工程。特殊情况下,应在横断面图上,结合路基本身的改建决定拨动的方向和大小。

(三) 横断面改建设计

横断面改建设计根据测绘的线路横断面进行。线路横断面指垂直线路中心线的路基横断面。在所有百米标及部分加标上,如地形变化点、不填不挖点、高填深挖点、桥梁两端、隧道洞口、道口中心等处,应进行横断面测绘。测出的横断面图如 7-5 所示。

既有线的纵断面与平面的改建,往往需要变动线路轨面高程和使中心线侧移,因而需要改建既有线的横断面。横断面的改建设计,必须与纵断面及平面改建设计密切配合,才能得

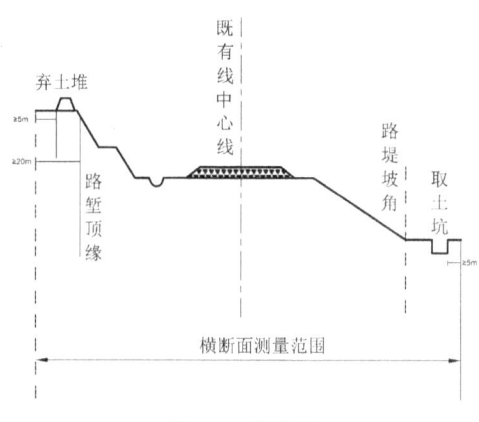

图 7-5 横断面

到经济合理的方案。

1. 既有线中线不动

（1）抬高既有线轨面高程：

① 用道碴抬高轨面高程。当抬道高度小于 0.5m 时，可用道碴起道，如图 7-6 所示，每次起道高度以 0.15m 为宜，以便利用行车间隔施工，对运营干扰不大。用道碴起道，应保证必要的路肩宽度，一般情况下，路堤不应小于 0.6m，困难时不小于 0.4m。不能保证时，应加宽路基，路堤加宽时，加宽部分的顶宽不应小于 0.5m，底宽可按设计边坡要求确定，但不应小于顶部的加宽值。加宽前，原有路堤边坡应挖成 1m 宽的台阶，如有护坡时，应先拆除。

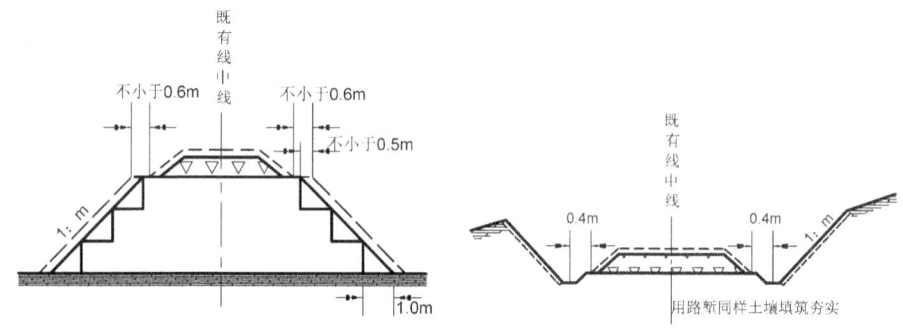

图 7-6 不移动既有中线抬高轨面高程

② 用渗水土抬高路基。当抬道高度达到 0.5m～1m 时，一般可考虑采用渗水土抬道，如图 7-7 所示。因为采用普通土填筑路基来抬道，须先滑出既有道床，中断行车，且夯实困难，易形成道碴囊。用渗水土抬道，下面非渗水土路基面应做成向外侧倾斜的 1%～4% 排水横坡。

③ 抬高路基。当抬道高度超过 1m 时，采用渗水土抬道不经济，一般多采用普通土抬高路基。抬高路堤，一般需加宽原有路基，原路堤边坡应挖成 1m 宽的台阶，如图 7-8 所示。施工前需清除既有道床和整治路基病害，为此首先应修建便线维持既有线通车。修建便线工程费用较简，且需限速行车。

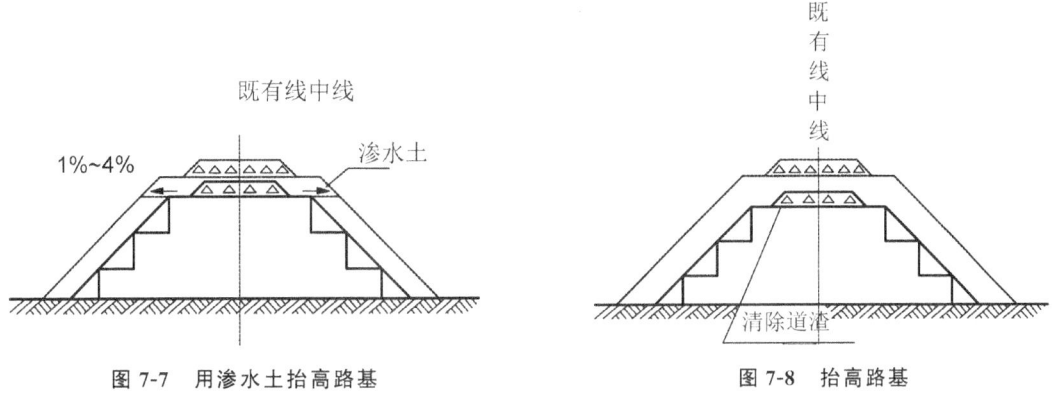

图 7-7 用渗水土抬高路基　　　　图 7-8 抬高路基

(2) 降低既有线轨面高程：

① 减小道碴层厚度。若轨面高程降低很少，且既有道碴层较厚时，可采用减小道碴层厚度的方法来实现，以免挖切路基，造成大量工程。减小道床路段的道床厚度允许较规定的标准厚度小。最小的道床厚度不得小于 25cm。

② 挖切路基。当轨面向程降低较大，且减小道床厚度不能满足要求时，则需采用挖切路基的方法，如图 7-9 所示。这样的方法，需修建便线以维持临时通车，工程造价较高，一般不宜采用。

2. 移动既有线中线抬降路基

(1) 保留一侧路基边坡不改建。如图 7-10 所示的横断面设计类型，适用于轨面高程抬高数值较大，且需保留路基一侧边坡不改动的情况。既有线中线的侧移距离 D，由路基边坡率 m 与抬高值 Δh 决定，其值为 $D \geq m \cdot \Delta h$。这种改建方式，需要修建施工便线，以维持既有线临时通车。

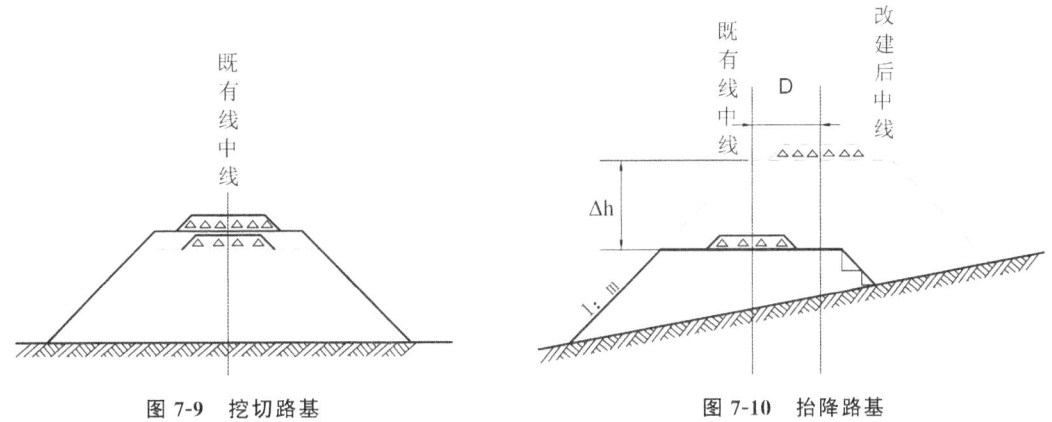

图 7-9 挖切路基　　　　图 7-10 抬降路基

(2) 在正常通车的情况下抬降路基。为改建施工时不修建便线，以抬高或降低路基，一般可采用如图 7-11 所示的横断面类型。这种改建方式，优点是不影响正常通车，施工与运营干扰较小，节省便线工程；缺点是要废弃一部分既有路基土方，且需拆除既有轨道。

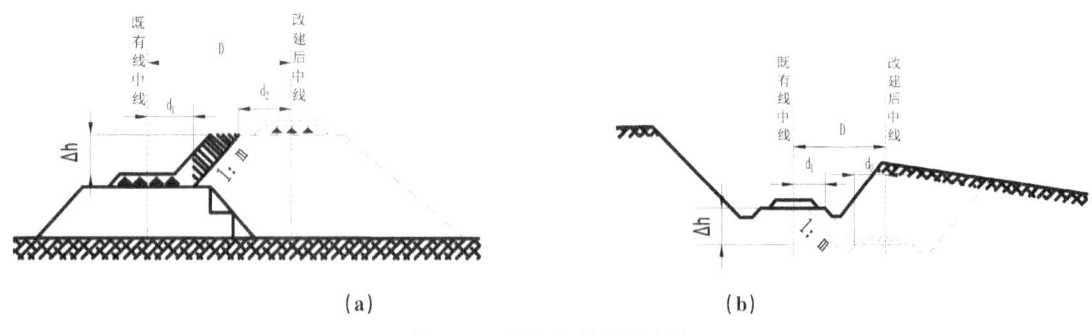

图 7-11 不修便线抬降路基

（四）平面、纵断面与横断面的综合设计

平面、纵断面与横断面的改建设计是一个综合的整体，必须结合具体情况，统筹兼顾，全面考虑。一般应按下列步骤进行：

（1）设计放大纵断面图，须充分考虑线路、车站、桥隧、路基等建筑物对纵断面设计的要求。

（2）根据抬道、落道的数值，选定横断面设计类型，计算出既有线中线必要的侧移偏离。

（3）平面设计应在符合设计标准的前提下，保证横断面设计必要的侧移距离。

（4）根据纵断面设计的抬落道数值及平面设计中线路中线的侧移距离，设计百米标及加标的横断面。

（5）综合分析纵断面、平面与横断面设计的技术经济合理性，发现问题，须进一步修改设计，使之完善。

（6）改建设计完成后，编制综合性设计图纸——详细纵断面。

三、第二线设计

修建第二线是提高既有线通过能力最有效的方法，但需要大量人力、物力和财力。因此在研究加强既有线的方案时，应充分考虑其他加强措施的可能性，在选定修建第二线的决策时，应有充分依据。增建第二线时，为了确保既有线的正常运营，减少施工运营的相互干扰，通常是先修建第二线，待第二线工程竣工通车后，再进行既有线的改建。

（一）第二线纵断面设计

1. 第二线限制坡度的选择

第二线的限制坡度通常与既有线限制坡度相同。为了避免降坡引起大量改建工程，既有线个别路段的超限坡度可以保留，供下坡方向的列车行驶；第二线修建在上坡方向运行的一侧，采用单线绕行，按限制坡度设计，供上坡方向的列车行驶。

当设计线双方向货运量不平衡，且既有线限制坡度不易变更时，则既有线限制坡度可保持不变,而将第二线设计在重车方向,采用较缓的限制坡度。设计时,应力求与邻线牵引质量统一,以减少接轨站的换重作业。

当设计线双方向货运量都很大,且既有线限制坡段的比率不高时,则可考虑将第二线设计为较小的限制坡度,而在第二线竣工通车后,再将既有线限制坡度减缓,使双线铁路上下行限制坡度一致。

2. 第二线纵断面的设计方法

(1)第二线与既有线并行等高。第二线与既有线的线间距不大于5.0m时,两线修建在共同路基上,且轨面高程相同,称为并行等高。两线并行等高,不但可以减少占地和节省土石方工程且还有利于路基排水、防止雪埋、线路维修及道口设置等。

两线并行等高路段,第二线的纵断面设计,应以既有线纵断面改建设计为基础,通常是在放大纵断面图上,用轨面高程进行设计。一般情况下,两线的轨面设计高程应力求相等,即第二线与既有线应采用相同的坡度、坡段长度和竖曲线形式。并应注意,纵断面设计必须与平面布置相配合,使坡度折减及变坡点的位置能同时满足两线的要求。

(2)并行不等高和第二线绕行。第二线与既有线并行而路基面高程不同,称为并行不等高。并行不等高地段,两线的路基横断面型式如图7-12所示。其缺点是,横向排水困难,由上方线路路基边坡流到下方线路路基面上的雨水,必须设置纵向排水沟引入渗水井,才能从下方线路路基排出,使工程增大且影响路基稳定。大风雪地区,下方线路易被雪埋,同时线路经常维修和大中修都不如并行等高方便。因此,第二线设计,通常只有在削减超限坡度,变更限制坡度,以及桥梁隧道引线地段等特殊情况下,才把第二线与既有线的路基设在不同的高程上。

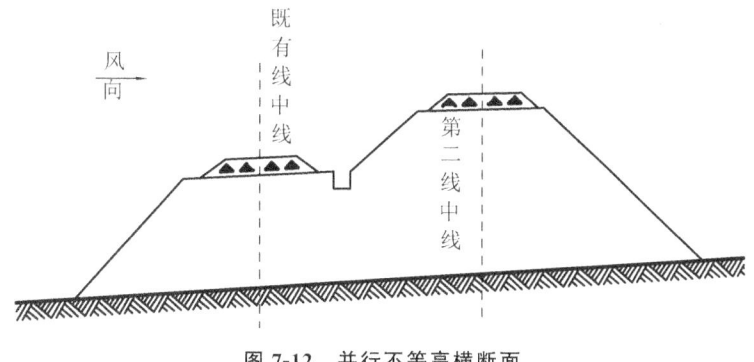

图 7-12 并行不等高横断面

(3)增减第二线的详细纵断面图。第二线与既有线并行等高路段的放大纵断面图与第二线并行不等高路段及第二线绕行路段的辅助纵断面图设计完成后,应汇总编制第二线的详细纵断面图。详细纵断面图上应注明第二线并行不等高及绕行路段起点和终点的里程。

(二)第二线平面设计

1. 并行与绕行地段的选择

增建第二线通常都与既有线并行。两线并行可以少占农田,节省路基土石方,便于运营管理。但是在减缓第二线限制坡度的地段,保留既有线超限坡度的地段,绕避既有线不良地质的地段,大桥与隧道的引线地段以及既有线标准很低、地形困难、不易改建的地段,都需要采用第二线的绕行方案。

一般认为两线中心线的线间距离大于20m时,即作为绕行地段考虑,绕行有第二线单独修建的"单绕"和废弃既有线及两线都另行修建的"双绕"。

并行和绕行方案的选择要与第二线的限制坡度选择、第二线的边侧选择以及第二线最小曲线半径选择等重大原则问题一起综合研究解决。

2. 第二线边侧的选择

第二线选在旧线的哪一侧,对既有线建筑物的稳定、第二线的工程数量、第二线施工期间和运营的干扰以及通车后的运营工作,都有重大影响。

若修建既有线时已预留第二线的位置,则可按预留位置决定第二线的边侧。但在通常情况下,设计既有线时,多未考虑第二线的位置。因此,就需要全面研究以下因素,比较各种方案的优劣,慎重选定第二线的边侧。

(1) 既有线保留超限坡度时,第二线的边侧选择。在既有线超限坡度地段,应使超限坡道作为下坡运行线,新建的第二线采用较缓坡度,作为上坡运行线。这样,就可按左手行车的原则,确定第二线的边侧,如图7-13所示。

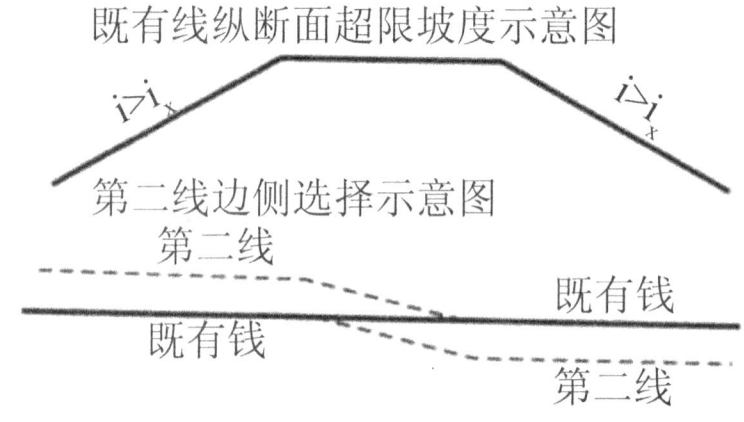

图7-13 超限坡度地段第二线边侧选择

(2) 主要货流方向对第二线边侧选择的影响。当设计线双方向货流量非常悬殊时,应将第二线设计在货流量大的方向。因为第二线的设计标准一般较旧线高,其运营指标好,运输成本低,将第二线布置在货流量大的方向是有利的。

(3) 车站内第二线的合理边侧。车站内第二线的合理边侧,应根据车站的类别与布置图决定。在中间站范围内,一般宜将第二线布置在客运站房对侧,以保证原有的客运设备与货场不致改建,如图7-14(a)和(b)所示。

在区段站范围内,最好把第二线布置在客运站房同侧,以保证对侧机务段出口处及较为复杂的咽喉区不致改建。如果区段站作业量较大,也可考虑将第二线布置在机务段外侧的外包线方案,以减少第二线的出发列车对道岔咽喉区的干扰,避免咽喉区的改建.如图7-14(c)所示。

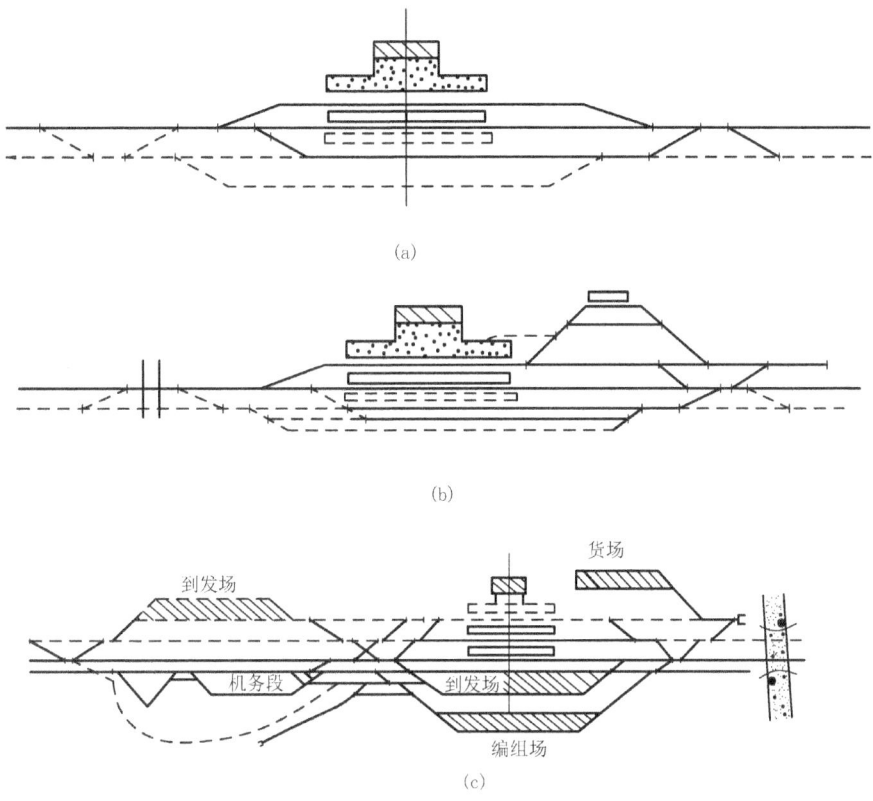

图 7-14 车站内第二线边侧选择

（4）区间第二线的边侧选择。在区间选择第二线的边侧,应考虑尽量少占农田,改土造田,尽可能保留原有工程,并根据地形地质条件,力争减少工程数量,保证路基稳定。

大、中桥处,应以桥址的水文条件、基础的地质条件以及战备要求,作为选择桥址,决定第二线边侧的主要依据。当上述条件出入不大时,一般宜将第二线设在既有桥梁下游一侧,以避免既有导流建筑物、桥头路基防护和桥墩破冰凌的废弃或破坏。

隧道处,第二线应尽量选在地质条件较好、隧道长度较短、施工方便的一侧。

在不良地质地段,第二线无法绕行避开时,应使第二线的选边不致扩大且有利于防治地质病害。如图7-15(a)所示为线路通过非活动性滑坡区时,第二线的合理位置示意图。

在路基病害地段,第二线的选边要有利于既有线的整修工作,力争结合第二线的修建来整治病害。如图7-15(b)所示为路基有道碴陷槽与路堑边坡塌滑地段第二线的合理位置示意图。

在陡坡地段,如既有线为路堤,第二线宜设在山坡上方；如既有线为路堑,则应设在山坡下方。这样,可使第二线土石方工程数量减少,如图7-15(c)所示。

(a) 滑坡地段第二线选边

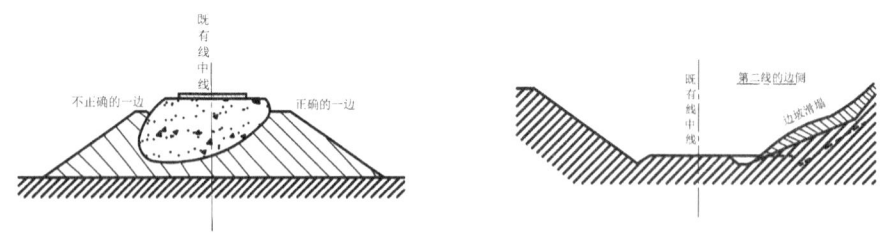

(b) 路基病害地段的选边

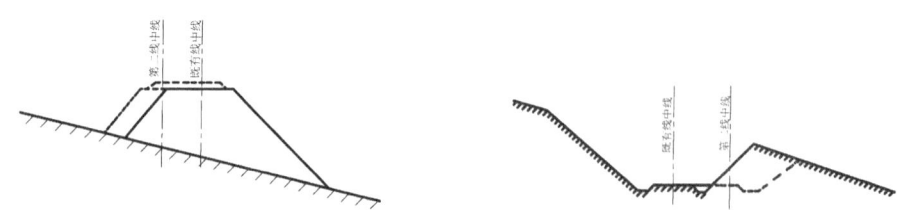

(c) 特殊路基地段第二线边侧选择

图 7-15 特殊路基地段第二线边侧选择

3. 第二线的换边

第二线边侧选定后，某一地段可能在既有线右侧合理，而在另一地段，又可能在左侧有利。这样，第二线就需要变换边侧。

第二线换边地点宜选择在：

(1) 低路堤或浅路堑处，使路基较为稳定。高路堤地段不应换边，以免新旧路基沉陷不同，影响路基稳定和行车安全。

(2) 纵断面不抬高、不降低的地段，以保证施工中不修筑便线。

(3) 曲线地段或"双线"地段，可不致额外增加曲线，如图 7-16(a)和(b)所示。直线上换边要增加一组反向曲线，仅在特殊情况下方可采用，如图 7-16(c)所示。

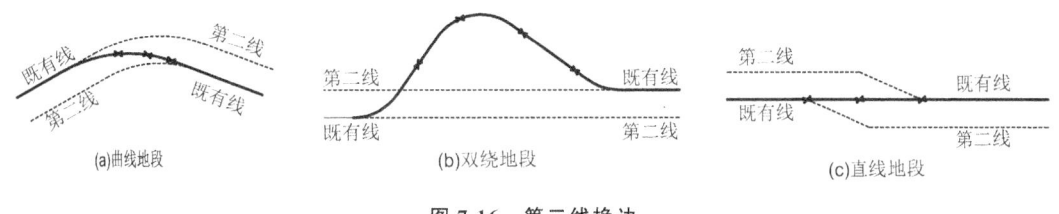

图 7-16 第二线换边

（4）在站外的曲线上，结合线距加宽进行换边，可以减小对施工运料和铺轨的影响，较为合理，如图 7-17(a)所示。如在车站内换边，将使通过列车因侧向过岔而减速，对运营不利，一般不采用，如图 7-17(b)所示。

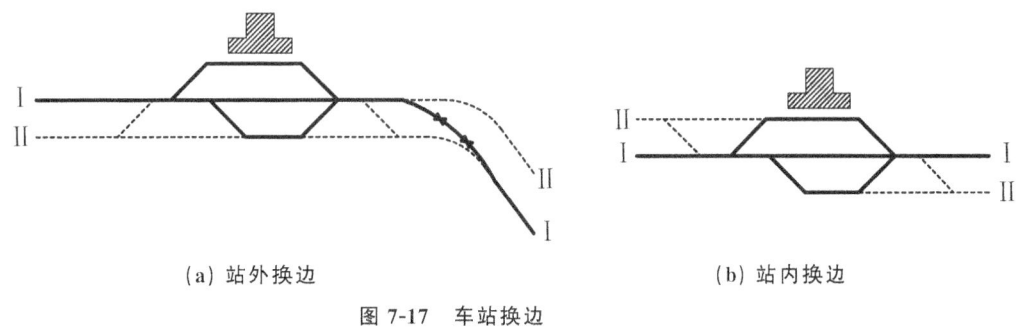

图 7-17 车站换边

4. 第二线与既有线线间距离的确定

第二线的位置除绕行地段外，根据第二线既有线中线法线方向上的距离决定。两线中心线间在既有线法线方向上的距离，称为线间距。直线地段的线间距根据机车车辆限界与限界间的安全距离决定，区间一般为 4m，站内一般为 5m。

（三）第二线横断面设计

增建第二线的路基横断面有下列四种类型。设计时，应结合具体情况选用横断面的合理形式。

1. 并行等高

第二线与既有线并行且轨面高程相同，称为并行等高。第二线的路基大多数都采用这种形式。施工中，一般是先修建第二线，建成后利用第二线行车，然后再改建既有线。

根据施工过程中既有线中线是否移动，路基是否抬降，以及第二线是否拨动，而有三种横断面设计类型。

（1）既有线中线不移动，路基不抬降，第二线中线按设计位置施工。这类路基断面适用于中线不移动、轨面高程升高不多的情况，可用道碴起道，施工比较方便。如图 7-18 所示为既有线路基不需加宽的断面。增建第二线时，既有路基的路肩宽度，一般路堤不小于 0.6m，路堑不小于 0.4m；困难地段，路堤不可小于 0.4m。第二线的路基面如为土质，应有向外侧倾斜为 1%～4% 的排水横坡。

如图 7-19 所示为既有线路基宽度不足，需要加宽的断面。加宽既有路堤时，加宽部分

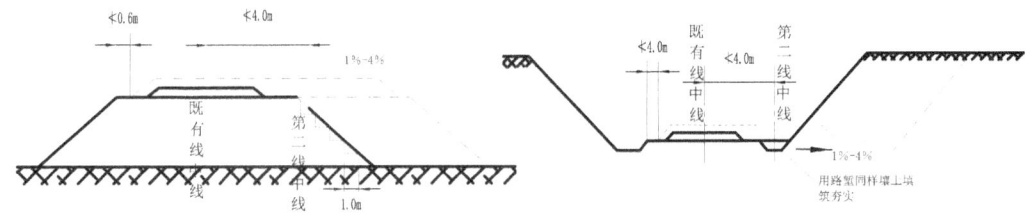

图 7-18 既有线路基不需加宽的断面

的顶宽不应小于 0.5m,底宽可按设计边坡要求确定,但不应小于顶部的加宽值。加宽前,原有路堤边坡应先挖成宽为 1m 的台阶。如有护坡时,应先拆除。当第二线路基面高于既有线路基面时,其高出部分应采用渗水土壤填筑,以利排水。渗水土下面的土质路基顶面应修成向外侧倾斜为 1%～4% 的排水横坡。

(2) 既有线中线移动,保留路基外侧边坡,第二线按设计位置施工。这类路基断面,既有线中线向第二线方向移动,可保留既有线路基外侧边坡。当既有线路基抬降较大时,为了保证第二线施工时既有线的正常运营,两线间应保持必要的临时线距,施工程序为先修建第二线,待其竣工后能维持通车时,再改建既有线路基。如图 7-20 所示适用于既有线轨面抬高不大,仅用道砟起道的情况。

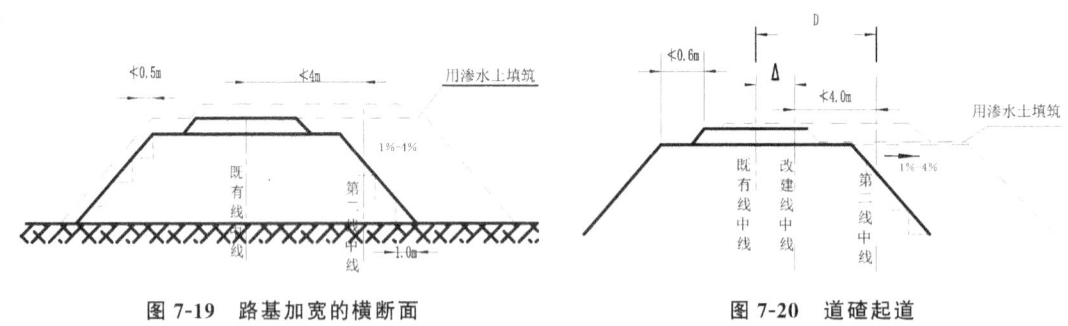

图 7-19 路基加宽的横断面　　　　图 7-20 道砟起道

如图 7-21 所示适用于既有线轨面抬高数值较大,需要填筑路基的情况;如图 7-22 所示适用于既有线轨面降低数值较大,需要挖切路基的情况。

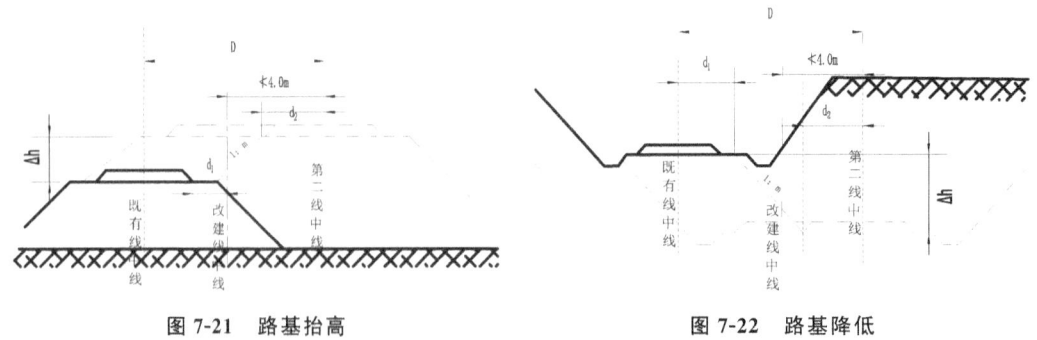

图 7-21 路基抬高　　　　图 7-22 路基降低

(3) 既有线中线不移动,但抬降较大。第二线中线先按临时位置施工,待既有线改建完成后,第二线再拨至设计位置。这类路基断面要废弃一部分土方,且第二线轨道需要重新拆铺一次。如图 7-23 所示为抬高路基面,如图 7-24 所示为降低路基面。

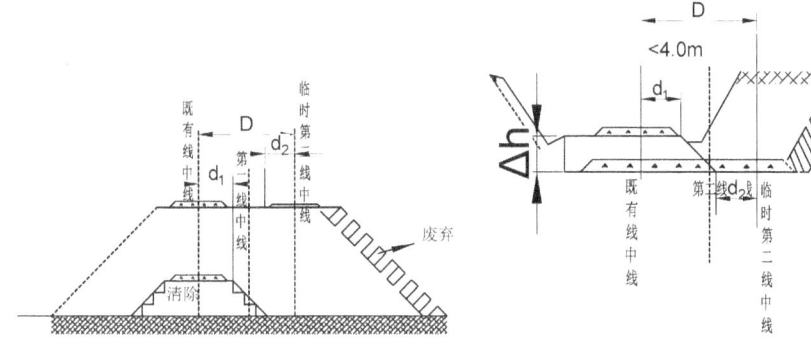

图 7-23　移动第二线抬高路基面　　图 7-24　移动第二线降低路基面

2. 并行不等高

当第二线和既有线并行但路肩高程不同时,称为并行不等高,通常在两线坡度不同的路段采用。

因为这种线路的两线路基面高程不同,将使两线间排水困难,容易引起下方线路因积水而产生路基病害。大风雪地区,下方线路容易被雪埋没,下方线路抽换轨枕不便,且不能设置道口,并行不等高路段两线的最小线间距离由两线间的路基面高差及路基边坡率 m 决定。在路堑地段,还应考虑上线列车荷载的影响,适当放缓边坡,必要时,可加固上方路基的边坡或修建路肩墙,以减小线间距离。

当两线间距受到限制,两线路基面高差不大,且路段较短时,可不设置两线间的排水沟(槽),但下方路基面应设置倾向外侧 1‰～4‰ 的排水横坡。

在粗砂、中砂、黄土、易风化岩石和其他不良土质的路堑中,两线间排水沟的上方路基一侧应设置向水沟倾斜 4% 的平台,平台宽度视边坡高度和土壤的性质而定,一般为 0.5～1.0m。

3. 第二线修建单独路基与新建双线路基

在第二线单线绕行路段,以及桥隧引线与两线线间距较大路段需单独修建路基路段,应按新建单线铁路路基标准设计。双线绕行时,其路基断面按新建双线路基设计。

四、修建三线、四线、分流线

在人口稠密、工业集中、经济发达的城市化地带和沟通国家重要经济大区的繁忙干线上,客货运量增长突出,为了适应这些地区运量快速发展的需要,对客货运输繁忙的双线铁路,当其技术负荷达到一定水平之后,就需要修建分流线或增建第三、四线作为进一步扩能的措施。

（一）在枢纽地区繁忙区间或地段修建第三、四线或环线

在双线自动闭塞的基础上增建第三、四线或分流线，首先是适应毗邻大城市的市郊列车运行地段，或大枢纽内客货运输非常繁忙区间的实际需要。如哈尔滨——滨江——太平桥——三棵树，沈阳——浑河——苏家屯，丰台——马家堡——永定门，以及沈阳枢纽的于虎线、北京枢纽的东南环线、天津枢纽的北环线等。这些第三、四线和环线的修建，对于提高枢纽地区繁忙干线的通过能力、减少平面交叉干扰，以及减轻主要咽喉地段的负担，增进枢纽行车工作的灵活机动性都起到了良好的作用。

在枢纽地区繁忙区间修建第三、四线或分流线，其建设方案必须根据枢纽性质、车流结构、衔接方式、主要编组站、客货运站布局等方面的特点，本着有利于减少交叉干扰，提高通过能力，以及合理运用现有技术设备等要求，因地制宜地研究修建与使用方案，并适时地进行施工，才能获得预期的效果。

修建环线是加强大型铁路枢纽通过能力和机动性的重要措施之一，应按枢纽发展总体规划分阶段进行，同时，要解决好机车整备、列车车辆检修、乘务员公寓修建、机车交路调整等一系列问题，以免分工方案因受某一环牵制而不能实现，或给运营工作带来某些困难和不便。

（二）在整个区段或铁路线修建第三、四线或分流线

在客货运输特别繁忙的电气化自动闭塞双线铁路上，如运输密度大幅度增长，用其他加强方法又难以满足时，就需考虑修建第三、四线。修建第三、四线建设方案通常与修建分流线进行对比研究。分流线路是在既有干线运输过于紧张而其潜力又较小的情况下所采取的用修建平行线的方法来扩能的措施，其主要作用是能分担原有既有线承担的部分直通车流，缓解限制区段通过能力紧张程度，同时可促进某些地区或工矿企业的发展，从而在整个路网中增大了吸引范围。只有修建分流线不利的情况下，修建第三、四线才是合理的。通常，只有市郊列车行车量很大的区段才有必要从双线一次建成四线，在其他情况下，都应通过修建第三线逐步过渡到修建第四线铁路。

第二节 城市轨道交通

一、概述

(一) 城市轨道交通定义及分类

城市公共交通包括城市道路公共交通、城市轨道交通、城市水上公共交通和城市其他公共交通等类型。城市轨道交通是指城市中使用车辆在固定导轨上运行并主要用于城市客运的交通系统。城市轨道交通由于与地面交通流隔离而具有良好的缓解交通拥堵的效果,并且是低能耗、少污染的"绿色交通",具有良好的可持续发展。近年来,城市轨道交通正逐渐成为城市公共交通发展的主要方向。

按构筑物的形态或轨道相对于地面的位置划分,城市轨道交通可分为地下铁路、地面铁路和高架铁路。

城市轨道交通包括地铁、轻轨和市域快速轨道交通等。

(1) 地铁:指在城市中修建的快速、大运量、用电力牵引的轨道交通,列车在全封闭的线路上运行,位于中心城区的线路基本设在地下隧道内,中心城区以外的线路一般设在高架桥和或地面上。

(2) 轻轨:指中运量的城市轨道交通。高等级轻轨为全封闭线路,除少量地面线外,大部设在高架桥或地下隧道内。低等级轻轨则基本敷设在地面上。

(3) 市域快速轨道交通:服务范围包括城市郊区的轨道交通系统,通常站间距较大,运距较长。

(二) 城市轨道交通的发展

1. 国外城市轨道交通的发展

1804年英国人特雷维西克试制了第一台行驶于轨道上的蒸汽机车,1825年英国在大林顿到斯托克顿间修建了21km的世界第一条铁路。1838年,伦敦开放了第一条严格的市郊运输线路,大量市郊线网的建设在1840～1875年间完成。从此,铁路在欧美等国迅速发展,铁路成为运输的主要工具,使得城市发展从靠水而建的约束中摆脱出来,也大大促进了城市交通需求的发展。

1828年在巴黎出现了一种可供14人乘坐的单行"公共马车",随后又演变成马拉轨道车,从而拉开了城市轨道交通发展的序幕。1832年纽约市建成了第一条马车铁道。

1863年1月10日,用明挖法施工的世界上第一条地铁在伦敦建成通车,列车用蒸汽机车牵引,线路全长约 6.4km。从此,城市进入轨道交通时代。

美国的快速轨道交通采用了地上高架的形式,第一条高架快速轨道交通线在 1870 年开始运营,沿曼哈顿的格林尼治大街及第九大道运行。1867~1902 年间,纽约建成了 302km 的高架轨道交通网。自 1892 年起,芝加哥也大力建设高架轨道交通,至 1902 年达到 174km。

1890 年 12 月 8 日,伦敦首次建成用盾构法建成、用电气机车牵引的 5.2km 的地铁线路。1896 年 5 月 8 日,布达佩斯建成欧洲大陆第一条电气化地铁。1900 年 7 月 9 日,巴黎建成欧洲大陆第二条电气化地铁。1902 年 2 月 18 日,柏林建成欧洲大陆第三条电气化地铁。电气化技术,促进了城市轨道交通的快速发展。20 世纪上半叶,东京、莫斯科等几座城市也相继修建了地铁。

伦敦、巴黎、柏林、莫斯科和东京等城市,是地铁发展较早且规模较大的城市。这些城市的市郊铁路也取得了很大的发展,并在城市布局的发展和城市交通功能中占据重要地位。

伦敦地铁目前有 12 条线路,总长 416km,共 274 个运作中的车站,覆盖了整个大伦敦地区。伦敦地铁线网规划的一个重要特点是共线运营,即不同的线路在一定的区间内共用轨道。

纽约地铁的车种有快车和区间车两种,快车全日营运,只停大站,区间车则每站都停。纽约地铁的一个特点是拥有不是每站都停的快车。上车后若有广播要注意收听,因为有时候班车会作调度,中途两车种会有互换的情形,尤其是在进出曼哈顿地区时最常见。

巴黎地铁被称为全世界最密集、最方便的城市轨道交通系统之一。地铁是巴黎地下一道亮丽的风景线。巴黎市区目前有线路 16 条,全长 215km,有 384 个地铁站,市内几乎所有地区的乘客徒步 5 分钟均可到达最近的地铁站,列车最小运行间隔 95 秒。巴黎地铁是世界上层次最多的地铁,它连地面大厅在内共有 6 层(一般只有 2~3 层),地铁建筑精致美观。

莫斯科地铁车次密集,平均一分半钟一班。莫斯科地铁循着地势而建,由一条环线、九条支线交织而成。莫斯科庞大的地铁交通网遍布全城 98% 的地区。除民用地铁外,莫斯科还有鲜为人知的专用地铁,也称政府地铁。它是莫斯科城下秘密战略交通线和设施网络的一部分。

东京地铁是全世界运载负荷最大的地铁。在高峰时期,有专门的服务人员负责把乘客推进车厢。狭小国土促使日本始终致力于延展空间的不饱和性,最终铺筑了五百多公里的"地下街"。

分析世界各国的城市轨道交通发展状况,各国(地区)的城市轨道交通建设分为市区和大城市区(含郊区)。在市区,所有城市均建立了地铁交通系统,个别城市建有轻轨,大城市区(中心城市和周边城市)内,城市与城市之间修建市郊铁路。

2. 我国城市轨道交通的现状及发展前景

我国于 1965 年 7 月开始在北京修建第一条地铁线路,于 1969 年开始运营。天津于 1980 年建成一条长 7.4km 的地铁线路。我国 20 世纪 80 年代以前地铁的规划与建设,除了实现城市客运的功能之外,更重要的是考虑战备的要求。

随着我国经济的发展和城市化进程的加快,我国大城市的数量和规模增长很快。大城市人口的增加和规模的不断扩大,使城市交通需求迅速增长。尽管近年来城市道路及车辆拥有量都有了大幅度的提高,但交通问题依然日益突出,表现为交通阻塞,车速降低,车祸频繁,停车困难,高峰时间交通拥挤,废气、噪声危害严重。尽管城市道路面积的增加使交通阻塞暂时有所缓解,但是由于新增道路处交通畅通,引来更多的车辆,时隔不久,新增或拓宽的马路又恢复到昔日的拥挤程度。而且道路的增长也是有限的,而城市交通量的增长却是无止境的。我国城市交通学者通过总结国内外城市交通发展的经验教训,越来越深刻地认识到交通需求与供给的矛盾,并达成共识:大城市的交通问题的解决必须依赖公共交通的发展,特大城市还必须建立一个以轨道交通系统为骨干、以公共交通为主体、多种交通方式相互协调的综合交通系统。

自1965年北京建设第一条地铁起,至2000年以前全国城市轨道交通运营线路总长146km。2001年~2005年建成399km,比前5年翻了一番多;2006年~2010年建成910km,比前5年又翻了一番多;2011年~2015年建成1600km,比前5年接近翻番。2016年~2020年预计将建成3000km左右,2020年末累计运营里程将超过6000km,比前5年依然是翻番的势头。

截至2014年,全国获得国家批准建设轨道交通的城市已达到38个,高居世界第一。我国城市轨道交通的建设热潮至少持续15~20年。目前,北京、香港、上海和广州等城市拥有较完善的轨道交通网络,南京、青岛、重庆、武汉、沈阳、大连、杭州、成都、郑州、西安等城市的轨道交通网络在加紧建设之中。

香港地铁现代化设备和管理十分完善,在经营上取得了良好的社会和经济效益。目前世界上绝大多数地铁要靠政府资助,而香港地铁是世界上最具商业价值的地铁之一。

上海城市轨道交通建成于1993年5月,根据上海市轨道交通发展远景规划,到2030年,上海将形成一个17条线、810km的超大型运营网络。

郑州地铁于2009年开工建设,目前已有多条线路通车运营。郑州中心城区的城市轨道交通线网规划由15条轨道交通线路组成。截至2020年,形成以轨道交通为骨干,公共交通为主体的城市客运交通结构,保证中心城区公共交通出行比例达到35%以上,居民单程出行时间不超过45分钟。

城市轨道交通的规划应结合城市建设和地理地形条件。对于平原区域的大城市,穿过市区的轨道交通线不宜采用高架轨道线路形式;对于山城城市,可采用高架轨道交通线,如重庆,但应加强防噪措施,如采用胶轮混凝土轨道体系可降低噪声。

无接触式运行的磁悬浮铁路,在200km以下几乎无噪声,也可作为未来城市高架轨道交通系统中一种可供选择的模式。长沙建成有全长18.55km的磁浮快线,连接长沙火车南站和长沙黄花机场,是目前世界上最长的中低速磁浮线。设计最高时速为100km,列车全程运行时间19分30秒,最大载客量363人。中低速磁浮具有噪声低、投资省、适应强、占地少等优势,为新型城镇化建设提供了绿色、环境友好的交通方案,各地正在加大推广应用。

二、轨道交通路网结构分析

（一）路网线路间的基本关系分析

线路是路网的基本组成要素，从线路的布置方式划分，可分为两种类型：

1. 分离式路网

各条线路在不同高程的平面上相交，在交叉处采用分离的立体交叉，路网中各条线路独立运营，不同线路上的列车不能互通。乘客必须通过交叉点处的换乘站中转才能到达位于其他线路上的目的地车站，如图 7-25(a)所示。

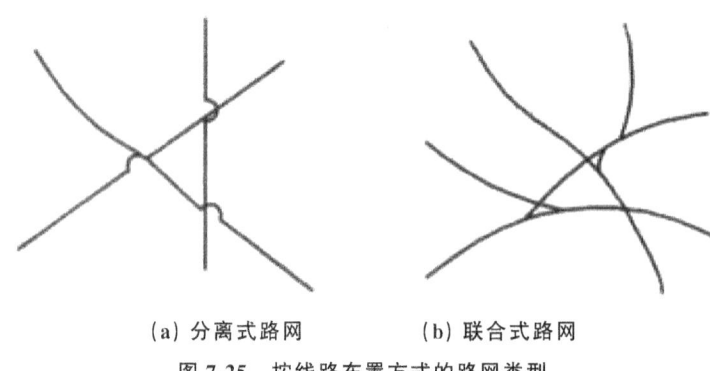

(a) 分离式路网　　　(b) 联合式路网

图 7-25　按线路布置方式的路网类型

2. 联合式路网

各条线路在同一平面内交叉，在交叉处用道岔连接，因而各条线路之间可以互通列车，在整个路网上可以像城间铁路那样实行联运，乘客可以直接到达位于另一条线路上的目的地车站，如图 7-25(b)所示。

分离式路网比联合式路网有明显的优点，因为分离式路网能保证在完全安全的条件下最好地组织大频率和高速度的交通。其缺点是必须换乘和路线系统不可能发展。

世界上多数大城市的轨道交通线路是按分离式路网修建的；也有少数城市是按联合式路网修建的，如纽约和伦敦；还有部分城市，如马德里，将这两者组合起来，即在主要线路方向上是相互分离的，而其他线路之间是相互联系的，试图兼备上述两种路网的优点。

我国已建地铁的城市，如北京、上海、广州、深圳、南京、武汉等，都是按分离式路网规划和建设的。因此，下面主要针对分离式路网进行轨道交通线路之间的形态关系分析。

从两条线路所构成的形态来看，按其交叉点的多少，可分为三类，即线路之间无交叉、线路之间交叉一次、线路之间交叉两次及两次以上。

(1) 线路之间无交叉（Ⅰ类）。轨道交通路网中，两条线路之间不交叉的情形大致有三种：两条线路平行或近似平行布置、两条线路虽不平行但相距较远、由于河流等地理因素两条线路之间无法或尚未连通。在这些情况下，两条线路之间无法实现直接换乘，其换乘通过与这两条线路都交叉的线路进行两次或两次以上的换乘来实现，或是通过其他出行方式来实现,因而这两线之间的客流转线很不方便。

(2) 线路之间交叉一次(Ⅱ类)。轨道交通线路之间交叉一次,即两线之间存在一个换乘站。线路交叉的形态呈"十"字形、"X"字形、"T"字形及"Y"字形四种。"十"字形交叉常见于方格式路网中,"X"字形交叉出现于含有三角形的放射式路网中,"T"字形或"Y"字形交叉则多见于一些树状网络中。线路之间交叉一次使得两条线路之间可以实现直接换乘,但是当换乘客流很大时,容易引起换乘客流的相互干扰和混乱。

(3) 线路之间交叉两次及两次以上(Ⅲ类)。两条线路之间相互交叉两次,便构成两个交叉点,两者间的距离可以较远,也可较近,甚至是紧邻的两个站。

在交叉点相距较近的情况下,交点间的线路多为平行或近似平行式的布置,只是在两交点外侧才开始分开。在一些大城市的客流量很大的交通走廊上会采用这种方式。此外,当两条线路在某些地段的换乘客流量特别大,一个换乘站无法满足要求时,也会采用这种方式。交叉点相距较远时有两种常见的结构形态:一种是两条线路在市中心区的两端相交,交点之间的线路形成一包围 CBD(中央商务区)的小环,形同鱼状,即所谓的"鱼形"结构;另一种是两条线路之间交叉两次以上或多条线路交叉,除星形外,一般都会构成两个以上的交叉点,其形态特征是上述三种基本关系的组合。

(二) 路网形态结构基本类型

一个城市的轨道交通线路一般为 3 条以上,这些线路相互组合,并受各个城市具体的人文地理环境等条件制约,便形成了千姿百态的路网形态。轨道交通路网的线路越长及条数越多,所构成的路网形态就越复杂。将这些路网形态抽象、归类,可归结为如图 7-26 所示的 18 种路网形态结构。这些路网形态结构的一个共同特点是:在城市的外围区轨道交通线路里放射状,密度较低,形成主要的交通轴向;而在内城区轨道交通线路密度较高,形成以三角形、四边形为基本单元的形态多样的网络结构。图 7-26 所示的 18 种路网形态结构中,最常见、最基本的路网形态结构是网格式、无环放射式及有环放射式三种。

1. 网格式路网

网格式路网的各条线路纵横交叉,形成方格网,如图 7-27 所示。网格式路网中的线路走向比较单一,其基本线路关系多为平行与"十"字形交叉两种。这种结构的路网线路分布比较均匀,客流吸引范围比例较高。线路按纵横两个走向,多为相互平行或垂直的线路,乘客容易辨识方向。换乘站较多,纵横线路间换乘方便,路网连通性好。

此类路网的缺点,一是线路走向比较单一,对角线方向的出行需要绕行,市中心区与郊区之间的出行常需换乘,有时可能要换乘多次;二是平行线路间的换乘比较麻烦,一般要换乘两次或两次以上,当路网密度较小,平行线之间间距较大时,平行线间的换乘是很费时间的。

网格式线网适合于市区呈片状发展,而街道呈网格式布局的城市。目前采用这种线网形式的城市有北京、大阪和墨西哥城等。

北京市规划的轨道交通线网由 12 条线路组成,线网的核心是"三横、三竖、一环"棋盘式

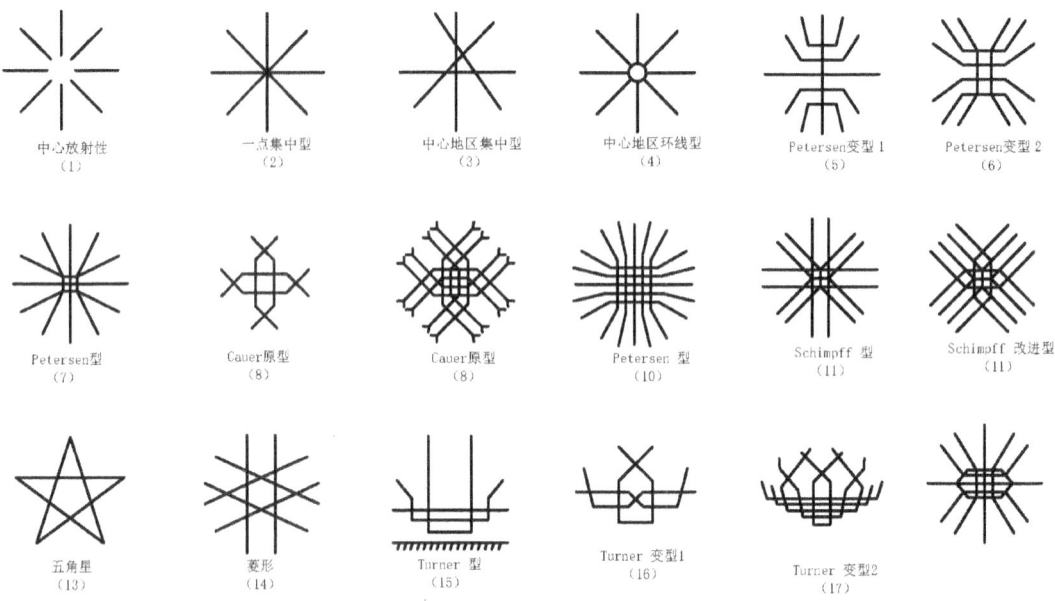

图 7-26　路网形态结构类型示意图

线网,并为了扩大线网的覆盖范围,在环外增加周边线路和支线。

墨西哥城的轨道交通线网由 4 条南北向线路、4 条东西向线路和 1 条斜向线路组成,其间有两条线路为了增加与平行线路之间的交叉机会而呈"L"形。

2. 无环放射式路网

无环放射式路网是由若干穿过市中心的直径线或从市中心发出的放射线构成,其原始形态如图 7-28 所示。这种类型的路网可使整个区域至中心点的绕弯程度最小,即全市各地至中心点的距离较短,因此其路网中心点的可达性很好,市中心与市郊之间的联系非常方便,有利于市中心客流的疏散,也方便了市郊居民到市中心的工作、购物和娱乐出行,有助于保证市中心的活力,维持一个强大的市中心。由于各条线路之间都相互交叉,任意两条线路之间均可实现直接换乘,因此路网连通性很好,路网任意两车站之间最多只需换乘两次。由于没有环行线,圆周方向的市郊之间缺少直接的轨道交通联系,市郊之间的居民出行需要经过市中心的换乘站中转,绕行很长距离,或者需要通过地面交通方式来实现,交通联系很不方便,这种不便程度随着城市规模的扩大而增大。比较有代表性的无环放射形线网是捷克布拉格的轨道交通线网。

当 3 条及以上轨道交通线路在同一点交汇时,其换乘站的设计、施工及运用都很困难,这种车站一般会在 4 层以上,旅客换乘不便,日常费用也高,同时庞大的客流量也难以疏解。因此,一般将市中心的一点交叉改为在市中心范围内多点交叉,形成若干"X"字形、三角形线路关系,这样既有利于换乘站的设计与施工,又有利于乘客的集散,还有利于扩大市中心区的范围。

3. 有环放射式路网

有环放射式路网由穿越市中心区的径向线及环绕市区的环行线共同构成,基本图式如

图 7-29 所示。径向线的条数较多,走向多样,但都经过市中心区。在一些轨道交通路网规模不是很大或建设时期较短的城市,如北京、新德里等,环线一般只有一条,而在一些轨道交通路网规模较大、轨道交通发展比较成熟的城市,如莫斯科、东京等,会出现两条或两条以上的轨道交通环线。

有环放射式路网结构是在无环放射式路网结构的基础上加上环形线形成的,是对无环放射式的改进,因而既具有无环放射式路网的优点,又克服了其周边方向交通联系不便的缺点。例如,上图周边方向 A、B 间的出行,有环放射式路网可以利用环线便捷地出行,而无环放射式路网则要通过两条径向线绕行。因此,这种路网对城市居民的使用最为便利。当城市因其郊区发展成市区后,这种形式的路网便于路网有效地扩展。莫斯科、巴黎等许多城市的轨道交通路网都采用了有环放射式。

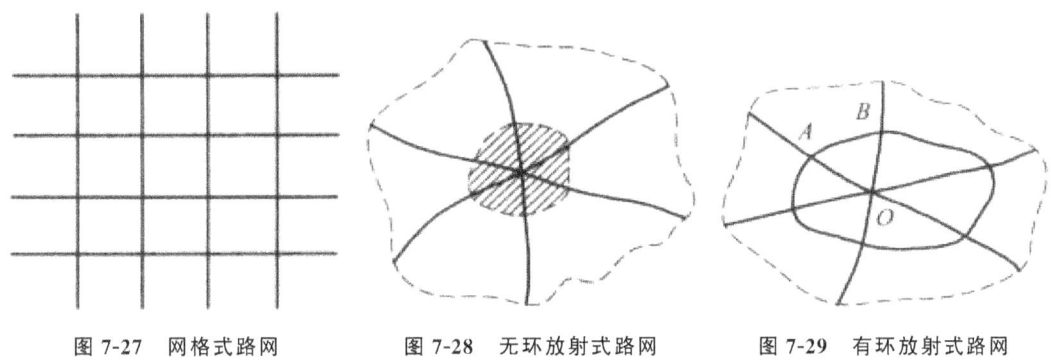

图 7-27 网格式路网　　图 7-28 无环放射式路网　　图 7-29 有环放射式路网

从现代大城市的车流和人流的分析可以看出,城市辐射方向(相对于市中心)的交通量最大。据此提出城市轨道交通路网的最佳图式如图 7-30 所示。辐射路线是最基本的,在市中心区相交,为了避免中心站超载,各条辐射线的交叉点不集中于一点,而在若干个车站相交。在大城市里,当沿城市边缘地区人口稠密时,应考虑用环线路线。

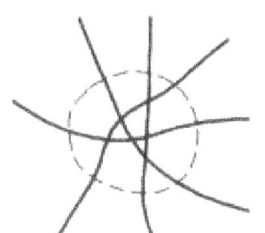

图 7-30　轨道交通路网最佳图式

三、轨道交通路网设计

(一)路网设计的影响因素

城市轨道交通建设具有投资高、工期长和影响深远的特点,并且对城市土地利用、交通结构、经济发展与城市环境都将产生巨大影响。

设计城市轨道交通路网时,第一,必须很好地分析和预测其相关区域内的客流需求,因为迅速有效地运送客流是轨道交通建设的直接且主要的目的;第二,要保证轨道交通能够顺利建成并正常投入运营,其线路位置必须满足城市地形、地质、历史文物等自然条件及人文地理条件的限制要求;第三,快速轨道交通建成后往往要使用百年以上,为了节省运输成本,减少旅客出行时间,提高路网运输效率,设计时应充分考虑轨道交通路网的运营特点。

1. 与客流有关的因素

(1) 城市性质及地位:城市现在及其所规划的性质与地位,在战略上决定着城市的人口、用地发展规模及潜力,也决定着对其外部区域的影响力。

(2) 城市人口及土地利用的规模与分布形态:城市人口密度、房屋建筑密度、工作岗位及商业区的集中程度对客流的产生及其流向有重要影响。因此,要分析现状和规划的城市人口分布及大型客流集散点分布,包括重要的工业区、商业网点、文化中心、旅游点、住宅区等。

(3) 市内公共交通枢纽及对外交通枢纽:城市内部公交枢纽、火车站、码头、航空港等是客流集散的重要场所,其现在及规划位置对城市客流的分布也有重要的影响。

2. 与环境及建设有关的影响因素

(1) 城市自然地理条件:城市的地质、地形、地貌等自然条件会限制城市轨道交通的线路走向及位置。

(2) 城市人文地理条件:必须遵守国家对历史文物、自然风景区等方面的保护性法规,当轨道交通的线路位置与之相抵时必须避让或更新确定线路走向。另外,城市既有的地面建筑物、地下建筑物、地下管线对轨道交通选线也有一定影响。

(3) 城市经济基础:轨道交通建设需要花费巨大的投资,城市的经济实力影响着城市轨道交通路网规划规模的合理确定,以及规划路网的按期实施。

(4) 轨道交通的建筑特点:轨道交通线路位于地下隧道内还是在高架桥或地面上,以及在地下隧道中,是浅埋还是深埋,所考虑的因素都有所不同。

地下隧道全部位于地下,对通风、照明、消防等设施的要求较高。地面线路及高架线路对通风、照明等设施的要求不高,但要防治噪声,考虑线路建筑形态与周围建筑环境的协调等问题。地下隧道设施造价高昂、长久耐用,将来很难进行改建。地面及高架线路虽然改建比地铁隧道容易,但如不预先保留有关用地,当线路两侧逐渐建成高密度、难以拆迁的建筑群后,改建也是很困难的。因而必须在路网规划阶段就对路网各条线路的停车场、车辆段、各车站及其疏解客流的站前广场,以及各线路交叉处的换乘站等设施进行统筹规划,分期建设。

3. 与运营有关的影响因素

(1) 路网结构:同样的线路长度按不同的结构组成的路网,对路网中各线路负荷的空间分布、运输效率以及路网的后续发展等都有影响。

(2) 线路的起终点及换乘站的位置:线路的起终点决定线路的长度,影响线路的运营组织及效率,还在一定程度上决定车辆段及停车场的位置。同时,它又是特殊的车站,其周围的土地利用强度将大大提高。换乘站的位置将是人流集中的场所,对其周围的土地利用会产生重要的影响,必须要与城市规划很好地配合起来。例如,东京的新宿站在建成换乘站之前是个很一般的城市区域,但是在此建成换乘站后,大量的人流经由此地,逐渐使其发展成东京重要的副中心。

(二) 路网设计的技术要点

综合分析影响城市轨道交通路网设计的因素,可归纳出轨道交通路网设计的技术要点如下:

(1) 线网规划要与城市发展规划紧密结合,并适当留有发展余地。路网应在城市总体规划的基础上,根据远景客流预测分析,正确把握土地利用与交通之间的相互作用关系,合理选择路网布局,使之能适应城市将来的发展。

(2) 轨道交通线路应考虑与其他城市地面公共交通、城市对外客运交通枢纽(火车站、轮船码头、长途汽车站、航空港)的联系,充分发挥各自的优势,以适应城市总体规划的交通结构。如瑞士建立的高速城市交通系统,将地铁与欧洲高速铁路相连,在旅行时间、运输量、费用和安全方面取得了很好的效果。

(3) 城市轨道交通线路要沿主要客流方向布设,并尽可能经过大型客流集散点,如主要工业区、大型住宅区、商业、文化中心、公交枢纽、机场、火车站、码头、长途汽车站等,便于乘客直达目的地,应尽量减少换乘,使其可达性好。

(4) 加强中心城对周围区域的辐射力及吸引力,线路应贯通市中心。一般贯通市中心的线路称为直径线,而一端终点位于市中心的线路称为半径线。从路网体系及线路运输效率方面来看以直径线为宜。

(5) 线路尽量沿城市道路干线走向,一方面便于吸引沿线地面交通量,另一方面便于施工,因为无论是线路位于地上还是地下,线路的拆迁工程量较小,不会碰到高层建筑的桩基等麻烦,还有用地费便宜、线路易于维修管理等好处。另外,随着近年来盾构法施工设备、工艺等技术水平的提高,在道路下方修建地下隧道不会对干线道路产生重大影响。

(6) 力争多设换乘点,尽量使城市内任意起、终站点间的乘客出行至多换乘两次即可到达目的地,即尽量避免换乘两次以上的情况,因为这会使旅客在途时间大为增加。同时,为提高运输效率,换乘点应分散布置,不宜过分集中。

(7) 选择线路走向要考虑城市的自然、人文、地理等制约条件,选择较好的地形、地质条件,注意历史文物保护,减少对重要地面建筑和地下构筑物的影响。

(8) 线路经过中心城区时,宜以地下隧道为主,从而减少拆迁、噪声、振动及其与城市交通的相互干扰;经过郊区时,在不破坏自然风景的前提下宜选择地面或高架形式,以尽量降低建设成本。

(9) 规划线路时要考虑车辆段、停车场的位置和连接两线路之间的联络线。若几条线路共用一个车辆段时,应设置连接两线的联络线。

（10）在现阶段规划我国城市轨道交通时，规划线路应涉及城市开发区及新的规划区域。因为我国现在仍是发展中国家，城市化水平还较低，城市的发展还要经历较长时期，城市地域规模快速膨胀，许多郊区地带虽然目前人流、车流都很少，但如果在这里规划一些大型集散点，如体育馆、游乐园、大型居民区等，在它们实施后就会引来大量的人流、车流。

（11）线网中各条规划线路上的客运负荷量要尽可能均匀，要避免个别线路运量过大或过小的现象，提高运营效率和舒适度。

（三）轨道交通路网设计方法

如前所述，轨道交通网络设计的影响因素十分复杂，可以说直到现在路网设计仍然是经验占主导地位。但这并不是说轨道交通路网设计排斥定量分析工作，实际上，现在日益更新的定量分析手段正在成为帮助规划者获得经验的一种有效手段。

1. 轨道交通线网规划

轨道线网规划类似于其他线网（如常规公交线网）的规划，以路线效率最高为目标和原则，并考虑轨道交通对附近居民生活区环境的影响。同时，由于轨道线网的建设投资大，建设期限长，因而在一定时期内，轨道线网规划就是轨道线路的规划。轨道线网规划中的一个基本假设是：车辆在独立的轨道上行驶，且线路走向基本与城市道路重合，以方便乘客进出站台。

轨道交通路网设计影响因素众多，又与其他交通方式一起承担城市交通任务，由于认识的局限性，光靠定性分析或少数的几次定量分析都难以获得满意的路网方案，必须切实有效地把定性分析与定量分析有机地结合起来，构成定性分析与定量分析的循环，在这种循环中逐渐推进规划者的认识深度。这种网络设计方法的基本步骤可归纳如下：

（1）在选择了轨道交通发展模式后，拟定路网规模。

（2）建立城市的初始研究对象——交通网络。该网络的线路包含主要的道路及现有的轨道交通线路，为简化计算分析工作，可以不包括那些次要的道路，因为它们对轨道交通客流分析影响很小。

（3）分析交通网络客流特征。收集历年的交通统计资料，进行必要的交通调查，进行城市综合交通的交通分布预测；建立交通方式划分及交通分配模型，对规划年度初始研究对象交通路网进行交通分配，了解路网各交通线路的主要客流走向、分布及大小。

（4）设计轨道交通初始路网方案。综合考虑城市主要客流分布，一定规模下的路网形态特征及其功能特点，城市地理、地形、地质、环境等因素，拟定一个或多个初始轨道交通路网方案。

（5）分析路网方案。对各方案进行定量分析和定性分析：定量分析是根据已建立的评价模型进行计算，获得某些定量评价指标；定性分析是对各方案的社会经济效益进行全面分析。

（6）进行方案评价、比较和筛选。建立路网评价指标体系，对各路网方案进行比较和筛选。

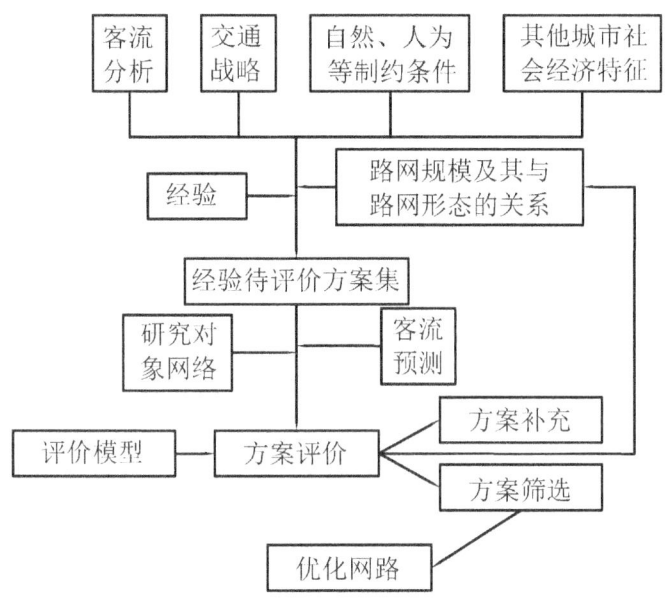

图 7-31 路网方案设计过程示意图

(7) 更新及优化方案。在上述分析、评价与比选的过程中,规划者不只是为了筛选出现的较优方案,更重要的是要通过分析和比较过程中获得的信息及领悟,更深刻地认识城市交通的现状及其发展变化规律,挖掘出那些被遗漏的、有比较价值的路网设计方案。对形成的新路网方案,连同本轮评价刚刚筛选出来的较优方案一起,进入下一轮分析评价与比选过程。如此循环往复,可以筛选出更有价值的方案。这是一个动态的过程,也是逐步趋优的过程。整个过程如图 7-31 所示。

2. 轨道交通线路布设

一般情况下,轨道交通线路的起终点可根据交通小区的客流大小及城市综合运输系统中的交通换乘枢纽位置来确定,或通过线路布设后的运输效率来确定。因此,轨道交通线路的布局规划可分为以下三种情况:

(1) 起终站点确定的轨道交通线路选线。对于这种情况,可采用"收敛扫描法"搜索线路。搜索的基本原理为:自确定的起点(小区)出发,根据路线效率最大的原则,向所有的邻接小区发展,再以该邻接小区为新的起点,继续向它的所有邻接小区发展,最后收敛于确定的终点(小区),其发展过程类似于一个纺锤形图。

(2) 只有起(或终)站点的轨道交通线路选线。这种情况用普通扫描法。其路线搜索的基本原理是:自所给定的线路起点小区出发,向邻接小区发展,再以各邻接小区为新起点,继续向其邻接小区发展,直至满足长度约束。

在所有可行路径中找出一条或几条最优(路线效率最大)的路线放入线路备选集合中,作为轨道交通路线推荐方案。

(3) 不定起、终站点的轨道交通线路选线。这种情况就是只定起点的轨道交通线路选线问题。可将起点定在不同的交通小区,用普通扫描法,依次搜索出一系列只定起点的最优线路,这些最优线路中路线效率最大的一条即为所要搜索的最优轨道交通线路。

通过以上三种情况及其对策的研究可以看出,第一种情况最为简单,但人为因素的影响较多,在理论上,其最终的解不是最优路线的可能性最大,路线长度也不易控制;第三种情况由于是不定起点和终点,在全市区域内进行全面搜索,求出的路线一般是某种程度上的最优路线;第二种情况介于第一种和第三种之间,求出的解也有可能不是最佳路线。

(4) 二阶段法。以上介绍的三种方法在计算机上实现时都有可能会发生"组合爆炸",如果以交通中区为基本单位进行轨道线路搜索,则搜索次数将大大减少,但会使路线走向范围过大,难以满足精度要求,不能确定轨道路线的具体走向。为此,可采用二阶段法。具体步骤如下:

步骤1:以交通中区为基本单位进行线路搜索,一般找出1～2条最优线路。

步骤2:根据搜索出的线路的走向,在图上画出线路具体布线时的可行范围,重新组合各交通小区的邻接状况。很显然,这个可行范围内的交通小区数目将远低于全市交通小区的总数,一般前者为后者的1/3～1/2。

步骤3:在可行范围内,以交通小区为基本单位进行具体线路搜索,直至找到最佳线路。

实验证明,二阶段法明显优于其他三种方法,一般搜索速度可提高50～100倍,且最优线路走向与全市范围内按交通小区一次性搜索的结果基本一致。

3. 换乘站在路网设计中的作用

轨道交通路网中,两条或多条线路构成交叉点,即换乘站,在路网设计中有着特殊重要的地位及作用。

从日常的路网运营现象看,线路之间的交叉点的个数、位置,决定着路网的形态,影响着路网中各换乘站客流量的大小、乘客的换乘地点、出行时间及方便程度,从而影响整个路网的运输效率。

从交通与城市发展的相互作用关系看,由于换乘站处有更大的客流要从这里上下,久而久之,会导致换乘站处土地利用价值的超常升值(与一般车站相比),并对换乘站周围的土地利用格局和规模产生深远的影响,最终可能会导致整个城市布局结构体系的变化及调整。例如,东京山手线上的新宿站,由于有7条以上的轨道交通线路在此交汇,不久便由一般的城市区域逐步发展成东京重要的城市副中心。

因此,在轨道交通路网规划中,要非常慎重地选择换乘站的位置,而且光靠交通部门的努力是不够的,必须与城市规划部门一起紧密协作,从城市长远发展的战略高度上认识换乘站位置对城市规划结构的重要影响,合理选择换乘站位置,并对其周围空间进行长远而周密的规划。

四、轨道交通线路设计

（一）轨道交通运输能力

轨道交通线建设应满足城市旅客运输的需求,其运输能力以通过能力或旅客输送能力表达。

1. 通过能力 N

通过能力也称通行能力,以 1h 单方向通过的列车数衡量,与列车行车间隔成反比,即

$$N=3600/I(对/h) \tag{7-3}$$

式中 I——列车行车间隔,为两列车发车的时间间隔,通常单位用秒(s)。允许的最小行车间隔受信号设备限制,目前地铁最短可达到 75～90s,轻轨可以短至 45s。通常地铁采用的最小行车间隔是 90～120s。当行车间隔时间 I 为 90～120s 时,相应的通行能力为 40～30 对/h。

2. 输送能力 C

输送能力是指 1h 单方向所能运送的旅客数,有时也称运输能力,或称运能,由 1 列车的容量与线路通过能力的乘积来确定,即

$$C=V\times N=v\times n\times N(人/h) \tag{7-4}$$

式中,V 为列车容量,是 1 列车能够运送的乘客数量,为车辆容量与列车编组数的乘积,即 $V=v\times n$(人)。

v 为车辆容量,为车辆容纳乘客的数目,取决于车辆的大小(长度及宽度)、站位与座位的比例、旅客舒适度标准。目前地铁 A 型车辆的宽度约 3m,长度在 23m 左右。每节地铁车辆的定员标准与舒适度标准有关。我国目前城市交通普遍紧张,虽然每节车辆的定员只有 150～310 人,但是实际运营中,尤其在高峰期拥挤时段,往往超员运行,每节车辆乘客人数可达 225～410 人。

n——列车编组数,是 1 列车包含的车辆(动车、拖车)数量。编组数越大,输送能力越大,但列车长度会受车站站台长度的限制。列车编组可由不同型式的车辆根据客流预测、设计运输能力、线路条件、环境条件及运营组织等要素确定。

通过车辆容量、列车编组数及通过能力,可以估算线路的输送能力。如果每节车辆载客 150 人,8 节编组,30 对/h,则输送能力为 36 000 人/h。在西欧,由于舒适度标准较高,输送能力通常小于 25 000 人/h。

在亚洲等人口密集的大城市,舒适度标准比欧美国家低,其地铁交通系统的运能较大。香港地铁的高峰小时运量达到 80 000 人/h,上海地铁高峰小时输送能力达到 74 400 人/h,广州地铁高峰小时输送能力达到 55 800 人/h。

(二)选线的一般规定

1. 线路分类

地铁线路应按其运营中的功能定位,分为正线(干线与支线)、配线和车场线。

(1)正线:指载客运营并贯通车站的线路,当线路分叉时,可分为干线和支线。在正线上分叉以侧向运行的线路为支线,直向运行线路为干线。

(2)配线:配线原称"折返线",包括车辆基地出入线、联络线、折返线、停车线、渡线、安全线。

(3)车场线:设在车辆基地(或停车场)内,提供列车停、检、修的线路,或各种维修车辆停放的线路。

2. 线路走向选择

线路走向选择的要点如下:

(1)城市轨道交通的基本功能是城市区内客运,城市轨道交通线路基本走向应沿主要客流方向布设。主要客流方向应根据城市客流现状及预测结果综合考虑。

(2)线路应力求通过或尽量靠近沿途附近的大型客流集散点,如工业区、大型住宅区、商业文化中心、公交枢纽、火车站、码头、长途汽车站等,以便乘客直达目的地,减少换乘,争取客流。

(3)在满足地质条件、历史文物保护、地面建筑和地下建筑物等制约条件下,线路尽可能按短直方向定线,以缩短线路长度,节省运营费用及运营时间。

(4)对于浅埋隧道、地面铁路或高架铁路,其线路位置通常是沿着较宽的城市干道布设,或是通过建筑物稀少的地区,这样可以减少线路穿越建筑群区域因避让桩基或拆迁房屋而增加的难度及费用,也为线路施工创造了良好的明挖条件,还为车站位置的选择增加了自由度。对于深埋隧道,其线路位置由车站位置决定,一般在其间取短直方向。

(5)线路在道路的十字路口拐弯时,通过十字路口拐角处往往会侵入现存的建筑区域,应使用小半径曲线尽量缩短线路通过建筑群区域的范围。此时如果改大半径曲线通过,虽然对运行速度、电能消耗、轨道养护、乘客舒适性等方面都有利,但会造成通过建筑群地带的长度增大,征地困难,用地费用增加,同时因隧道的设置,地面建筑物自重将受限制,还会伴随基础工程加固等困难同时出现。

(6)先期建设的线路应考虑与远期规划线路交叉点处的衔接,虽然暂时费用支出有所增加,但为未来路网中乘客的换乘方便创造了条件,这比未来改建线路、增设换乘设施更节省投资。

(7)选择线路走向要考虑车辆段、停车场的位置和连接两相邻轨道交通线路间的联络线。

(8)地铁线路与相近建筑物距离应符合城市环境、风景名胜和文物保护的要求,应采取措施,减少地铁运行中的振动,对周围敏感点的影响。

3. 线路起、终点选择

(1) 线路起、终点车站宜与城市用地规划相结合,并宜预留公交等城市交通接驳配套条件。

(2) 线路起、终点不宜选在城市中心区。城市中心区客流量大,说明乘客还要继续前进,不宜定为线路的起、终点。

(3) 对穿越城市中心的超长线路,应分析运营的经济性,并应结合列车在各区间的满载率和拥挤度,以及建设时序的分析,合理确定线路运行的起、终点或运行的分段点。

(4) 每条线路长度不宜大于35km,也可按每个交路运行不大于1h为目标,避免司机疲劳驾驶。当分期建设时,初期建设线路长度不宜小于15km,运距过短,吸引客流能力较差。

4. 车站分布

(1) 车站分布原则:

① 车站站址要满足城市规划、城市交通规划及轨道交通路网规划的要求,并综合考虑该地区的地下管线、工程地质、水文地质条件、地面建筑物的拆迁及改造的可能性等情况合理选定。

② 车站总体设计要注意与周围环境的协调,如与城市景观、地面建筑规划相协调。随着社会的进步和人民生活水平的改善,人们对建筑艺术的要求日益提高。地处城市区域的车站,人流十分集中,作为一种永久性建筑物,在经济许可的前提下改善车站的建筑设计,与城市景观和地面建筑规划很好地协调,对美化城市环境、改善人民生活质量是很有意义的。

③ 车站的规模及布局设计要满足路网远期规划的要求。车站是乘客候车、上下列车及列车停靠的场所,站台长度、宽度、容量必须满足远期的旅客乘降和疏散要求。车站客流集中,一般都与地面交通有大量的换乘,车站布局设计应有效地组织人流集散,力求换乘路径便捷,减少乘客的换乘距离,给乘客带来便利。城市轨道交通路网建设是个渐进的长期过程,随着轨道交通线路数目的增加,线路交叉点数目亦增多,处在交叉点处的中间站,开始起换乘站的作用。由于轨道交通车站,尤其是地下车站,建成通车后的改建十分困难,因此这类车站应该在轨道交通路网的远景规划中加以规定,建设初期作必要的预留措施,以便未来能够在不中断行车的情况下,较方便地扩建必要的换乘设备。

④ 选择合适的车站形式,因地制宜,结合地面物业布置车站各类设备的空间,减少用地面积及空间规模,降低造价。

⑤ 贯彻"以人为本"的思想,车站需解决好通风、照明、卫生、防灾等问题,以提供乘客安全、快捷和舒适的乘车环境。

(2) 车站间距的选择:

车站分布原则上应根据大客流点吸引有效范围而定,又要考虑旅行速度,此与站间距密切相关。同时要避免对单个车站客流过于集中,适当分散为宜。但总体上看,原则上应以方便乘车、提高客流效益为目的。城市中心区和居民稠密地区宜为1km左右,在城市外围区宜为2km左右。对超长线路应根据城市布局和旅行速度目标的要求,提高旅行速度,站间距宜适当加大。

(三) 线路设计标准

线路的设计必须满足行车安全、平顺与养护维修工作方便等要求并保证乘客一定的舒适度,符合有关设计规范的要求。

城市轨道交通线路设计分平面、纵断面、横断面三个部分。从平面上看,线路是由直线和曲线组成。曲线包括圆曲线和缓和曲线。其平面设计的主要技术要求有最小曲线半径、夹直线最小长度、最小圆曲线长度、缓和曲线线型和长度。从纵断面上看,线路包括坡段及坡段间的连接。纵断面设计的主要技术要素有最大坡度、坡度代数差、竖曲线线型和曲线半径。横断面设计则要满足线路各个断面列车通过的限界要求。

与城市间铁路比较,城市轨道交通线路设计有如下特点:

(1) 城市轨道交通的设计年限较长,近期为交付运营后第10年,远期应符合城市总体规划规定的年限,且不少于交付运营后25年。

(2) 线路一般为双线,一般车站处只有2股道,通常短条线路设有1个车辆段和1个停车场。城市轨道交通客运量大,必须采用分方向追踪运行。线路车站没有经常性的调车作业,为节省用地,一般车站不设到发线,车辆集中停放在车辆段和停车场。

(3) 运距短,站点密,停车频繁,中等运营速度。城市内客运的运距短,且全面地分布在整个城市区域内,为保证线路的客流吸引力,通常站距为1~2km。列车要启动加速到最高速度,再由最高速度制动使其在车站中心位置停下来,都需要一定的距离,其长度与最高速度成正比。目前,国内外城市轨道交通系统实际上选用的车辆的最高运营速度都不超过90km/h,平均运营速度多为30~45km/h。

(4) 列车长度较短。城市客流可容忍的等待时间较短,要求发车间隔时间不能太长,一般不大于15min。由于线路各站点的吸引范围小,在这段时间里聚集的客流量有限,因而列车编组长度比城间列车短,通常为4~8节车厢。这样,供乘客上、下车的站坪长度就短了,通常在100~200m。

1. 平面设计

(1) 圆曲线半径。小半径曲线具有限制车速、养护比较困难和钢轨侧面磨耗严重等缺点,特别是在地铁运量大、密度大的情况下,上述缺点更加突出。因此,最小圆曲线半径应有一定限制。地铁规范规定的线路最小曲线半径见表7-2。

表7-2 圆曲线最小半径(m)

车型 线路	A型车		B型车	
	一般地段	困难地段	一般地段	困难地段
正线	350	300	300	250
出入线、联络线	250	150	200	150
车场线	150	—	150	—

由于轻轨交通运量较小,最小曲线半径视车型情况可采用比地铁线路更小的数值。

车站站台段线路应尽量设在直线上,因为站台上有大量旅客活动,直线站台通视条件好,有利于行车安全。而且城市轨道交通多为高站台,曲线站台与车辆间的踏步距离不均匀,不利于旅客上下车和乘车安全。在困难地段,站台段线路也可设在曲线上,为了保证行车安全和合理的踏步距离,对 A 型车其半径不应小于 800m,对 B 型车其半径不应小于 600m。

(2) 圆曲线长度。为避免一节车辆同时跨在两个缓和曲线上,对行车稳定性和旅客舒适度产生不利影响,圆曲线长度应大于一个车辆全轴距,一般客车车辆全轴距为 20m。另外,在线路维修工作中,一般采用绳正法,每 10m 要测出一个正矢,为了圆曲线上或夹直线上不少于两个正矢桩,也需要圆曲线长度和夹直线长度不小于 20m。《地铁设计规范》(以下简称地铁规范)规定:圆曲线最小长度,在正线、联络线及车辆基地出入线上,A 型车不宜小于 25m,B 型车不宜小于 20m。在困难情况下,不得小于一个车辆全轴距,车场线不应小于 3m。

(3) 缓和曲线。在直线与圆曲线间设置缓和曲线的原因之一是,直线与圆曲线间曲率突变,其值大小与曲线半径成反比。据研究,当圆曲线半径超过 2000m 时,这种影响对地铁行车影响很小,可忽略不计。因此地铁规范规定:在正线上,当曲线半径等于或小于 3000m 时,圆曲线与直线间应根据曲线半径及行车速度设置缓和曲线。

(4) 曲线间的夹直线。夹直线长度确定,基于两点考虑:一是舒适度,为车辆在前一个曲线产生的振动衰减后再进入第二个曲线,不致两个曲线的振动叠加;二是安全性,在正线上,一辆车不跨越两种线型,原则上不小于一辆车长度,在车场内,取一个转向架的长度。地铁规范规定,正线、联络线、车辆出入线上的两相邻曲线间的夹直线长度,对 A 型车不应小于 25m,对 B 型车不应小于 20m。

(5) 道岔区线路。道岔应设置在直线上。道岔端部至曲线端部的距离不宜小于 5m,车场线可减少到 3m。道岔宜靠近车站位置,但道岔基本轨端部至车站站台端部的距离不小于 5m。

2. 纵断面设计

(1) 坡度:

① 最大坡度。城市轨道交通线路主要用于客运,列车质量较小,不受机车牵引力的限制,因此没有限制坡度的概念。线路允许设计的最大坡度即为最大坡度。正线允许的最大坡度值主要受行车安全、旅客舒适、运营速度三个方面的影响,一般不大于 30‰。在困难地段(例如深埋线路从地下上升到地面段),若有充分理由,可将正线坡度设计到 35‰。在山地城市的特殊地形地区,经技术经济比较,有充分依据时,最大坡度可采用 40‰。联络线、出入线的最大坡度不大于 40‰。随着各种城市轨道交通车辆性能的改进,允许的最大坡度值在增加。例如,新型的线性电机车允许的正线设计最大坡度达到 60‰。

② 最小坡度。为了满足排水的要求,位于地下隧道内的线路,纵断面应设置不小于 3‰ 的坡度,困难条件下可采用 2‰ 的最小坡度。在能借助其他辅助设施排水的地段,可不受此限制。

隧道内的车站站台段线路应设成单一坡道。坡度值宜采用 3‰,困难时可设在 2‰~5‰ 的坡道上。特殊情况下,站台也可设在平坡上,但应设置一定坡度的排水沟,以保证排水。

隧道内的存车线和车辆折返线的尽端应设置 2‰ 面向车挡下坡。道岔宜设在不大于 5‰ 的坡道上，困难地段可设在不大于 10‰ 的坡道上。

地面和高架桥上的车站站台段线路坡度宜设在平道上，困难地段可设在不大于 5‰ 的坡道上。地面或高架桥上车场线可设在不大于 1.5‰ 的坡道上。

(2) 坡段长度：

为了满足行车平稳和旅客舒适，线路坡段长度不宜小于远期列车计算长度。按每节车辆 19.11m 计算，当用 8 节车厢时，约为 150m；当用 6 节车厢时，约为 115m；当用 4 节车厢时，约为 75m。

(3) 不同坡段连接：

① 坡度代数差。列车通过变坡点时，车钩产生附加应力，致使车辆的局部加速度增加，其值与相邻两坡段的坡度代数差成正比。坡度代数差太大，会影响旅客舒适度。虽然地铁规范没有对坡度代数差加以限制，但是根据国内外的传统经验做法，如两反向坡段的坡度值均超过 5‰ 时，通常采用一段坡度不大于 5‰ 的坡段连接。

② 竖曲线。在纵断面上，若各坡段直接相连则形成一条折线，则列车运行至坡度代数差较大的变坡点处，容易造成车轮脱轨、车钩脱钩等问题。为避免这类情况发生，当坡度代数差等于或大于 2‰ 时，应在变坡点处设置竖曲线，把折线断面平顺地连接起来，以保证行车的安全和平稳。竖曲线一般采用圆曲线。地铁规范规定：对正线的区间线路，竖曲线半径一般取 5000m，困难情况下取 2500m；车站两端因行车速度较低，其线路的竖曲线半径可取 3000m，困难情况下可取 2000m。对联络线、出入线和车场线，竖曲线半径可取 2000m。

车站站台和道岔范围内不得设竖曲线，竖曲线离开道岔端部的距离不应小于 5m。渡线应设在 5m 以内的坡度上，而且竖曲线不应伸入道岔范围之内。竖曲线起点至道岔基本轨起点的距离，或距辙叉跟端以外短轨端点的距离，均不应小于 5m。

③ 竖曲线夹直线。由于允许的坡段长度较短，而允许的坡度值又较大，因而实际设计时常会出现两条竖曲线重叠或相距很近的情形。为了避免或减轻列车同时位于两条竖曲线而产生的振动叠加，地铁规范规定，两条竖曲线之间的夹直线不宜小于 50m。

地铁车站的纵断面设计，除了满足相应的坡度、坡段长度、坡段连接要求外，还要综合考虑隧道类型、拟采用的施工方法及运营特点等因素。

对于浅埋隧道，一般采用明挖法施工，宜靠近地面，以减少土方工程量，简化施工条件。同时，又要考虑在隧道上面预留足够的空间来设置城市地下管道，有足够厚度的土壤层来隔热，使隧道内不受地面温度变化的影响。通常浅埋区间隧道衬砌顶部至地面距离不小于 2m。由于车站本身要求的净空高度大于区间，因而浅埋车站一般位于凹型纵断面的底部。这种纵断面形式是进站下坡，出站上坡，导致列车进站制动和出站加速都需要耗费较多的能量，不利于运营。

对于深埋隧道，通常位于比较稳定的地层内，其顶部以上的地层厚度要能够形成承载拱，为此应埋深一些。在保证车站净空要求的前提下，深埋隧道的车站应埋浅一些，尽量接近地面,因为这样设计的车站土建工程量较少,还可节省升降设备投资,乘客上、下地面的时间也相应减少。这种情况下,车站位于线路凸型纵断面顶部,便于进站减速,出站加速,节省运营成本。

3. 横断面设计

城市轨道交通线路及车站常设在地下隧道内或高架桥上,有时也设在地面上。

(1) 地下隧道的横断面。地下隧道的单线区间横断面的常用形式有圆形、矩形和马蹄形,其具体尺寸应根据运营时所采用的车辆及设备的尺寸所决定的各种限界来设计,这些限界包括车辆限界、设备接近限界和建筑物限界,如图7-32～34所示。在双线地段,区间和车站地段的横断面有许多形状,其典型形状如图7-35所示。

(2) 地面及高架桥上的横断面。当线路位于地面或高架桥上时,其轨上部分的横断面需要满足如图7-36所示的限界要求,轨下部分的横断面形状视轨下结构而定,常见断面形式如图7-37～39所示。

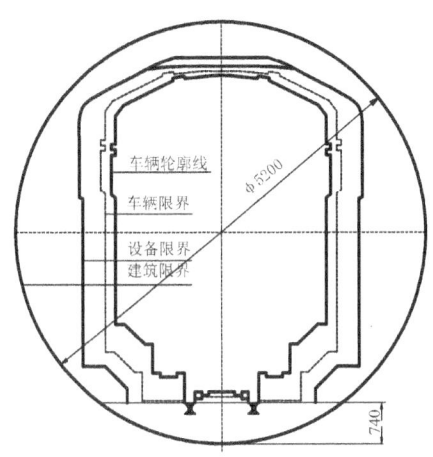

图7-32 区间直线地段圆形隧道限界图

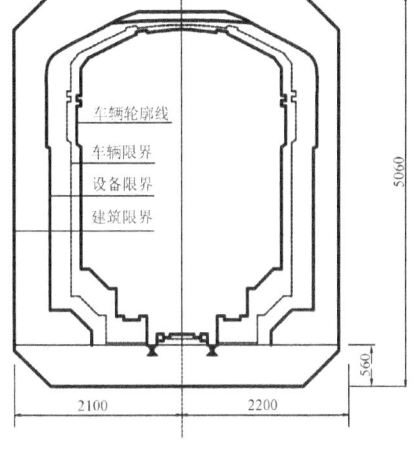

图7-33 区间直线地段矩形隧道限界图

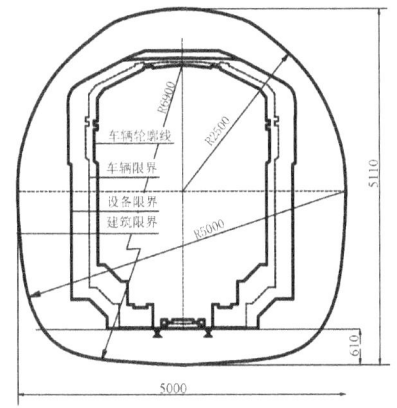

图7-34 区间直线地段马蹄形隧道限界图

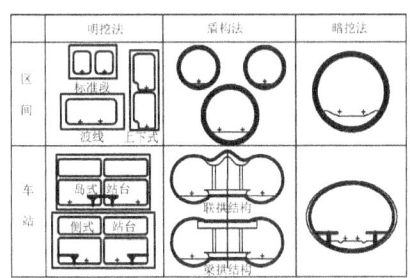

图7-35 地下隧道典型端面形状示意图

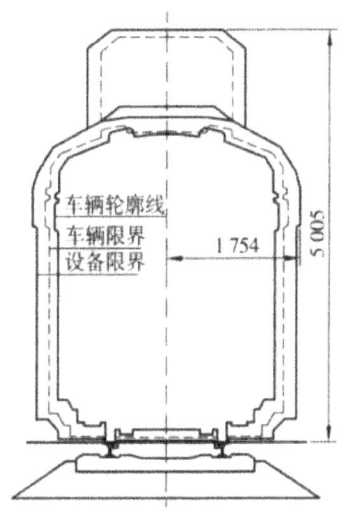

图 7-36 区间直线地段地面、高架限界图

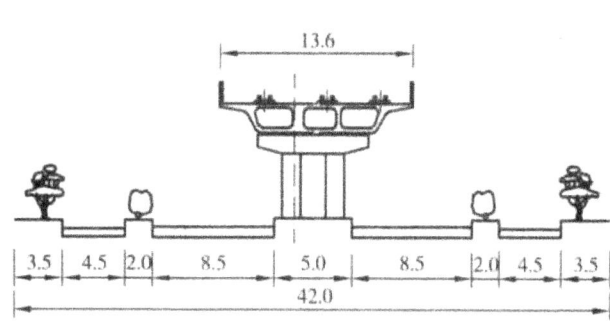

图 7-37 高架存车线路段横断面布置图

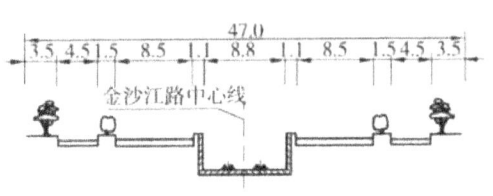

图 7-38 高架路段横断面布置图

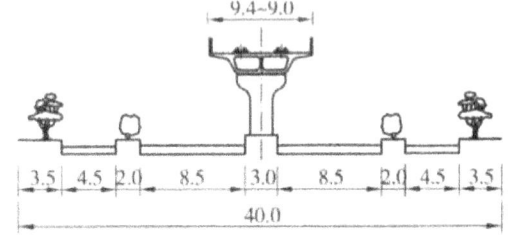

图 7-39 敞开段横断面布置图

五、轨道交通车站设计概述

（一）车站分类

车站是轨道交通中最复杂的一种建筑物，车站按运营特点可分为中间站、区域站、联运站、枢纽站、换乘站、终点站、车辆段和停车场。

1. 中间站

中间站仅供乘客上、下车之用，是轨道交通线路中最常见的一种车站，尤其是在轨道交通路网建设初期、线路交叉点数目不多时。

2. 区域站

能使列车在站内折返或停车，是在车站内有尽端折返设备的中间站。图 7-40 是一种常见的区域站图式。有了区域站就可以在与之邻接的两个区段上组织不同密度的行车，一般至市中心区的那个区段密度较高，而至郊区的那个区段密度较低。

3. 联运站

可以同时供一条停车较多的管内运输线及一条快车线用,是单向具有一条以上停车线的中间站如图 7-41 所示,其各站台之间可用天桥或隧道相联系,因此亦可起到换乘站的作用。一般在线路上每隔几个中间站便设一个联运站。

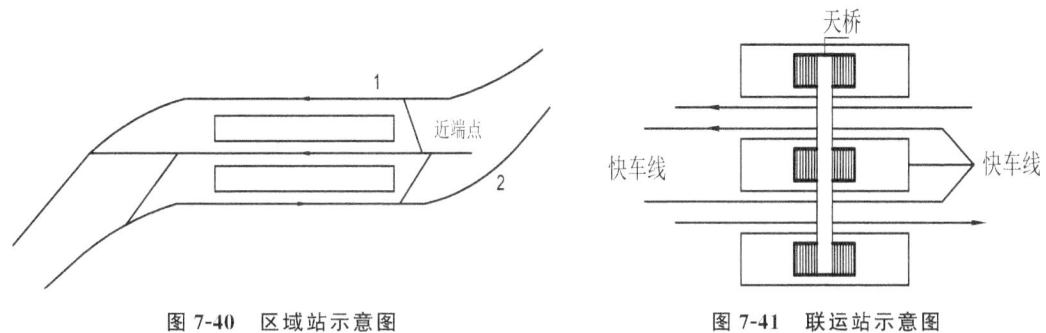

图 7-40 区域站示意图　　　　图 7-41 联运站示意图

4. 枢纽站

位于轨道交通线路分岔的地方,其中有一条是正线,可以在两个方向上接车和发车。如图 7-42 所示为一种最常用的叉式枢纽站。在这种车站中,股道有两处在同一平面内交叉。因列车从同一车站出发,故 A 点没有撞车危险,而当列车经过 B 点后便进入了自动闭塞区间,故 B 点的交叉亦无危险。

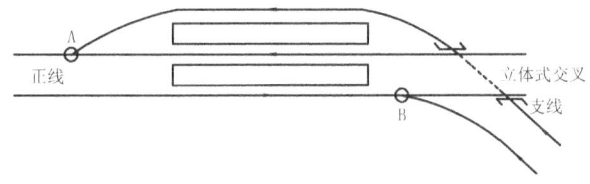

图 7-42 叉式枢纽站示意图

5. 换乘站

能够使乘客从一线到另一线转乘的车站。它除了配备供乘客上下车的站台、楼梯或电梯之外,还要配备供乘客由一线站台至另一线站台的设施,这些设施形式多样,在本节"换乘站概述"专门介绍。

6. 终点站

除了供乘客上、下车外,还用于列车折返及停留,因此终点站一般设有多股停车线。如果线路需要延长时,则终点站可作为中间站或区域站来使用。

7. 车辆段和停车场

轨道交通车辆段分为检修车辆段(简称车辆段)和停放车辆段(简称停车场)。在车辆段配备了必要的停车线及检修设备,列车可以在这里进行试运转、段内编组、调车、停放、日常检查、一般故障处理和清扫洗刷,还可以进行车辆的技术检查、月修、定修、架修和临修等作业。停车场是一种简易的车辆段,其与车辆段的差别是:线路数目较少,检修设备也较少,因而不能进行定修、架修和月修等技术作业。

(二) 中间站设计

1. 中间站布置图型

车站按站台形式可分为岛式车站、侧式车站两种基本类型。站台位于上、下行线路之间的车站称为岛式车站；站台位于线路两侧的车站称为侧式站台车站，简称侧式车站；在线路之间和两侧均设置站台的车站称为岛侧式车站，如图 7-43 所示。

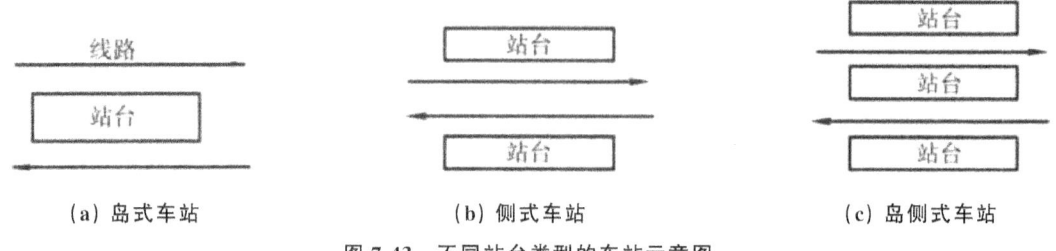

图 7-43 不同站台类型的车站示意图

岛式车站站台位于上、下行线路之间，可供上、下行线路同时使用。站台两端有供旅客上、下的楼梯通至地面。当升降高度大于 5.5m 时，一般要设自动扶梯。

当车站为深埋（埋设深度在 12m 以上）时，车站内线间距（M）由站台宽度（B）决定，M＝B＋2.9(m)，区间线路的线间距一般等于车站处的线间距。这样区间隧道可直接与车站隧道相连接。

当车站为浅埋（埋设深度在 12m 以内）时，因为区间隧道一般皆为双线隧道，要求线间距采用最小值，所以靠近车站的地段必须将线间距加宽，形成一个喇叭状，如图 7-44 所示。

侧式车站站台位于线路两侧，线路用最小间距通过两站台之间。当区间线路为浅埋时，因区间和车站处的线间距相同，故不需修建喇叭口；当区间线路为深埋时，由于区间两条单线隧道间要保持一定间距，此间距大于站上线间距，因此在车站两端需要修建渡线室，以便把车站处的最小线间距加宽到区间线间距，如图 7-45 所示。

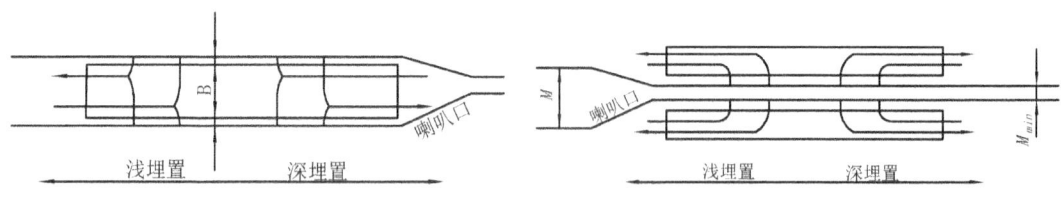

图 7-44 岛式车站与区间线路连接示意图　　图 7-45 侧式车站与区间线路连接示意图

侧式站台的最小宽度视其上有无立柱而定，一般为 4m～6m。因站台宽度较小，故不能在站台设置三条梯带（电梯通路）的自动扶梯。因此，必须在车站的一端设置前厅，站台与前厅用楼梯相连，前厅的出口用自动扶梯与地面相联系。必要时，也可在站台中心设置出入口。

岛侧式车站是岛式车站和侧式车站的组合形式。

2. 车站用地规模估算

在车站立面条件许可的情况下,车站用地规模取决于车站的长度和宽度。

(1) 车站长度估算:

车站长度一要满足站台长度的要求,二要满足车站设备布置的要求。

① 站台计算长度。站台是供乘客上、下列车的平台,其计算长度采用列车最大编组数的有效长度与停车误差之和。有效长度和停车误差应符合下列规定:

有效长度在无站台门的站台应为列车首末两节车辆司机室门外侧之间的长度;有站台门的站台应为列车首末两节车辆尽端客室门外侧之间的长度。

停车误差当无站台门时应取 1m～2m;有站台门时应取 ±0.3m 之内。

② 车站设备布置要求增加的长度。中间站一般是多层结构,设备的布置不一定全部布置在站台层面上。但是,由于技术上的要求或为了运用上的便利,有些设备必须布置在站台层面上。

③ 确定车站实际长度。将站台计算长度加上车站设备布置延长部分,再考虑由于施工等因素所增加的用地范围,一般增加 2m～10m,即为车站控制用地的实际长度。一般地铁 8 节编组中间站的控制用地长度为 270m～280m,在 6 节或 4 节编组的轨道交通车站中,还可相应缩短。

(2) 车站宽度估算:

站台宽度应根据远期预测客流量、列车编组长度、站台上立柱的多少以及站台与站厅之间楼梯(自动扶梯)布置形式等因素进行计算,并满足最小站台宽度。车站的站台类型对站台宽度有较大的影响。

站台宽度应按下列公式计算:

岛式站台宽度:$B_d = 2b + n \cdot z + t$ (7-5)

侧式站台宽度:$B_c = b + z + t$ (7-6)

其中,$b = \dfrac{Q_1 \cdot \rho}{L} + b_\alpha$ (7-7)

$b = \dfrac{Q_{1,2} \cdot \rho}{L} + M$ (7-8)

式中:

b——侧站台宽度(m),公式(7-5)和(7-6)中,应取(7-7)和(7-8)计算结果的较大值。

n——横向柱数

z——纵梁宽度(含装饰层厚度)(m)

t——每组楼梯与自动扶梯宽度之和(含与纵梁间所留空隙)(m)

Q_1——远期或客流控制期每列车超高峰小时单侧上车设计客流量(人)

$Q_{1,2}$——远期或客流控制期每列车超高峰小时单侧上下车设计客流量(人)

ρ——站台上人流密度,取 $0.33 m^2/人 \sim 0.75 m^2/人$

L——站台计算长度(m)

M——站台边缘至站台门立柱内侧距离；无站台门时，取0m。

b_a——站台安全防护带宽度，取0.4，采用站台门时用 M 代替 b_a 值(m)

《地铁设计规范》规定，岛式站台最小宽度为8m；侧式站台(长范围内设梯)的侧站台最小宽度为2.5m；侧式站台(垂直于侧站台开通道口设梯)的侧站台最小宽度为3.5m。

一般岛式站台宽度为8m~10m，横向并列的立柱越多，站台宽度越大。若站台宽度为10m，车站上两条线路的间距为12.9m，两侧线路中心线至边墙的宽度正好构成一个区间隧道的建筑限界。按较不利的5m考虑，再加上两侧各5m的结构物厚度及施工安全距离，这样使得岛式车站的占地宽度约为27.9m。

一般侧式车站的站台宽度为4m~6m，无立柱时偏小，有立柱时偏大。当每个侧式站台取6m宽，两条线路中心线间距取4m，两条线路中心线至各自站台边缘的宽度各为1.45m，再加上两侧各5m的结构物厚度及施工安全距离，这样，侧式车站的控制用地宽度约为28.9m，比岛式车站略宽。

因此，在规划阶段，无论是岛式车站还是侧式车站，车站的规划控制用地宽度可取30m，曲线车站需适当加宽。岛侧式车站需要在岛式车站宽度的基础上另外增加两侧站台的宽度。

地面车站因不需两侧约10m的结构物宽度，故其本身占地宽度只需20m左右，但要考虑与周围交通用地及建筑用地的协调。

高架车站在地面层的用地宽度只受桥墩宽度的限制，通常与地面道路协同设计，但在高架层面上需要20m左右的实际占用宽度，为考虑噪声、振动等对周围建筑物的环境影响，通常要求其两侧的建筑物离得更远些。高架车站的结构形式有很多，一般要结合所在的道路及周围建筑物的情况综合设计。

(三) 换乘站概述

1. 换乘站分类

换乘站是路网中各条线路的交叉点，是提供乘客转线换乘的场所。除了供乘客上、下车之外，还要能实现两线或多线车站站台之间的人流沟通。换乘站可以由中间站补充换乘设备而成，或者一开始就建成供两条相交线路使用的联合车站。换乘站的形式按换乘方式分为同站台换乘、结点换乘、站厅换乘、通道换乘、站外换乘五种基本类型。下面按换乘方式分别介绍常用的换乘站类型。

(1) 同站台换乘。同站台换乘的基本布局是双岛式站台的结构形式，可以在同一平面上布置，如图7-46(a)所示，也可以双层布置，如图7-46(b)所示。这两种形式的换乘站都只能实现四个换乘方向的同站台换乘，而另外四个换乘方向则要采用其他换乘方式。

(2) 结点换乘。在两线交叉处，将两线隧道重叠部分的结构做成整体的结点，并采用楼梯将两座车站站台连通，乘客通过该楼梯进行换乘。结点换乘方式依两线车站交叉位置的不同，有"十""T""L"三种形式。各种交叉方式又有不同的换乘方式，如"十"字形换乘中，常

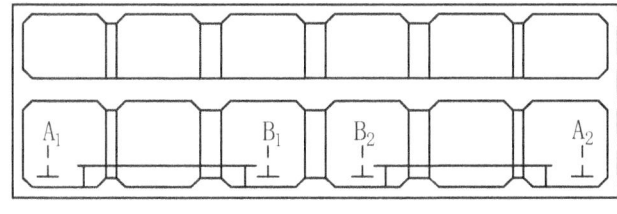 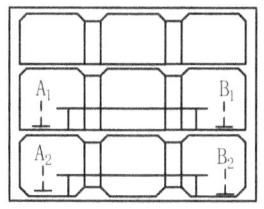

(a) 同一平面布置　　　　　　　　　(b) 不同平面布置

图 7-46　同站台换乘车站形式示意图

用的换乘站类型有岛式与侧式换乘、岛式与岛式换乘和侧式与侧式换乘,如图 7-47 所示。

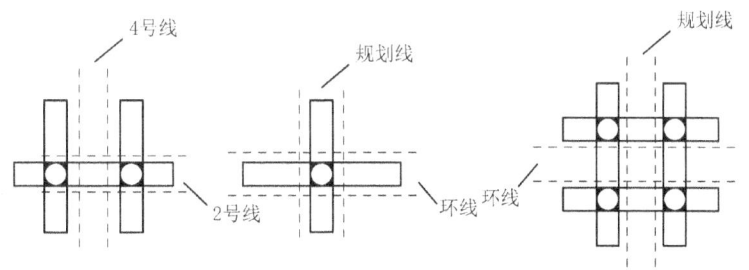

(a) 岛式与侧式换乘　　(b) 岛式与岛式换乘　　(c) 侧式与侧式换乘

图 7-47　"十"字形结点换乘的三种形式示意图

(3) 站厅换乘。这种换乘站设置两线或多线的共用站厅,或相互连通形成统一的换乘大厅。站厅换乘站可同层并列侧式站台、同层并列岛式站台和上、下层平行侧式站台形式,如图 7-48 所示。

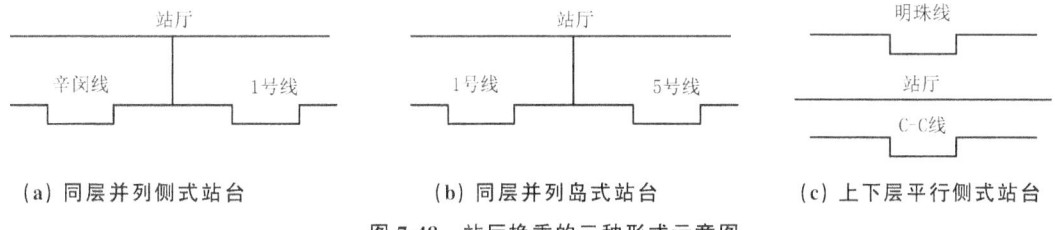

(a) 同层并列侧式站台　　　(b) 同层并列岛式站台　　　(c) 上下层平行侧式站台

图 7-48　站厅换乘的三种形式示意图

(4) 通道换乘。在两线交叉处,车站结构完全分开,用通道和楼梯将两车站连接起来,供乘客换乘。连接通道一般设于两站站厅之间,也可以在站台上直接设置。

当两条轨道交通线路在区间相交时,两线车站布置构成"L"形,两线上的轨道交通车站均应靠近交叉点设置,并用专用的人行通道相连接来完成换乘,如图 7-49 所示。

当一条线路的区间与另一条线路的车站"T"形交叉时,可按如图 7-50 所示的换乘站形式组织换乘。位置较高的车站 A 的集散厅可用一个人行隧道与一个地下站厅(前厅)相连接,该地下站厅则经由自动扶梯隧道而与位置较低的车站 B 相连接。

除上述四种基本的换乘方式之外,还可采用站外换乘及组合换乘来达到换乘的目的。

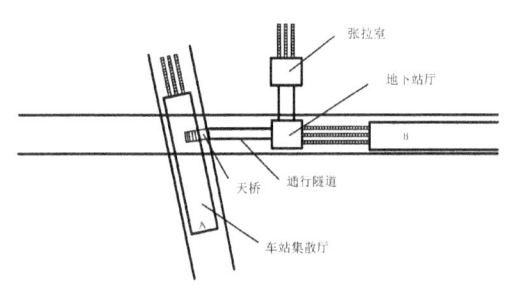
图 7-49 通道换乘方式的地下换乘站

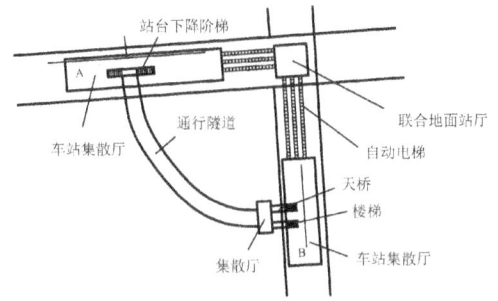
图 7-50 "T"形交叉时的换乘站

2. 换乘站线路设计要点

(1) 换乘站的规划与设计,应按各线独立运营为原则,宜采用一点两线形式,并宜控制好换乘高差与距离。当采用一点三线换乘形式时,宜控制层数,并宜按两个站台层设置。一个站点多于三条线路时,其换乘形式应经技术经济论证确定。

(2) 换乘车站应结合换乘方式,拟定线位、线间距、线路坡度和轨面高程,相交线路邻近一站一区间宜同步设计。

(3) 当换乘站为两条线路采用同站台平行换乘方式时,车站线路设计应以主要换乘客流方向实现同站台换乘为原则。

(4) 当多条线路在中心城区共轨运行并实现换乘时,接轨(换乘)站应满足各线运行能力和共轨运行总量需求。

(四) 车辆段与停车场

1. 车辆段与停车场的布置

(1) 车辆段及停车场的选址:

一般每条轨道交通线设一个车辆段,若线路较长则增设一个停车场。车辆段规划设计总体上主要分为三个部分:咽喉部分、线路部分及车库部分。

咽喉部分是车辆段的停车库、检修库与正线的连接地段,有出入段线和很多道岔,它直接影响整个轨道交通的正常运行。咽喉部分规划设计中既要注意保证行车安全、满足输送能力的需要,又要保证必要的平行作业,还要努力缩短咽喉区长度,尽量节省用地。

线路部分有各种不同用途的停车线、洗车线、牵出线、试运行线以及材料线等。

车库部分有停车库、定修库、架修库。停车库除了停放车辆外,还是日常检修保养的场所,所以设有检查坑,架修库、定修库作定期修车用。各库之间应有便捷的联系。车辆段选址的技术要点如下:

① 从运营效率来看,车辆段设在线路中部较好。但是城市轨道交通线路一般都穿越市区,线路中部多为市中心地区,要征用车辆段这样的大规模用地很困难。因此,往往在郊外征用土地,采取在线路端部设置车辆段的方法。这种方式与线路起、终点在郊外,线路中部穿过市中心的情况相配合,早上车辆由车辆段向市中心方向发车,晚上住郊外方向入车辆

段,配车的损失时间减少。

② 车辆段、停车场及本线路上的折返线三方面总的停车能力应大于本线远期的配属车辆总数。为便于列车进出,一条停车线存放的列车数不应超过两列。

③ 由于车辆段上除了列车停车库外,还有试车线、车辆检修设备、综合维修中心等,为充分利用这些设备,减少车辆段用地总量,应尽量将车辆段集中于一处设置。若分散布置,则所需用地面积将会增大。在技术经济合理、城市用地规划许可时,两条线路可共用一个车辆段。当一条线的长度超过20km时,为减少列车空走距离,及时对车辆进行检查,可以在线路的另一端设一个停车场。

④ 车辆段和停车场应靠近正线,且位于容易铺设较顺直的出入段线路的位置,以利于缩短出入线长度、降低工程造价、改善使用条件。

⑤ 车辆段及停车场的选址要考虑防火灾、防水害的要求,周围应有雨、污水排放条件。

⑥ 各车辆段线路应尽可能与地面铁路专用线相接,以便车辆及物资运输,部分车辆段不具备上述条件时,也可通过相邻线路过。

⑦ 各车辆段和停车场的任务分工必须从全网着眼,统筹规划,合理布局,有序发展。试车线长度应根据场地条件和城市规划要求设定。

⑧ 整个路网车辆的大修任务应集中统一安排,并集中设一处职工培训中心。

⑨ 各综合检修基地及车辆段用地规模应按规划分工所承担的作业量,并考虑将来技术发展及适当留有余地进行规划。

⑩ 车辆段和停车场用地性质应符合城市总体规划及环境保护要求。

(2) 车辆段及停车场的布置形式:

车辆段及停车场的平面布置应力求作业顺畅、工序紧凑合理,通常有贯通式及尽端式两种,如图7-51和图7-52所示。停车场的平面布置如图7-53所示。

2. 车辆段与停车场的用地规模

车辆段及停车场的用地规模与其所承担线路的长短、配属的车辆数、布置形式以及是否与其他设施综合布置等有关。车辆段的用地规模一般为 $0.20\sim0.45m^2$,停车场的用地规模一般为 $0.05\sim0.20m^2$ 。

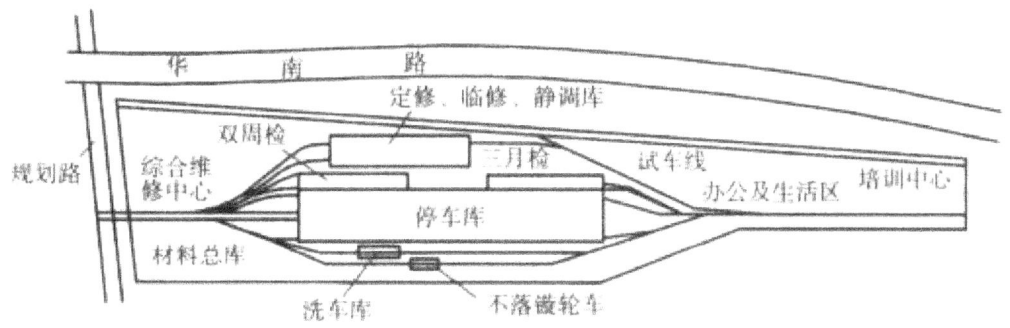

图 7-51 贯通式车辆段平面布置示意图

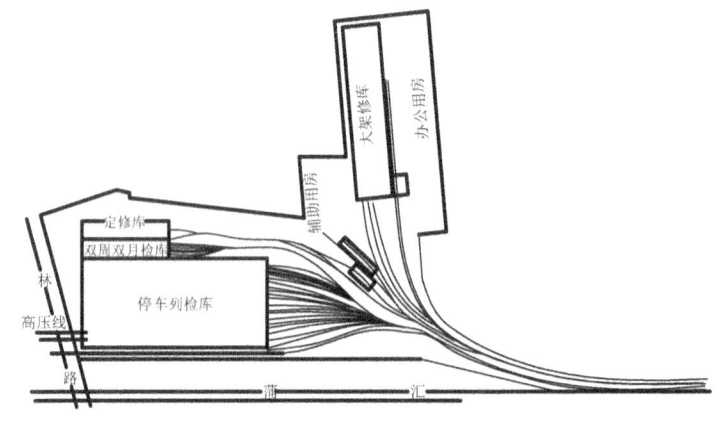

图 7-52 尽端式车辆段平面布置示意图

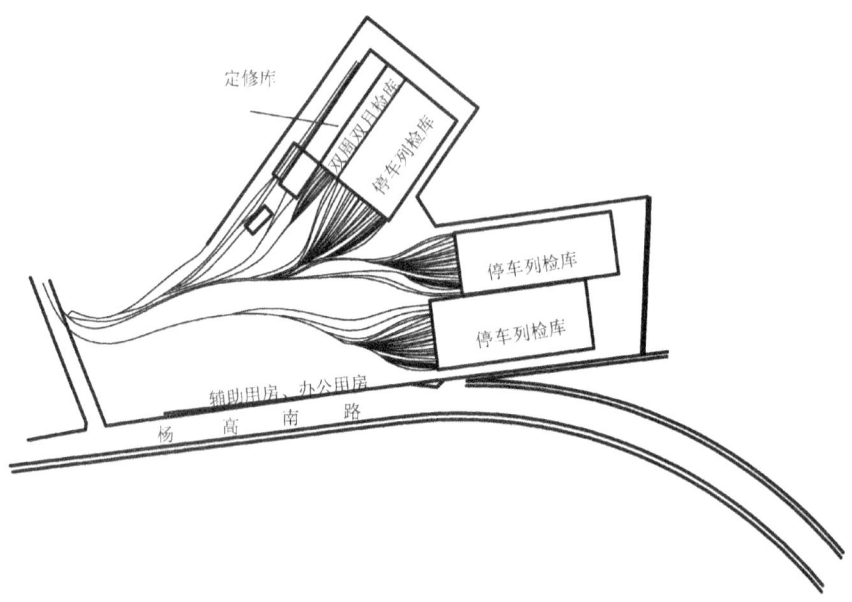

图 7-53 停车场平面布置示意图

思考题

1. 简述加强铁路运输能力的措施及特点。
2. 既有线纵断面改建设计与新建线纵断面设计比较有哪些主要区别？
3. 简述既有线横断面改建设计的类型及要点。
4. 第二线平面设计的主要内容有哪些？简述各项设计的主要原则。
5. 简述第二线纵断面设计的要点。
6. 从线路布置方式划分,城市轨道交通路网可划分为哪两种基本类型？阐述各种类型的特点。

7. 简述城市轨道交通车站分布的原则。

8. 何为城市轨道交通换乘站？按换乘方式划分，换乘站可分为哪些形式？

9. 简述城市轨道交通中间站常用三种布置图式的特点。

第八章　轨道交通铁路选线课程设计

教学目标

知识目标
1. 明确轨道交通选线课程设计的任务及要求。
2. 熟悉文章中数字序号的使用。
3. 掌握参考文献的格式。

能力目标
1. 已知地形图条件下,能进行线路平面、纵断面、横断面设计,并编写设计说明书。
2. 正确使用数字序号。
3. 正确进行参考文献标注。

第一节　轨道交通选线课程设计任务

一、课程设计题目

前进站至朝阳站轨道交通铁路选线设计。
轨道交通铁路选线设计地形平面图。

二、设计资料

(1) 设计铁路线路设计线为Ⅱ级单线铁路,设计时速为120km/h。
(2) 前进站(始点)为会让站,中心里程按K100+000,站坪方向、中心高程依据地形图确定。
(3) 朝阳站(终点)为中间站,站坪方向、车站中心及高程依据地形图确定。中心里程按线路长度推定。
(4) 铁路线路设计限制坡度为$i_x=12‰$。
(5) 电力机车牵引,机车类型为韶山3型。
(6) 到发线有效长750m,列车长度550m,站坪长度1050m。

(7) 远期重车方向货运量 20Mt/a，货运波动系数 $\beta=1.15$，通过能力储备系数 $\alpha=0.2$。

(8) 信联闭设备为半自动闭塞，$t_B+t_H=6\text{min}$，近期货物列车长度由计算确定。

(9) 每辆货车平均数据为：货车自重（g_z）22.133t，总重（g）78.998t，车辆长度 13.914m，净载系数 0.720，每延米质量（g_m）5.677t/m，守车质量 16t，守车长度 8.8m。

(10) 空气制动，换算制动率 0.28。

(11) 车站侧向过岔速度允许值 V=45km/h，直向过岔速度取设计速度。

(12) 其他参数。

三、完成的任务

(1) 设计出前进站至朝阳站的线路平面。

(2) 设计出前进站至朝阳站间的线路纵断面。

(3) 绘制整个线路百米标和特殊点的横断面图。

(4) 估算铁路建设总投资，编写设计说明。

四、成果要求

（一）提交的成果

设计说明（含计算书）、线路平面图、纵断面图、横断面等。

（二）文本的大小

设计说明、计算书等均采用 A4 纸打印，按规定胶装成册。
线路平面图、纵断面图、横断面图均采用纸手绘，按要求折叠整齐，顺序归档。

（三）组卷顺序

封面、目录、任务书、设计说明、工程费用估算、设计图纸、参考文献等。

五、时间安排

轨道交通铁路选线课程设计时间安排见表 8-1。

表 8-1　轨道交通铁路选线课程设计时间安排表

顺序	内　　容	时间	备　注
1	熟悉指导书的内容,了解提交的成果及要求等	0.5 天	
2	线路方案选择、多方案比较,确定线路走向与初步线路	0.5 天	
3	顺直、圆顺线路,百米标、公里标以及参数的计算与标注	1.5 天	
4	修饰绘制线路平面图	0.5 天	
5	绘制线路纵断面图,对线路平面进行优化	2 天	
6	计算工程费和运营费	2 天	
7	编写铁路选线设计说明书	2 天	
8	检查成果质量、提交成果	1 天	
9	指导教师审核,批改		

第二节　轨道交通选线课程设计指导

一、准备工作

(1) 阅读《轨道交通铁路选线设计》《铁道工程》等参考文献有关章节,并熟悉与设计有关的以下知识内容。

① 线路设计的任务和主要内容,平面设计方法与步骤。

② 直线设计的原则,最小夹直线长度,达不到最小夹直线要求如何处理。

③ 曲线要素都有哪些,如何计算,曲线超高和加宽的方法。

④ 线路设计最大、最小和最适宜的曲线半径是多少,曲线半径选用的原则。

⑤ 最大坡度差的允许值,设置竖曲线的限制条件。

⑥ 最大坡度的折减包括哪些,曲线地段的坡度折减方法。

⑦ 桥梁、隧道对线路平面、纵断面要求。

⑧ 路基对线路平纵断面的要求,站坪坡度规范。

⑨ 线路平面表示的内容,线路纵断面表示的内容,线路横断面标注内容。

⑩ 最小坡段使用的条件等相关知识。

(2) 准备好三角板、分规、圆规、量角器等绘图工具,准备 80cm×45cm 方格纸 4～6 张。用硬纸板自制铁路曲线板一套,半径取值建议为:1000、1200、1500、1600、1800、2000、2500、2600、3000m。

二、纸上定线法

（一）纸上定线的方法和步骤

(1) 连接始发点和终点，选择经济据点或控制点，合理分布车站。
(2) 连接经济据点或控制点，按平均自然坡度划分紧坡地段和缓坡地段。
(3) 计算导距、概略定线、概略比选，分段确定紧坡地段的展线方案。
(4) 初步确定线路的走向。

（二）定线时需要注意点

(1) 识别山头、垭口、山谷、河流、村庄，并判定这些点的地面高程。
(2) 山区铁路大多沿河谷选线，需要特别注意水系分布。
(3) 定线时尽量接近航空折线，在航空折线附近，找出线路可能经行的垭口、河谷、桥址及需要绕避的村镇，将上述有关控制点联折线，即成为线路不同的可能走向。
(4) 求出各折线的概略自然坡度与概略定线坡度进行比较，若 $i_z \geq i_d$ 则为紧坡地段，若 $i_z < i_d$ 则为缓坡地段，要做到心中有数。
(5) 要注意垭口路堑开挖高度，可能出现隧道时，要注意合理确定洞口高程。
(6) 对方案的各项指标（如折线长度、沿线地形、起伏情况、高差大小、紧坡与缓坡地段概略长度、桥隧工程概况）初步评比，选定线路的基本方向。

三、参数计算和平面图展绘

（一）参数计算和平面图展绘的步骤

(1) 将确定的线路方案顺直，形成折线。
(2) 计算转角，选择曲线半径和缓和曲线长度。
(3) 计算曲线长、切线长和切曲差等。
(4) 计算交点的里程和曲线主要点的里程。
(5) 车站、百米标、公里标、桥梁和隧道等标注。

（二）参数计算和平面图展绘注意点

(1) 计算数字精确到小数点后两位。
(2) 转角需要计算得出，不得用量角器量得。
(3) 曲线半径的选择应由大到小选择。
(4) 各交点里程计算时，注意切曲差的应用。

(5) 线路中心线用粗线,隧道顶用1.4粗线,其他均用细线。
(6) 注意桥梁和隧道的表示方法。
(7) 汉字号5～7,数字号3.5～5。

四、纵断面图展绘

(一) 纵断面图展绘步骤

(1) 确定纵向比例和竖向比例。
(2) 从始点开始,展绘地面线。
(3) 分段设计线路坡度。
(4) 桥隧涵标注、竖曲线设计、标高标注和高差计算等。

(二) 纵断面图展绘注意点

(1) 纵向比例与平面图一致,竖向比例是纵向比例的10～20倍。
(2) 地面线用细实线,线路中线用粗实线。
(3) 注意坡度折减,水域的排水,道路的通行。
(4) 隧道要贯彻"早进洞晚出洞"的原则。

五、画线路横断面的注意点

(1) 从下至上、从左至右逐个绘制,注意路肩的宽度、边坡要求。
(2) 路基断面用粗实线,中心线用点画线,地面线用细实线。
(3) 标注的内容有:地面和路基中心高程、里程标、填挖高差、填方挖方面积。
(4) 需要掌握面积计算方法和平均断面法计算土石方量的方法。

六、说明书

说明书书写内容、格式要求见本章第三节。

七、设计要求和评分标准

应该严格按遵照课程设计任务和指导要求,将所学知识与相关规范结合起来,综合分析地形地貌结合工程设计实践,设计出铁路基本走向,绘出线路平面、纵断面和横断面图,并写出设计说明等。成果要达到以下几点要求。

（二）线路平面设计

1. 线路平面设计概述

详细描述最优方案的线路平面设计工作过程和分析问题、解决问题的方法和措施等。即如何过垭口、线路顺直、曲线设置、转角测定和半径、缓和曲线选取、主要参数的计算，以及结合纵断面调整平面的情况说明等。

2. 线路平面技术指标

汇总最优方案的线路平面设计主要内容。主要包括：正线线路总长度、曲线个数、转角之和、最大曲线半径、最小曲线半径、曲线总长度、曲线占线路总长度的百分比以及平面曲线要素和主要点里程等。线路平面技术指标见表 8-3，平面曲线要素见表 8-4，曲线主要点里程见表 8-5。

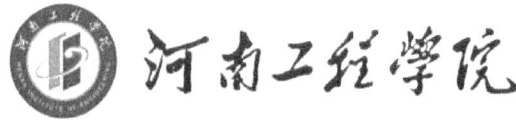

HENAN INSTITUTE OF ENGINEERING

课程设计

题　　目 _____

学生姓名 _____

专业班级 _____

学　　号 _____

学　　院 _____

指导教师(职称) _____（　　）

完成时间 ＿＿＿20　　年　　月　　日

图 8-1　课程设计封面格式

目　录

摘　要 …………………………………………………… I
ABSTRACT …………………………………………………… II
一、选线设计任务 …………………………………………… 1
　　1.***** …………………………………………………… 2
　　2.**** ……………………………………………………… 5
二、线路走向选择 …………………………………………… 10
　　1.***** …………………………………………………… 10
　　2.**** ……………………………………………………… 11
三、线路平面设计 …………………………………………… 11
　　1.***** …………………………………………………… 13
　　2.**** ……………………………………………………… 14
四、线路纵断面设计 ………………………………………… 15
　　1.***** …………………………………………………… 16
　　2.**** ……………………………………………………… 18
五、线路工程费用估算 ……………………………………… 20
　　1.***** …………………………………………………… 22
　　2.**** ……………………………………………………… 25
六、设计成果汇总 …………………………………………… 30
参考文献 ……………………………………………………… 31

图 8-2　课程设计目录格式

摘　要

　　分析了**到**地方的地形地貌，依据铁路线路设计规范及设计指导书相关内容，对**到**地方线路走向进行了选择设计，确定三个初步方案，对这三个初选方案进行了方案比选，认为**方案为最优方案。对**方案进行了详细的线路平面、纵断面和横断面设计，以及工程投资估算。**站到**站设计线路全长**km，展线系数**，曲线*个，最小曲线半径**m，曲线总长为** km，占线路总长度*%，全线坡段数*、最大坡度*、无害坡度** km，占总长度的*%，桥梁、隧道长度** km，占线路总长度*%，工程总造价**万元等。

　　本设计是对轨道交通铁路选线设计等所学课程的综合运用，加深本课程知识的掌握和灵活运用，理论联系实际，为以后所学课程、实践和工作打下良好基础。

关键词： 　走向选择；铁路选线；选线设计；*****

图 8-3　课程设计摘要参考格式

表 8-3　线路平面技术指标

序号	名　　称	单位	指标
1	正线线路总长度		
2	曲线个数		
3	转角总和		
4	曲线线路总长度		
5	曲线占线路总长度的比例		
6	最大曲线半径		
7	最小曲线半径		

表 8-4　平面曲线要素

交点编号	曲线转角（度）	曲线半径（m）	缓和曲线长（m）	曲线长（m）	切线长（m）	切曲差（m）
JD 1						
JD 2						

表 8-5　曲线主要点里程

交点编号	JD	ZH	HY	QZ	YH	HZ
JD 1						
JD 2						

（三）纵断面设计

1. 线路纵面设计概述

分段说明纵断面设计的方法、步骤及过程，以及平道、坡道、坡长、坡度选择和设置竖曲线的过程等。

2. 线路纵断面的技术指标

描述线路纵断面设计成果的数据。主要包括全线坡段总数，其中最大坡度、长度和占总线路长的百分比，有无有害坡段及长度、占线总长度的百分比以及桥梁、隧道、路堤、路堑、竖曲线的设置情况等。线路纵断面的主要技术指标见表 8-6。

表 8-6　线路纵断面的主要技术指标

序号	名　　称	单位	指标
1	全线坡段总数		
2	最大坡度（坡段长）		
3	变坡点数（竖曲线数）		
4	最大坡度地段占线路总长比例		

续表

序号	名称	单位	指标
5	有害坡段长度(大于4‰)		
6	有害坡段长度占线路总长度比例		
7	桥梁座数(总长度)		
8	桥梁总长度占线路总长度比例		
9	隧道座数(总长度)		
10	隧道总长度占线路总长度比例		
11	路堤部分总长度		
12	路堑部分总长度		

3. 设计方案优缺点评述价及改善意见

自我评价本次设计中的优点和缺点,如何改善等意见。

(四) 工程费用计算

工程费用计算,主要从机车购置费、车辆购置费、路基工程费、桥涵工程费、隧道工程费、轨道工程费、土地使用费以及与行车量有关的费用等。计算方法与过程参考第六章第二节。指导教师有必要根据定额或市场情况给出机车单价(万元/台)α_{JC}、列车编组的车辆数(辆)M、车辆单价(万元/辆)α_{CL}、路基挖方和填方综合单价(万元/m³)$P_{挖}$、$P_{填}$、挡土墙的综合单价(万元/m³)P_{1d}、大桥、中桥和小桥的每米综合单价(万元/m)P_{DQ}、P_{ZQ}、P_{XQ}、涵洞每米综合单价(万元/m)P_H、每公理隧道综合单价(万元/km)P_{SD}、每公里轨道综合单价(万元/km)P_{SD}、土地综合单价(万元/亩)P_{TD}、各种坡度每列车公里走行费(元/km·列)e_i、旅客列车走行费的换算系数 η、货物列车起停一次的附加费(元/次)e_{qt}等参数。

(五) 课程设计成果汇总

课程设计成果以附图1、附图2、附图3等形式,将线路平面设计图、纵断面设计图和横断面设计图等顺序排列。设计成果图纸,按规定的形式,折叠整齐,顺序归档。

第四节 参考文献格式

参考文献是对期刊论文引文进行统计和分析的重要信息源之一,在本规范中采用GB7714推荐的顺序编码制格式著录。

一、参考文献著录项目

(1) 主要责任者。主要责任者是指专著作者、论文集主编、学位申报人、专利申请人、报告撰写人、期刊文章作者、析出文章作者等。多个责任者之间以","分隔,注意在本项数据中不得出现缩写点"."。主要责任者只列姓名,其后不加"著""编""主编""合编"等责任说明。

（2）文献题名及版本。初版省略。

（3）文献类型及载体类型标识。

（4）出版项。是指出版地、出版者、出版年。

（5）文献出处或电子文献的可获得地址。

（6）文献起止页码。

（7）文献标准编号。是指文献的标准号、专利号等。

二、参考文献类型及其标识

（1）根据GB3469规定,以单字母方式标识各种参考文献类型。见表8-7。

表8-7 参考文献标识

参考文献类型	专著	论文集	报纸文章	期刊文章	学位论文	报告	标准	专利
文献类型标识	M	C	N	J	D	R	S	P

（2）对于专著、论文集中的析出文献,其文献类型标识建议采用单字母"A";对于其他未说明的文献类型,建议采用单字母"Z"。

（3）对于数据库(database)、计算机程序(computer program)及电子公告(electronic bulletin board)等电子文献类型的参考文献,以表8-8双字母作为标识。

表8-8 电子文献标识

电子参考文献类型	数据库	计算机程序	电子公告
电子文献类型标识	DB	CP	EB

三、文后参考文献表编排格式

参考文献按在正文中出现的先后次序列表于文后;表上以"参考文献:"（左顶格）或"[参考文献]"（居中）作为标识;参考文献的序号左顶格,并用数字加方括号表示,如[1]、[2]、…,以与正文中的指示序号格式一致。参照ISO690及ISO690-2,每一参考文献条目的最后均以"."结束。各类参考文献条目的编排格式及示例如下:

（一）专著、论文集、学位论文、报告

[序号]主要责任者.文献题名[文献类型标识].出版地:出版者,出版年.起止页码（任选）.

[1]刘国钧,陈绍业,王凤翥.图书馆目录[M].北京:高等教育出版社,1957.15-18.

[2]辛希孟.信息技术与信息服务国际研讨会论文集:A集[C].北京:中国社会科学出

版社,1994.

[3] 张筑生.微分半动力系统的不变集[D].北京:北京大学数学系数学研究所,1983.

[4] 冯西桥.核反应堆压力管道与压力容器的LBB分析[R].北京:清华大学核能技术设计研究院,1997.

(二)期刊文章

[序号] 主要责任者.文献题名[J].刊名,年,卷(期):起止页码.

[5] 何龄修.读顾城《南明史》[J].中国史研究,1998,(3):167－173.

[6] 金显贺,王昌长,王忠东,等.一种用于在线检测局部放电的数字滤波技术[J].清华大学学报(自然科学版),1993,33(4):62－67.

(三)论文集中的析出文献

[序号] 析出文献主要责任者.析出文献题名[A].原文献主要责任者(任选).原文献题名[C].出版地:出版者,出版年.析出文献起止页码.

[7] 钟文发.非线性规划在可燃毒物配置中的应用[A].赵玮.运筹学的理论与应用——中国运筹学会第五届大会论文集[C].西安:西安电子科技大学出版社,1996,468－471.

(四)电子文献的载体类型及其标识

对于非纸张型载体的电子文献,当被引用为参考文献时需在参考文献类型标识中同时标明其载体类型。本规范建议采用双字母表示电子文献载体类型:磁带(magnetic tape)——MT,磁盘(disk)——DK,光盘(CD－ROM)——CD,联机网络(online)——OL,并以下列格式表示包括了文献载体类型的参考文献类型标识:

[文献类型标识/载体类型标识]

如:[DB/OL]——联机网上数据库(database online)

[DB/MT]——磁带数据库(database on magnetic tape)

[M/CD]——光盘图书(monograph on CD－ROM)

[CP/DK]——磁盘软件(computer program on disk)

[J/OL]——网上期刊(serial online)

[EB/OL]——网上电子公告(electronic bulletin board online)

以纸张为载体的传统文献在引作参考文献时不必注明其载体类型。
1996.468－471.

(五)报纸文章

[序号]主要责任者.文献题名[N].报纸名,出版日期(版次).

[8] 谢希德.创造学习的新思路[N].人民日报,1998－12－25(10).

（六）国际、国家标准

[序号] 标准编号, 标准名称[S].

[9] GB/T16159—1996, 汉语拼音正词法基本规则[S].

（七）专利

[序号] 专利所有者. 专利题名[P]. 专利国别：专利号, 出版日期.

[10] 姜锡洲. 一种温热外敷药制备方案[P]. 中国专利：881056073, 1989—07—26.

（八）电子文献

[序号] 主要责任者. 电子文献题名[电子文献及载体类型标识]. 电子文献的出处或可获得地址, 发表或更新日期/引用日期（任选）.

[11] 王明亮. 关于中国学术期刊标准化数据库系统工程的进展[EB/OL]. http://www.cajcd.edu.cn/pub/wml.txt/980810—2.html, 1998—08—16/1998—10—04.

[12] 万锦坤. 中国大学学报论文文摘(1983—1993). 英文版[DB/CD]. 北京：中国大百科全书出版社, 1996.

（九）各种未定义类型的文献

[序号] 主要责任者. 文献题名[Z]. 出版地：出版者, 出版年.

第五节　说明书中数字序号使用

数字序号是说明书的重要组成部分, 用得好能使说明书有条有理, 眉目清楚, 常采用社会科学编码和自然科学编码中的一部分。

一、数字序号的级别

(1) 采用社会科学编码时, 一般在以下九级中选用。

第一级：一、二、三、……

第二级：（一）（二）（三）……

第三级：一）　二）　三）……

第四级：1.　2.　3.……

以上级别序号为标题序号, 需要单独成行、加黑、首行缩进2个字符。

以下级别序号可以做标题序号, 也可以不做标题序号。做为标题序号, 需单独成行、不加黑、首行缩进 2 个字符;不做为标题序号,不需要单独成行、不加黑,和正文格式一样首行缩进 2 个字符。

　　第五级:(1) (2) (3)……

　　第六级:1) 2) 3)……

　　第七级:① ② ③……

　　第八级:A B C……

　　第九级:a b c……

(2) 采用自然科学编码时,为了统一,也采用九级。

　　第一级:1 2 3……

　　第二级:1.1 1.2 1.3……

　　第三级:1.1.1 1.1.2 1.1.3……

　　第四级:1.1.1.1 1.1.1.2 1.1.1.3……

以上级别序号为标题序号,需要单独成行、加黑、首行缩进 2 个字符。

以下级别序号可以做标题序号,也可以不做标题序号。做为标题序号,需单独成行、不加黑、首行缩进 2 个字符;不做标题序号,不需要单独成行、不加黑,和正文格式一样首行缩进 2 个字符。

　　第五级:(1) (2) (3)……

　　第六级:1) 2) 3)……

　　第七级:① ② ③……

　　第八级:A B C……

　　第九级:a b c……

二、数字序号的顺序

根据需要,可以不使用这么多级别的序号,可以顺序使用序号,也可以跳过几个级别使用序号。但是,不论怎样使用,都必须保证高级别的序号在前,低级别的序号在后。如:一、1.①等。

三、数字序号需要注意的地方

(1) 采用社会科学编码时,阿拉伯数字后面用黑圆点,如:1. 2. 等。采用自然科学编码时,阿拉伯数字后面没有标点。

(2) 汉字数字后面用顿号。如:一、 二、等。

(3) 汉字"第一""第二""第三";"首先""其次""再次""最后"或"一是""二是""三是"等,后面用逗号。如:第一,第二,等。

(4) 带括号的序号后面不加标点符号。如:(一) 一) (1) ①等。

（5）"第一编""第一章""第一节"或"壹""贰"等后面不用标点,与后面的文字之间空一个汉字位置即可。

（6）序号编排要连续,不得出现只有序号1没有序号2的情况。

参 考 文 献

[1] 易思蓉.铁路选线设计(第四版)[M].成都:西南交通大学出版社,2017.
[2] 王修山,王波.道路与桥梁施工技术[M].北京:机械工业出版社,2016.
[3] 注册咨询工程师(投资)考试教材编写委员会.项目决策分析与评价[M].北京:中国计划出版社,2016.
[4] 注册咨询工程师(投资)考试教材编写委员会.现代咨询方法与实务[M].北京:中国计划出版社,2016.
[5] 李晓江.城市轨道交通技术规范[M].北京:中国建筑工业出版社,2009.
[6] 王文正.城市快速轨道交通工程施工技术规程[M].北京:中国建筑工业出版社,2013.
[7] 刘军,丁振明,章良兵.北京地铁基坑工程设计与施工[M].北京:中国建筑工业出版社,2016.
[8] 苏志忠.道路与桥梁工程概论[M].北京:人民交通出版社,2014.
[9] 穆保岗,陶津.地下结构工程[M].南京:东南大学出版社,2016.
[10] 郝瀛.铁道工程(影印本)[M].北京:中国铁道出版社,2009.
[11] 易思蓉.铁路选线设计[M].武汉:武汉大学出版社,2014.
[12] 朱顺应、郭志勇.城市轨道交通规划与管理[M].南京:东南大学出版社,2008.
[13] 张庆贺.地铁与轻轨[M].北京:人民交通出版社,2015.
[14] 胡守忠.话说轨道交通[M].上海:东华大学出版社,2013.
[15] GB50090-2006,铁路线路设计规范[S].
[16] CJJ/T 114-2007,城市公共交通分类标准[S].
[17] GB50157-2013,地铁设计规范[S].
[18] GB7714-1987,参考文献著录规则[S].
[19] 人民铁道网,http://www.chnrailway.com/html/20160929/1439012.shtml.